师范生教学能力训练系列教材

# 教师口语能力训练



鹏　白智宏

中国教育出版传媒集团
高等教育出版社·北京

内容提要

本教材由六种能力训练项目构成，分别是口语基础能力、内容讲解能力、互动交流能力、场景应变能力、修饰优化能力、口语综合运用能力。各能力解析简明清楚，案例形象生动，方法具体明确，重视操作训练，有利于师范生获得和提高教师口语能力。

本教材基于口语表达的科学性、教育性和艺术性的根本要求，强调语言与思维的“异形同构”，即以思维为口语基础能力的核心，通过讲解能力、互动能力、应变能力、优化能力的训练提升教师口语表达的综合能力。

本教材面向各个学科专业的师范生，以职前教师培养为主，兼顾职后教师培训，旨在解决教师在教育教学场景中可能会遇到的各种口语表达问题，以此训练和提升教师的口语表达能力。

**图书在版编目（CIP）数据**

教师口语能力训练 / 骆鹏，白智宏主编. -- 北京 : 高等教育出版社，2023.9（2024.3重印）
ISBN 978-7-04-059076-0

Ⅰ. ①教… Ⅱ. ①骆… ②白… Ⅲ. ①汉语-口语-师资培训-教材 Ⅳ. ①H193.2

中国版本图书馆CIP数据核字（2022）第131178号

Jiaoshi Kouyu Nengli Xunlian

策划编辑 魏延娜 韩奕帆　责任编辑 贾玉玲　封面设计 王 洋　版式设计 杨 树
责任绘图 马天驰　责任校对 张 薇　责任印制 存 怡

出版发行 高等教育出版社
社　　址 北京市西城区德外大街4号
邮政编码 100120
印　　刷 北京市密东印刷有限公司
开　　本 787 mm×1092 mm 1/16
印　　张 15
字　　数 290千字
购书热线 010-58581118
咨询电话 400-810-0598
网　　址 http://www.hep.edu.cn
http://www.hep.com.cn
网上订购 http://www.hepmall.com.cn
http://www.hepmall.com
http://www.hepmall.cn
版　　次 2023年9月第1版
印　　次 2024年3月第2次印刷
定　　价 36.60元


物 料 号 59076-00

# 师范生教学能力训练系列教材
# 编　委　会

# 序

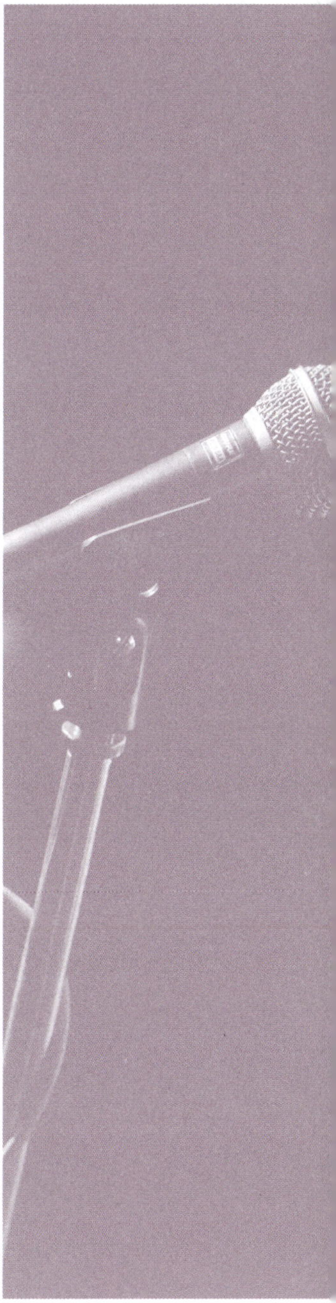

党的二十大报告提出，要坚持教育优先发展。立德树人是教育的根本任务，培养学生发展核心素养是落实立德树人根本任务的关键所在。不管是 2017 年版的普通高中课程标准，还是 2022 年版的义务教育课程标准，课程改革都体现出鲜明的素养导向。培养具备核心素养的学生，必须要有具有良好素养的教师。党的二十大报告提出要培养高素质教师队伍。教师是学生成长中的关键因素之一，教师的一言一行给学生提供了榜样。

素养导向的基础教育课程改革对教师教育提出了新的要求，教师教育需要围绕师范生素养的培养进行相应的调整与改革。这里的素养不仅包括师范生的从教素养，还包括师范生自身的素养。教师的专业性在很大程度上体现为教师的核心素养。教师教育就是要通过培养核心素养，将习近平总书记提出的“四有”好老师的标准和要求落到实处。

能力训练课程是师范生培养体系的重要组成部分，对于师范生掌握教育教学实践知识与技能具有非常重要的意义。经过多年教师教育课程改革的实践探索，西南大学建构了师范生能力训练课程体系：以师范生能力训练为核心，既包括教师口语能力训练、教师书写能力训练、教师音乐能力训练、教师美术能力训练等基础性能力训练课程，又包括课堂教学能力训练、智能化教学能力训练、心理教育能力训练、班主任能力训练等综合性能力训练课程。这些课程不仅直接服务于师范生的专业实践，而且为师范生的未来发展提供了更多的可能性。

在素养为本的时代，师范生能力训练课程体系也必须以素养为导向。从一般意义而言，素养体现为一个人做好特定工作或完成特定任务所表现出来的综合能力，需要通过一个复杂的过程予以培养。素养不同于技能：一方面，技能通常是比较单一的，而素养则是综合表现，即解决复杂的现实问题不仅需要知识和技能，还需要积极的情感、态度和价值观；另一方面，技能往往通过训练就可以获得，而素养不仅需要具有一定的技能，而且需要具备有效的思维方式。教育教学是复杂的实践活动，教师在教育教学过程中不仅要面对发展过程中不断变化的学生，而且要面临具有很大不确定性的教育教学场景；教师不仅需要教育教学的实践技能，而且需要教育教学的情感、态度、思维方式等方面的核心素养。因此，师范生能力训练课程既包括相关技能训练的内容，又涵盖教师核心素养方面的要求。当然，素养很难通过程序化的简单训练而培养起来，需要在复杂的情境中通过综合运用多种知识和技能解决复杂的现实问题逐渐发展起来。同时，师范生只有在自主参与的情况下，才能突破应激反应的局限，从而在复杂的情境中整合自身的经验，形成有意义的应对模式。只有在问题解决的过程中，师范生的心智才会得到磨炼，并逐步构建出一个开放的思维系统，为未来的专业发展奠定坚实的心智基础。

本套教材遵从“项目一任务一活动”三个层级的编写逻辑：首先根据课程的核心能力确定相应的训练项目，每一个训练项目对应具体的一种核心能力；其次根据训练项目确定训练任务，每一个任务都要求对知识、思维和操作行为进行整合；最后围绕训练任务设计系列活动，每一项活动都需要师范生深度参与，可以充分发挥师范生的自主性，让其在实际操作中萌生智慧。此外，每一项活动不仅有清晰的实践步骤，而且有丰富的材料支撑，从而让师范生可以经历一个有序的思维发展过程，形成内在的可迁移的心智模式。通过这些课程的学习，师范生不仅可以形成有关的实践技能，增强教育教学胜任力，而且可以形成正确的价值观和积极的思维方式，为未来成为教师、站稳讲台奠定必要的能力基础。因此，这不仅是一套师范生教学能力训练教材，而且是对教师专业发展的一种引领。师范生不仅要主动参与、实践操作，还要积极思考、勇于创新，从而形成教育教学的综合素养。希望这套教材的出版有助于师范生培养体系的改革，对于提升师范生的核心素养和关键能力起到积极的促进作用。

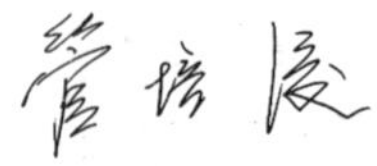

2023 年 3 月

# 前言

随着教育信息化、现代化的快速发展，培养高质量的教师已经成为我国高等师范院校的重要目标。2014 年 9 月，习近平总书记在同北京师范大学师生代表座谈时说："过去讲，要给学生一碗水，教师要有一桶水，现在看，这个要求已经不够了，应该是要有一潭水。"[①]2022 年 2 月，教育部办公厅发布了《关于实施师范教育协同提质计划的通知》，旨在"推进实施新时代基础教育强师计划，构建高质量师范大学体系，整体提升师范院校和师范专业办学水平，提高教师培养质量"。2022 年 4 月，教育部等八部门联合印发了《新时代基础教育强师计划》，明确提出整体提升中小学教师队伍教书育人能力素质。

党的二十大召开以后，党和国家站在新的战略高度和发展机遇下，对教师发展有了崭新的论述。党的二十大报告强调加强师德师风建设，培养高素质教师队伍，弘扬尊师重教社会风尚。党的二十大报告特别提出，加大国家通用语言文字推广力度。一方面，推广国家通用语言文字对于加强民族团结和凝聚力具有重要意义；另一方面，普及国家通用语言文字在脱贫攻坚过程中也发挥着重要作用。

师范生除了要积累丰富的专业知识之外，教师口语能力也是必备的重要能力之一。在此背景下，《教师口语能力训练》应运而生。

教师口语能力是教师在教育教学活动中达成教学目标、完成教学任务的关键能力，是衡量教师教育教学能力的重要指标，也是教师提升教育教学效果不可或缺的一项能力。国家教委 1993 年颁布的《师范院校教师口语课程标准（试行）》中明确指出，教师口语是一门研究教师口语运用规律的应用语言学科，是在理论指导下培养学生在教育、教学等工作中口语运用能力的实践性很强的课程。[②]

苏联教育家苏霍姆林斯基认为："教师的语言修养在极大的程度上决

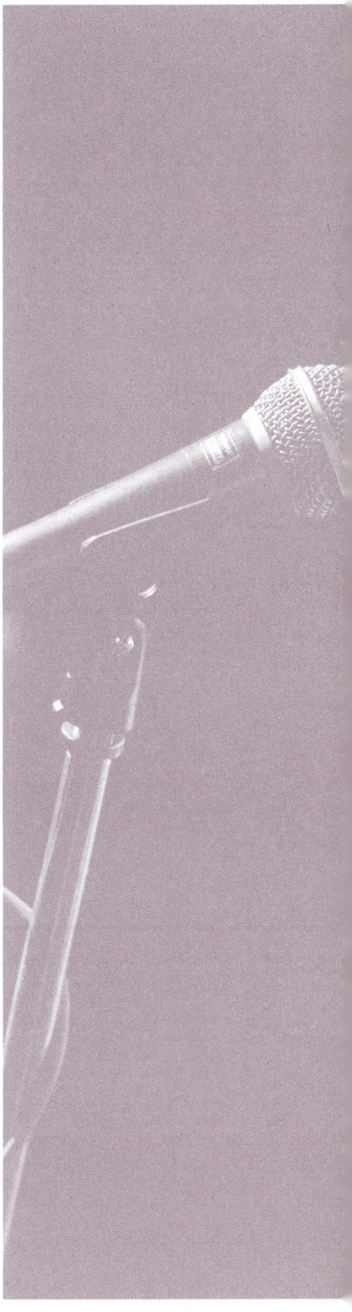

① 习近平. 做党和人民满意的好老师：同北京师范大学师生代表座谈时的讲话［M］. 北京：人民出版社，2014：9.

② 国家教委. 师范院校"教师口语"课程标准（试行）［J］. 课程·教材·教法，1993（7）：1-3.

定着学生在课堂上的脑力劳动的效率。”[①] 教师富有逻辑性的阐释、简明清晰的讲解、科学生动的表达，都有利于学生对知识的理解和吸收，对技能的了解和掌握，进而激发学生的学习热情，帮助学生形成良好的思维习惯。除此之外，青少年阶段正是学生学习和掌握语言的重要时期，教师良好的口语会潜移默化地影响学生，为学生提供语言学习示范。与此同时，教师良好的口语也有助于建立和谐的师生关系。善于运用口语的教师往往更加受到学生的喜爱，并获得学生的信任。优秀的教师不仅擅长将教师口语作为信息传递的媒介，提升课堂教学效率，还善于将教师口语作为情感沟通的桥梁，促进良好师生关系的建立，增强日常教育效果，引领和促进学生的全面发展和健康成长。

由于教师口语的质量会对学生的知识学习及能力养成产生潜移默化的影响，对学生的思维习惯、情感态度与价值观的形成起到推动作用，因此掌握教师口语表达的技能和技巧，提高教师口语的质量，将成为助推教师职业能力提升的突破口。

本教材以《义务教育课程方案（2022 年版）》以及《义务教育语文课程标准（2022 年版）》的精神和要求为纲，依据科学性、示范性和实用性的原则进行编写。本教材主要针对相关的教育教学场景，强调师范生的“教师口语”训练，注重语言和思维的“异形同构”，以口语训练为主，将教程与学程相统一，实现“教案化＋学案化”的编写模式，关联配套建设的数字资源，实现了纸质教材与数字资源的一体化建设。本教材的编写主要有以下四个特点。

（一）打牢口语基础

“教师口语”是师范专业的一门必修课程，本教材旨在为各学科专业的师范生或者新手教师提供学习指导。在教师专业发展的过程中，职前教师培养阶段具有基础性，因此本教材立足教师的基础口语知识学习和基础口语能力与训练。

（二）针对教育教学场景

本教材针对不同的教育教学场景，突出教育教学口语的运用。教育口语是指教师在课堂教学之外开展其他教育活动时使用的语言。在这个过程中，教师需要考虑多方面的因素，例如谈话的环境氛围、谈话对象的身心发展特点等，同时一定要牢记“育人”责任。教学口语是指教师在课堂中为了完成课程教学而面向全体学生所使用的语言，教学口语要与课程教学内容相结合，才能促进教学的有效开展。

（三）强调思维训练

教师口语表达的前提和基础是思维，从某种意义上说，思维品质决定了口语质量。皮亚杰在探讨思维发展与语言发展的关系时提到，语言的获

① 苏霍姆林斯基．给教师的建议：下册［M］．杜殿坤，译．北京：教育科学出版社，1981：289.

得依赖认知的发展，儿童在发展的最初阶段有思维但没有语言，发展到高级阶段，思维就与语言密不可分了。因此，开展教师口语教学，必须对学习者的思维能力进行训练。本教材的编写立足语言的内在本质，强调思维能力的培养。

（四）立足能力提升

教师口语的运用体现在口语交际中，因此本教材的编写将课中的教学过程与课后的练习过程相结合，实现教案化与学案化的融合。教师口语需要在实际练习中得到训练，因此本教材重视实操，将练习分为典型练习、变式练习、拓展练习和能力检测四个层级，对应基础能力训练、特殊情形训练、综合能力训练和课后能力复盘，训练由个别到综合、由一般到特殊，设计科学系统。

本教材的编写目标指向师范生整体提升教师口语能力。教师口语能力不是单一的能力，而是由多项能力融合而成的综合能力。依据教师口语的三大要求，即科学性、教育性和艺术性，本教材将教师口语能力分解为口语基础能力、内容讲解能力、互动交流能力、场景应变能力、修饰优化能力和口语综合运用能力。提升思维能力和内容讲解能力，可增强教师口语的科学性；提升互动交流能力和场景应变能力，可增强教师口语的教育性；提升修饰优化能力，可增强教师口语的艺术性。

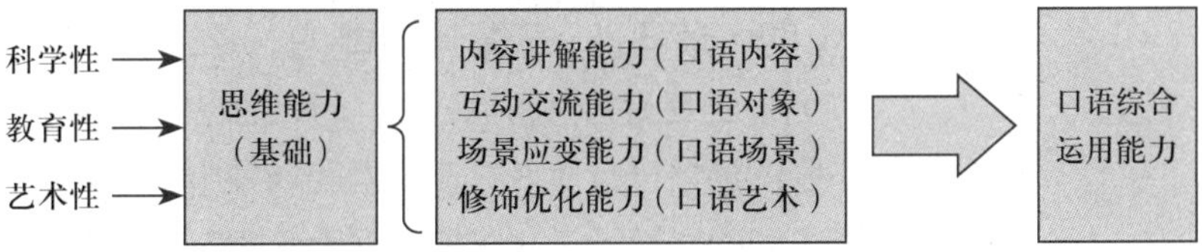


本教材按照“项目—任务—活动”的逻辑层次进行编写，根据教师口语的六大核心能力——口语基础能力、内容讲解能力、互动交流能力、场景应变能力、修饰优化能力和口语综合运用能力，分别设置了六个训练项目，每个训练项目中设置了三个不同的任务，每个任务有三个具体的活动，以此将能力培养与活动训练相结合，使任务具有可操作性，体现教师口语的实践性。

（一）项目一：口语基础能力

口语基础能力训练指向三个目标：音准、词准、意准。作为教师，首先要做到的就是语言规范，在语音、词汇以及语法等方面符合标准，准确表达，使学生准确接收到教师所传递的信息，减轻学习负担，确保师生之间能毫无障碍地交流。

| 任务 | 目标 | 要求 |
|---|---|---|
| 任务一：语音发声 | 音准 | 准确发音，吐字清晰，连贯有力 |
| 任务二：遣词造句 | 词准 | 语句规范，用词准确，明辨词意 |
| 任务三：连段成篇 | 意准 | 缜密思考，条理清晰，完整表达 |

### （二）项目二：内容讲解能力

内容讲解能力指向清晰性、透彻性、解析性三个目标。教师的内容讲解能力包括事实陈述能力、理论讲解能力、技法解说能力。

| 任务 | 目标 | 要求 |
| --- | --- | --- |
| 任务一：事实陈述 | 清晰性 | 陈述清晰，绘声绘色，要素完整 |
| 任务二：理论讲解 | 透彻性 | 全面透彻，一针见血，深入浅出 |
| 任务三：技法解说 | 条理性 | 流程清楚，道理明晰，举一反三 |

### （三）项目三：互动交流能力

互动交流能力指向捕捉性、互动性、概括性三个目标。教学由教师的教和学生的学共同构成，师生之间的互动非常紧密，这要求教师必须具备互动交流能力。

| 任务 | 目标 | 要求 |
| --- | --- | --- |
| 任务一：听辨和提问 | 捕捉性 | 捕捉要点，推测意图，善于提问 |
| 任务二：沟通和说服 | 互动性 | 搭建通道，梳理矛盾，转化立场 |
| 任务三：发言和总结 | 概括性 | 言以群分，准确概括，主题鲜明 |

### （四）项目四：场景应变能力

场景应变能力指向机敏性、针对性、关联性三个目标。作为教师，要根据不同的场景进行应变，在不同的场景中说不同的话，面对不同的言谈对象采取不同的交流方式，这是良好应变能力的必然要求。

| 任务 | 目标 | 要求 |
| --- | --- | --- |
| 任务一：快速应答 | 机敏性 | 快速回应，自如应对，表达流畅 |
| 任务二：有的放矢 | 针对性 | 善于判断，针对表达，聚焦发言 |
| 任务三：关联组合 | 关联性 | 发散联想，求同存异，归纳组合 |

### （五）项目五：修饰优化能力

修饰优化能力指向生动性、感染性、辅助性三个目标。教师口语应当是一种艺术语言，尤其当对象是学生时，教师更应通过修饰和优化，让口语具有生动性和感染力，用富有美感和情感的语言打动学生，同时借助肢体语言辅助表达，增强口语表达的艺术魅力。

| 任务 | 目标 | 要求 |
| --- | --- | --- |
| 任务一：修辞运用 | 生动性 | 生动形象，表达多样，幽默风趣 |
| 任务二：情感表现 | 感染性 | 轻重恰当，起伏跌宕，声情并茂 |
| 任务三：态势辅助 | 辅助性 | 眼神交流，手势辅助，表情丰富 |

（六）项目六：口语综合运用能力

口语综合能力指向思维性、专业性、协同性三个目标。教师口语训练实际上是一种综合训练，其中思维是语言的基础，语言表达体现着思维的品质；教育教学情境是教师口语运用的场景，教师语言应体现出专业性；态势语、板书与教具等是语言的辅助，与教师口语多元协同，相互配合，能让教师的口语表达更具魅力。

| 任务 | 目标 | 要求 |
|---|---|---|
| 任务一：言思同构训练 | 思维性 | 思维敏捷，心口如一，以言启思 |
| 任务二：口语“三性融合”训练 | 专业性 | 准确严谨，善于转化，艺术表达 |
| 任务三：言体协合训练 | 协同性 | 言行一致，说写一致，演示一致 |

本书由骆鹏、白智宏主编，各项目的写作分工如下：

前言：骆鹏、白智宏

项目一：陈海亮、永鸿运、边婧、骆鹏

项目二：陈伏兰、吴用、郭新月、白智宏

项目三：周鹊虹、王涛、栢萍、叶艳

项目四：周斌、彭明宏、罗以、金黎

项目五：毛志萍、李栋丽、吴霞、黄岩泓

项目六：白智宏、赵渊博、蒲想青

本教材的编写过程是艰辛的。大量关于教师口语能力训练的教材，多偏重于普通话训练，少部分为关于语言表达内容的训练，也多按照教育教学的环节来划分，未能真正体现语言本身的性质。

语言的本质是思维，要想提高口语表达能力，前提是提升思维品质。因此，本教材以思维训练为口语基础能力，以内容讲解能力、互动交流能力、场景应变能力、修饰优化能力为抓手，在操作上建构了一套具有基础性、变化性、综合性的层级训练体系，以此促进师范生口语综合能力的提升。

本教材的编者们通过对大量口语表达实例的深入研究，归纳总结出教师口语表达的特点、规律和方法，探寻出具有普遍性和实用性的口语训练路径，为此，向各位写作者付出的智慧和心血表示感谢。

若读者翻阅本书，能了解教师口语表达的特点和规律，通过训练和不断实践，热爱教育事业，切实提高口语表达能力，并经由具有科学性、教育性、艺术性的口语表达而成为一名称职的教师，进而成为卓越教师，那么我们和各位同仁的努力就是值得的。

付梓之余深怀谢意。陈时见老师的鞭策，陈恩伦、于泽元老师的鼓励以及各位同事的帮助，不仅成就了本书，更成就了一个教师丰富的精神资源。

还有隐没在本书背后的国内外专家学者和一线教师，在编写中借鉴和参考了相关的研究成果和案例，未及一一说明，在此深表歉意，并感激不尽！

尽管我们付出了很大的努力，但受自身视野和水平的限制，本教材中可能会存在一些疏漏。我们真诚地希望各位读者提出宝贵的意见和建议，并进行批评指正！

骆　鹏　白智宏

2023 年 4 月

# 目录

# 项目一
# 口语基础能力

夫人之立言，因字而生句，
积句而成章，积章而成篇。

——刘勰

教师口语是指教师在从事教育教学活动的过程中所使用的专业口头用语。一方面，相比于日常口头语言，教师口语带有较强的书面色彩，因为教师在讲课时一般都有纸质讲稿（或教案）作为“蓝本”，即使是课堂上的即兴讲话，也带有比较规范的语体特征；另一方面，教师口语并不等于书面语，教师在课堂上实施口语行为，既要考虑其自身对教学内容的理解性转化，又要考虑学生的接受度、交际情境等要素，从而需对纸质讲稿（或教案）进行交流性转化，避免出现念稿腔、播音腔、朗诵腔。另外，教师口语和口语交际有一定程度的交叉，但因为教师口语是集中在教育教学情境中发生的言语行为，因而有一定的独特性。

教师口语是“研究教师口语运用规律的应用语言学科”[①]。作为一门综合性学科，教师口语涵盖了语言学、修辞学、逻辑学、语用学以及心理学的相关知识，学习者应以此为基础培养自身的口语能力。需要特别指出的是，教师口语作为“在理论指导下培养学生在教育、教学等工作中口语运用能力的实践性很强的课程”[②]，其本质是一种语言实践活动，即意味着学生不仅要把口语知识作为学习对象，更要运用相关知识，开展具体的语言活动，强调学生要在做中学，在学中做。

一种能力的构成往往包含多个要素。依据构成要素的差异，口语基础能力包含三个方面：语音发声、遣词造句、连段成篇。

① 国家教委. 师范院校“教师口语”课程标准（试行）[J]. 课程 · 教材 · 教法，1993（7）：1−3.
② 国家教委. 师范院校“教师口语”课程标准（试行）[J]. 课程 · 教材 · 教法，1993（7）：1−3.

【训练目标】

1. 能使用标准的普通话进行言语活动，并且做到表达规范，表意准确。
2. 树立语境意识，能依托具体语境辨析词语意义，选择正确的交际策略。
3. 提升思维能力。

【重点提示】

1. 发声技巧和方法　语调变化
2. 语言表达规范　词语积累和辨析　语境感知
3. 逻辑思维训练　句子连贯和衔接　篇章修辞

## 任务一 语音发声

【情境描述】

小王老师在课堂上给三年级的学生进行安全教育时，说：“孩子们，你们不要随便跟‘僧人’说话，这样是有危险的。”学生听后感到很纳闷：为什么不能跟“僧人”说话？“僧人”为什么会有危险？看着学生一脸迷茫的表情，小王老师这才发现自己发音错误，让学生产生了误会，他赶紧解释道：“不是 seng ren，是 sheng ren，陌生人的意思。”同学们这才明白小王老师的意思。

对自己方音明显的问题，小王老师感到十分苦恼。同时，由于平时说话音量较小，为了让全班同学都能听清自己的声音，每次上课，他都不得不扯着嗓子发声，几堂课下来，小王老师觉得嗓子疼痛难忍。

看完小王老师的案例，请思考：我们到底应该怎样练好普通话，克服方音问题？怎样发出清晰的语音？怎样科学发声从而保护好声带呢？

### 活动一 语音辨正——“我来自中国”

【能力解析】

我国幅员辽阔，各地方言差异较大，正所谓“十里不同音，百里不同俗”，不同民族、方言区的人们之间存在着交际困难。为了方便沟通交流，需要一种可以跨越汉语方言隔阂和民族语言差异的通用语言，这就是普通话。

普通话，是以北京语音为标准音，以北方话为基础方言，以典范的现代白话文著作为语法规范的现代汉民族共同语。普通话是我国的通用语言，是我们日常交流沟通的工具。基于职业特征，教师在日常工作中应该用标准的普通话进行表达。

常见的语音问题有：平舌音和翘舌音不分；鼻音和边音不分；f 和 h 不分；n 与 ng 不分；三声读一半；轻声、儿化不会发音等。面对这些语音问题，教师需要进行语音辨证，提升自身的普通话水平。具体的普通话学习可以从以下三个方面着手。

第一，了解普通话语音系统。

学好普通话，需要了解北京语音的声韵调系统，即掌握普通话 21 个辅音声母（不含零声母）、39 个韵母和 4 个声调的发音原理与发音方法，同时掌握声母、韵母、声调的配合关系及语流音变规律。

第二，认识自身语音偏误。

能辨正标准音与方音的发音区别，通过普通话与方言发音的对比研究，找出其具体差异以及对应规律，从而总结出自己说普通话时的语音偏误。

第三，“对症下药”，反复练习。

任何一种语言的语音学习都离不开大量的语音训练，这也是学好普通话的重要方式和必要途径。平时可以借助学习资料进行拼音学习，多听一些国家级和省级播音员的发音，留心他们讲话时的语音、语调，进行模仿朗读，以提升自身的普通话语感。

【典型练习】

请给下列词语注音，并进行朗读。

A 组——分清平舌音、翘舌音：

张嘴　振作　赈灾　正在　壮族　主宰

追踪　转赠　猜测　残存　仓促　草丛

粗糙　葱翠　草草　苍翠　丧失　扫射

私事　死守　松鼠　算术　私塾　琐事

B 组——分清鼻音、边音：

纳凉　奶酪　脑力　内陆　内乱　能力　落难　能量

C 组——分清前鼻音、后鼻音：

信服——幸福　贫民——平民　辛勤——心情

亲生——轻生　禁止——静止　人民——人名

■【练习提示】

A 组：分清平舌音和翘舌音的关键在于掌握好 z、c、s 和 zh、ch、sh 的发音部位，尤其是前者的发音部位。z、c、s 是平舌音，发音时，舌尖要向前平伸，抵住或接近上齿背（如图 1–1 所示）；zh、ch、sh 是翘舌音，发音时，舌尖要翘起，抵住或接近硬腭前部与上齿龈相接处，注意发音过程中要保持翘舌动作，舌尖既不要向前平伸，也不要和上齿背接触（如图 1–2 所示）。

B 组：分清鼻音和边音的关键在于控制发音时的气流。n 和 l 都属于舌尖中音，发音时都要用舌尖抵住上齿龈，声带振动。区别在于 n 是鼻音，发音时气流从鼻腔流出（如图 1–3 所示）；l 是边音，发音时气流从舌头两边流出（如图 1–4 所示）。

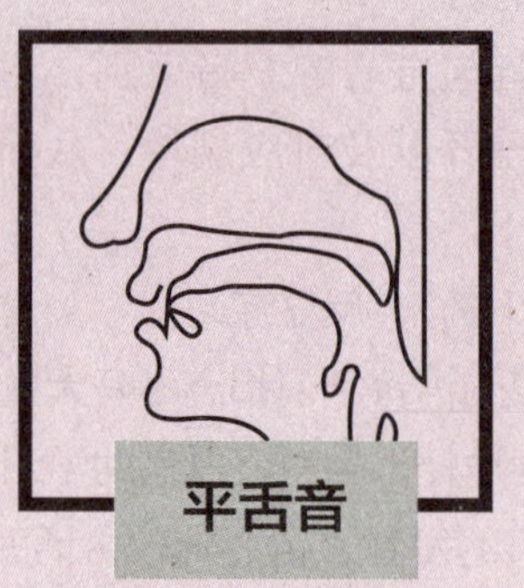


图 1-1　平舌音发音图

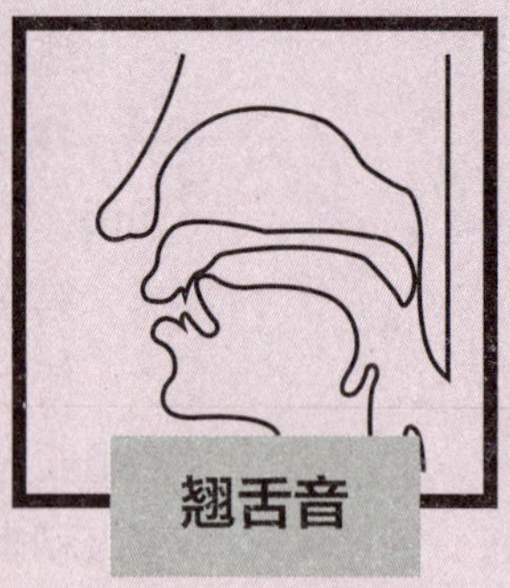


图 1-2　翘舌音发音图

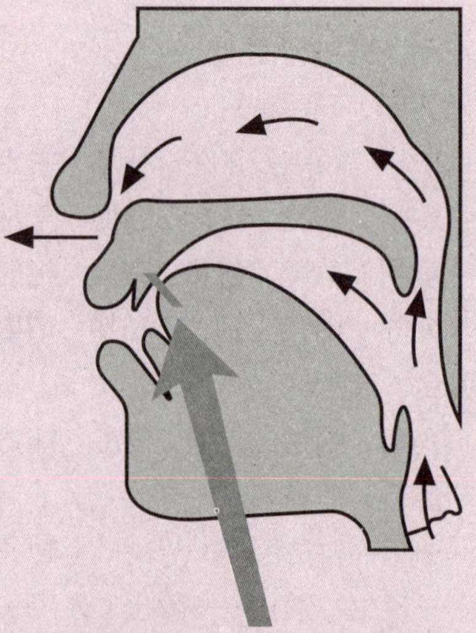

图 1-3　鼻音 n 发音图

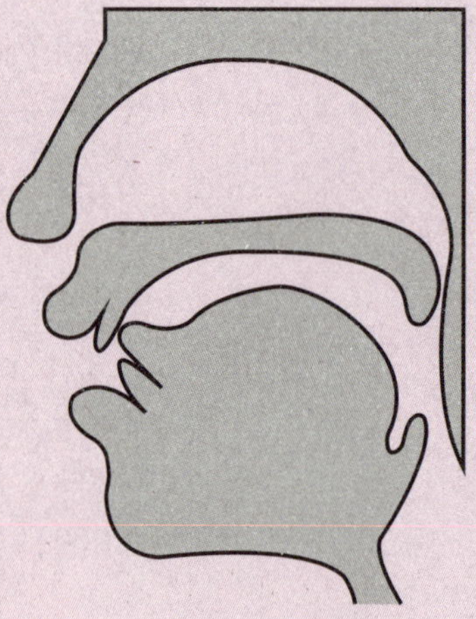

图 1-4　边音 l 发音图

受气流的冲击，发 n 时，鼻尖微有颤动；发 l 时，嘴角两侧微有颤动。发音时，可以把手放在这两个部位感受气流的走向。除此之外，还可以轻轻捏住鼻子，如果发音困难，那么发的就是 n 音；如果发音不困难，那么发的就是 l 音。

C 组：普通话中有两个鼻音韵尾 n 和 ng，在我国许多方言中会出现 n 和 ng 两个韵尾很难分辨的情况。例如在湘方言中，有 n 无 ng；在闽北方言中，有 ng 无 n；在吴方言中，部分 n 韵尾韵母和 ng 韵尾韵母相混，不能区别 an 和 ang、ian 和 iang、uan 和 uang，“感叹”读音类似“赶趟”，“泥潭”读音类似“泥塘”等。更多的方言会把 in 和 ing、en 和 eng 两对韵母相混淆，例如在西南地区的方言中，“清热”与“亲热”、“成就”与“陈旧”不分。

分辨 n 与 ng 两个鼻音韵尾：两个音都是鼻音，发音时气流从鼻腔通过，但口腔形成阻碍的部位不同。n 是舌尖中音，发音时舌尖和上齿龈会形成阻碍（如图 1-5 所示）。ng 是舌根音，发音时，舌面后部要上抬，与软腭形成阻碍（如图 1-6

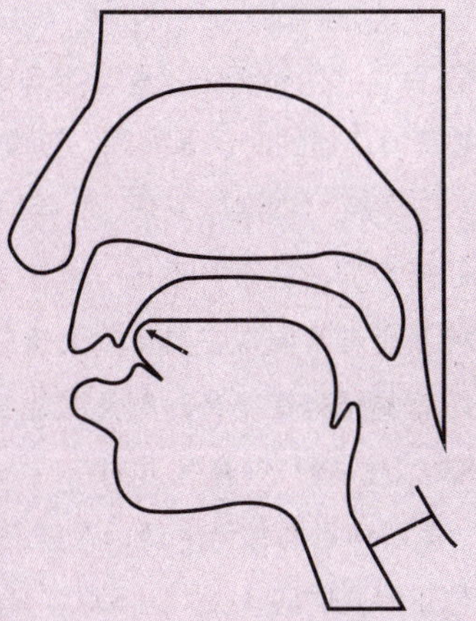

图 1-5　鼻音韵尾 n

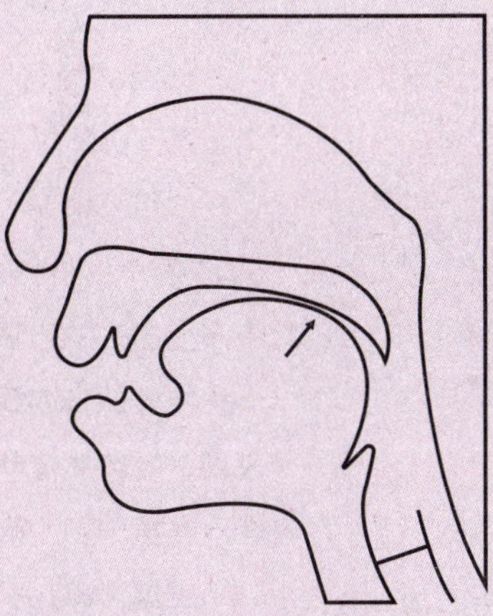

图 1-6　鼻音韵尾 ng

所示）。特别是发韵母 ing 时，舌尖要抵住下齿龈，先发高元音 i，然后舌头隆起部位迅速向后移动，舌根上抬轻轻抵住软腭，再发鼻音。在这一过程中，要注意舌位不能降低，开口度不能过大，否则 i 与 ng 之间就会出现央元音 e 的过渡，发音时听起来过于做作。

**【变式练习】**

请同学们分角色扮演，进行以下对话练习。

一组

师：同学们请看这张地图，说出 A 点到 B 点的距离和 B 点到 C 点的距离。

生：从 A 点到 B 点是九百米，从 B 点到 C 点是两百米。

二组

师：同学们周末一般都去哪里，做些什么呢？

生 A：我和朋友一起出去逛逛，买点儿东西。

生 B：我和朋友一起出去玩玩，喝杯咖啡什么的。

三组

师：同学们请看这张图片，你们知道这是哪儿吗？

生：这个地方正好儿我去过，这是老舍茶馆儿。

师：对，老舍茶馆儿，是以老舍先生命名的茶馆儿，建于 1988 年，古香古色、京味十足。在这里你可以听到京韵大鼓，吃点儿北京小吃，感受京味儿生活。

■【练习提示】

一组："九百"和"两百"这两个词都是两个上声（第三声）相连，因此前一个上声开头降的部分会被挤掉，读的时候要变调，读成阳平的声调。

二组："地下""朋友""漂亮""谢谢""辫子""食""屋里""木头""你们""意思""客气""什么"都是轻声词，轻声并不是一个独立的调类，而是从四个声调中演变出来的声调。这种演变常常出现在具体的语流中，它是整个音节弱化后的一种特殊的音变现象。所有的轻声在发音时都是较短、较轻的。另外，从听感上来说，轻声的音色都比较含混。轻声在音高上的高低一般受到前一个音节的影响。轻声在第一声、第二声、第四声后面都为降调，在第三声后面为升调。

三组："哪儿""点儿""正好儿""没人儿""一块儿""伴儿""冰棍儿""一会儿""茶馆儿"都是儿化词。在普通话里，er 常常粘在其他音节后面，使这个音节的韵母带上卷舌动作，改变音节原来的音色，这种现象叫作儿化，加上卷舌动作的韵母叫作儿化韵。普通话里的儿化音最基本的功能是表示细小、数量少、喜爱等意义，也可以表示轻松、随意等情感，还有表示不正式、蔑视等语用功能。儿化音音变的规律是：（1）韵母 ɑ、ɑn、ɑi、iɑ、iɑn、uɑ、uɑn、uɑi 的儿化音是 ɑr，就是发 ɑ 的同时舌头要卷起来；（2）韵母 o、uo 的儿化音是 or，就是发 o 的同时舌头要卷起来；（3）韵母 e 的儿化音是 er，就是发 e 的同时舌头要卷起来；（4）韵母 u、ou、ɑo、iɑo 的儿化音是 ur，就是发 u 的同时舌头要卷起来；（5）剩下的非后鼻音韵母都是直接发 er；（6）后鼻音韵母 ɑng、iɑng、uɑng、eng、ueng、ing、iong、ong 要去掉辅音韵尾 ng，卷起舌头发前面的元音，此外气流要同时从口腔和鼻腔呼出，使得卷舌元音带上鼻音色彩。

【拓展练习】

请朗读下面的短文，用"·"标出文中的翘舌音，用"△"标出文中的鼻音，用"○"标出文中的轻声词，用"☆"标出文中的儿化词。

【音频】
冰心《笑》
朗读示范

### 笑[①]

冰　心

……

严闭的心幕，慢慢的拉开了，涌出五年前的一个印象。——一条很长的古道。驴脚下的泥，兀自滑滑的。田沟里的水，潺潺的流着。近村的绿树，都笼在湿烟里。弓儿似的新月，挂在树梢。一边走着，似乎道旁有一个孩子，抱着一堆灿白的东西。驴儿过去了，无意中回头一看。——他抱着花儿，赤着脚儿，向着我微微的笑。

① 陈恕. 文学精读：冰心[M]. 杭州：浙江人民出版社，2018：5.

【拓展阅读】
项目一任务一活动一
【拓展练习】参考答案

■【练习提示】

第一步：浏览文段，标注文中的翘舌音、鼻音。

第二步：找出文段中的轻声词、儿化词。

第三步：朗读全文，要求语音清楚、准确、到位。

## 【能力检测】

请按照普通话声调的要求，朗读下列作品《济南的冬天》（节选）。在读完后根据二维码中的示范朗读进行评析（如表1-1所示），并根据评析结果进一步提出优化改进策略。

### 济南的冬天（节选）①

老　舍

【音频】
老舍《济南的冬天》
示范朗读

对于一个在北平住惯的人，像我，冬天要是不刮大风，便觉得是奇迹。济南的冬天是没有风声的。对于一个刚由伦敦回来的，像我，冬天要能看得见日光，便是怪事；济南的冬天是响晴的。自然，在热带的地方，日光是永远那么毒，响亮的天气反有点叫人害怕。可是，在北中国的冬天，而能有温晴的天气，济南真得算个宝地。

设若单单是有阳光，那也算不了出奇。请闭上眼睛想：一个老城，有山有水，全在蓝天下很暖和安适地睡着；只等春风来把他们唤醒，这是不是个理想的境界？

【拓展阅读】
普通话水平测试
必读轻声词语表

小山整把济南围了个圈儿，只有北边缺着点口儿，这一圈小山在冬天特别可爱，好像是把济南放在一个小摇篮里，它们全安静不动地低声地说："你们放心吧，这儿准保暖和。真的，济南的人们在冬天是面上含笑的。他们一看那些小山，心中便觉得有了着落，有了依靠。他们由天上看到山上，便不觉地想起：明天也许就是春天了吧？这样的温暖，今天夜里山草也许就绿起来吧？就是这点幻想不能一时实现，他们也并不着急，因为有这样慈善的冬天，干啥还希望别的呢。

【拓展阅读】
普通话水平测试
常用儿化词语表

最妙的是下点小雪呀。看吧，山上的矮松越发地青黑，树尖儿上顶着一髻儿白花，好像日本看护妇。山尖全白了，给蓝天镶上一道银边。山坡上有的地方雪厚点，有的地方草色还露着，这样，一道儿白，一道儿暗黄，给山们穿上一件带水纹儿的花衣；看着看着，这件花衣好像被风儿吹动，叫你希望看见一点更美的山的肌肤。等到快日落的时候，微黄的阳光斜射在山腰上，那点薄雪好像忽然害了羞，微微露出点粉色。就是下小雪吧，济南是受不住大雪的，那些小山太秀气。

---

① 老舍. 济南的冬天［M］. 北京：万卷出版公司，2019：1-2.

表 1-1　普通话语音评析表

| 指标<br>（分数） | 声韵调准确<br>（6 分） | 轻声准确<br>（2 分） | 儿化准确<br>（2 分） | 总评<br>（10 分） |
|---|---|---|---|---|
| 普通话语音练习 1 | | | | |
| 普通话语音练习 2 | | | | |
| …… | | | | |

【推荐资源】

1. 王蕾馨. 普通话水平测试指导教程［M］. 上海：上海交通大学出版社，2019.

2. 普通话水平测试研究中心. 普通话水平测试专用教材［M］. 北京：首都师范大学出版社，2020.

## 活动二　吐字归音——“我读你听”

【能力解析】

“吐字归音”是我国传统的声乐艺术在涉及咬字方法时所常用的术语，它既包含发音的基本要领，也包含中国传统艺术对于发音的基本审美要求。根据汉语语音特点，一个音节的发音过程可分为三个阶段，即出字（又称“出声”）、立字（又称“行音”）和归音（又称“收音归纳”），旨在通过对不同阶段的发音控制，使吐字达到清晰有力、悦耳自如的效果。随着社会生活的发展，吐字归音逐渐为现代口语表达理论所吸收。

吐字归音的要领是吐字有弹性，干净利落，即字头叼住弹出；字字有力度，圆润饱满，即字腹拉开立起；字尾弱收，趋向鲜明，即字尾到位弱收。整个音节成枣核型，以字带声，声随字转，使字音清晰婉转，圆润连贯。

语音清晰、字正腔圆是对教师口语最基本的要求，它来自对吐字归音的深刻理解和实践。如果一位教师在教育教学情境中吐字含混不清，不仅会造成学生理解上的困难，而且可能会引起误解，影响教学效果。教师的吐字归音问题主要表现为声母和介音①丢失或时值太长、韵腹丢失或不响亮、韵尾趋向不明显、音色不稳定等。通过吐字归音的练习，可以帮助我们对上述这些发音问题进行纠正。

【典型练习】

请填写出表 1-2 中每个字的字头、字腹和字尾。

① 介音：俗称韵头，是韵母中主要元音前面的元音。例如“i、u、ü”便是介音。

表 1-2 例字的字头、字腹和字尾

| 例字 | 字头（出字） | | 字腹（立字） | 字尾（归音） |
|---|---|---|---|---|
| | 声母 | 介音 | | |
| 添 | t | i | a | n |
| 谭 | | | | |
| 表 | | | | |
| 想 | | | | |
| 跟 | | | | |
| 创 | | | | |
| 否 | | | | |
| 再 | | | | |

■【练习提示】

1.“谭”的字头是 t，发音时舌尖抵到上齿龈，舌头用力弹发；字腹是 ɑ，发音时最为响亮，口腔开口度大；字尾是 n，发音时舌头抵到上齿龈，气流从鼻腔呼出。

2.“表”的字头是 bi，发音时双唇紧闭，力量集中在唇中央，气流爆破而出；字腹是 ɑ，发音时最为响亮，口腔开口度大；字尾是 u，发音时舌头后缩，嘴唇凸起拢圆。

3.“想”的字头是 xi，发音时舌尖抵到上齿龈，舌面隆起靠近硬腭前部，摩擦发声；字腹是 ɑ，发音时最为响亮，口腔开口度大；字尾是 ng，发音时舌头后缩，舌根隆起抵到软腭，气流从鼻腔呼出。

4.“跟”的字头是 g，发音时舌头后缩，舌根隆起抵到软腭，舌头用力弹发；字腹是 e，发音时最为响亮，口腔开口度为上下唇的距离有一食指宽；字尾是 n，发音时舌头抵到上齿龈，气流从鼻腔呼出。

5.“创”的字头是 chu，发音时舌尖抵到硬腭前部，嘴唇凸起拢圆，用力弹发摩擦发声；字腹是 ɑ，发音时最为响亮，口腔开口度大；字尾是 ng，发音时舌头后缩，舌根隆起抵到软腭，气流从鼻腔呼出。

6.“否”的字头是 f，发音时上齿接近下唇，摩擦发声；字腹是 o，发音时最为响亮，口腔开口度为上下齿的距离有一拇指宽；字尾是 u，发音时舌头后缩，嘴唇凸起拢圆。

7.“再”的字头是 z，发音时舌尖抵到上齿背，用力弹发摩擦发声；字腹是 ɑ，发音时最为响亮，口腔开口度大；字尾是 i，发音时舌尖抵到下齿背，嘴唇往两边展开。

【变式练习】 请按照吐字归音的发音要领，朗读下列绕口令。

出 字 组

1. 双唇阻音　b p m

扁担长，板凳宽，扁担没有板凳宽，板凳没有扁担长，扁担绑在那板凳上，板凳不让扁担绑在那板凳上，扁担偏要绑在那板凳上。

2. 唇齿阻音　f

一条裤子七道缝儿，横缝儿上面有竖缝儿，缝了横缝儿缝竖缝儿，缝了竖缝儿缝横缝儿。

3. 舌尖前阻音　z c s

三弟三妹子，向三哥三嫂子借了十石四斗三升酸枣子，等过年三月三，三弟三妹子上山摘了酸枣子，再还三哥三嫂子十石四斗三升酸枣子。

4. 舌尖中阻音　d t n l

高高山上一条藤，藤条头上挂铜铃，风吹藤动铜铃动，风停藤定铜铃停。

5. 舌面阻音　j q x

七加一，七减一，加完减完等于几？七加一，七减一，加完减完还是七。

6. 舌根阻音　g k h

大哥有大锅，二哥有小锅，大哥要换二哥的小锅，二哥不换大哥的大锅。

7. 舌尖后阻音　zh ch sh

长虫围着砖堆转，转完了砖堆钻砖堆。

立 字 组

1. ɑ

小华和胖娃，两个种花又种瓜，小华会种花不会种瓜，胖娃会种瓜不会种花。

2. e

天上一只鹅，地上一只鹅，鹅飞，鹅跑，鹅碰鹅。

3. u

有个小孩叫小杜，上街打醋又买布。买了布，打了醋，回头看见鹰抓兔。放下布，搁下醋，上前去追鹰和兔，飞了鹰，跑了兔，洒了醋，湿了布。

4. i

人心齐，泰山移。男女老少齐出力，要与老天比高低。挖了干渠几十里，浇灌了万亩良田地。

5. ü

李小鱼和张小宇，放学来到树林里，轻轻松松坐下来，ABCD读英语。天空飘过一片云，哗哗啦啦下起雨，小鱼小宇忙站起，大树下面好避雨。

6. -i

石、斯、施、史四老师，天天和我在一起。石老师教我大公无私，斯老师给我精神粮食，施老师叫我遇事三思，史老师送我知识钥匙。我感谢石、斯、施、史四老师。

7. ɑi

掰白菜，搬白菜，掰完白菜搬白菜，搬完白菜掰白菜。

8. ɑo

出东门，过大桥，大桥底下一树枣，拿着竿子去打枣，青的多，红的少。

9. ou

出南门，走六步，见着六叔和六舅，叫声六叔和六舅，借我六斗六升好绿豆；过了秋，打了豆，还我六叔六舅六斗六升好绿豆。

10. iɑ

贾家有女初出嫁，嫁到夏家学养虾，喂养的对虾个头儿大，卖到市场直加价。

11. ie

杰杰和姐姐，花园里面捉蝴蝶。杰杰去捉花中蝶，姐姐去捉叶上蝶。

12. uɑ

牙刷能刷牙，刷牙用牙刷。花花用牙刷会刷牙，华华有牙刷不刷牙。花花和华华，谁是好娃娃？

13. uo

绿秧棵，开花朵，花朵朵朵结果果。果果开花一朵朵，朵朵花朵像云朵。

14. üe

天上下雪，身上流血，雪是白的，血是红的；血是红的不是白的，雪是白的不是红的。

15. iɑo

有个小孩叫巧巧，巧巧哥哥叫乔乔，乔乔划船带巧巧，巧巧乔乔看姥姥。

16. iou

路东住着刘小柳，路南住着牛小妞。刘小柳拿着大皮球，牛小妞抱着大石榴。

17. uɑi

两条裤，希奇怪，两只筷，希奇古怪，裤破筷坏。

18. uei

梅小卫叫飞毛腿，卫小辉叫风难追。两人参加运动会，百米赛跑快如飞。飞毛腿追风难追，风难追追飞毛腿。梅小卫和卫小辉，最后不知谁胜谁。

归 音 组

1. 元音韵尾 i

槐树歪歪，坐个乖乖，乖乖用手，摔了老酒，酒瓶摔坏，奶奶不怪。

2. 元音韵尾 o（u）

高高山上有座庙，庙里住着两老道，一个年纪老，一个年纪小。庙前长着许多草，有时候老老道煎药，小老道采药；有时候小老道煎药，老老道采药。

3. 前鼻音韵尾 n

谭家谭老汉，回家炒个蛋炒饭。进门跨门槛，脚下绊一绊，跌了谭老汉，破了半担蛋，翻了半担炭，脏了木门槛。老汉看一看，急得满头汗，连说怎么办。

4. 后鼻音韵尾 ng

小光和小刚，抬着水桶上山岗。上山岗，歇歇凉，拿起竹竿玩打仗。乒乒乒，乓乓乓，打来打去砸了缸。

■【练习提示】

出字组　俗话说"咬字千斤重，听者自动容"。但"千斤重"不是用发音的浊劲把字咬死。形象一点说，就像母老虎噙着小老虎在山涧跳跃，如果叼得太紧，就会把小老虎咬死；如果叼得太松，小老虎就会掉下山涧。要做到"叼住弹出"，在练声时需要用适当的夸张来体会肌肉的力度变化和配合度。

立字组　字腹为 i、u、ü 等舌位较高的元音时，开口度不要过小，要比日常说话时的开口度大一些，口腔圆一些，尤其是 in，ün 中的 i，ü 音要格外注意，例如，"拎""云"。元音 ɑ 做字腹时，常见的问题是口腔容易打不开，把 ɑ 音读得接近于 e 音，例如，把"小孩" xiǎo hái 读成 xiǎo héi，这就严重影响了字音的饱满程度，使整体语音面貌发扁，字腹没有立起来。韵母是 iɑn，üɑn 的，因字腹前后的两个音口腔开口度都比较窄，而且舌位相距很近，容易把字腹带窄，导致上下唇拉不开，音立不起来，甚至会把 iɑn 发得近似于 in，例如把"先进"发成"新进"，"玉渊潭"发成"易淹潭"。韵母 uei，uen 的主要元音是 e，前拼声母时，虽然在书写上省去了 e，但发音时却不能省，还是要有一定的开口度，例如，"瑞雪""黄昏""伦理"。

归音组　归音一定要到位完整。尽管字尾在一个音节中相对来说比较轻、短，但在归音过程中仍要注意使唇舌位置到位，把音发完整。同时，归音时不可违反发音的生理规律，将字尾收得过紧过重，避免矫枉过正，破坏与后面音节连接的流畅，影响语音的节奏。

【拓展练习】 请按照吐字归音的要求，朗读美食纪录片《舌尖上的中国》第一季第六集的解说词《五味的调和》（节选）。

**五味的调和（节选）**

不管在中餐还是在中文里，神奇的“味”字，似乎永远都充满了无限的可能性。除了味觉和嗅觉，在中国文化里，对于“味道”的感知和定义，既源于饮食，又超越了饮食，也就是说，能够真真切切地感觉到“味”的，不仅是我们的舌头和鼻子，还包括中国人的心。

和全世界一样，汉字也用“甜”来表达喜悦和幸福的感觉。这是因为人类的舌尖能够最先感受到的味道就是甜。

……

中国人在品尝生活的甘甜之时，似乎也很善于欣赏苦。

……

傍晚六点，阿伦进完货回到店里，他是这家海鲜餐厅的主人。餐厅以阿伦祖父的名字命名，半个多世纪以来，生意很少冷清，秘密就在于餐馆的招牌菜——陈皮鸭。

……

阿伦的记忆里，父母始终只是店里日夜忙碌的两个身影。童年给他留下的是辛苦的回味。陈皮飘香里，时光仿佛过得很快，如今，阿伦已有了稳定的工作和收入。在他看来，50 年的生活经历，如果用一句话来概括，最准确的，莫过于“苦尽甘来”。

苦尽甘来是中国人在味觉上对“苦”的辨证，更是在逆境中习惯坚持的信念，他们相信，最完满的人生总是五味杂陈的。

然而，不管是甜蜜还是苦涩，能够调和这一切的就是咸。

咸的味觉来自盐。……在中国菜里，盐更重的使命，是调出食物本身固有的味道，改善某种肌体的质地。在中国的烹饪辞典里，盐是百味之首。

不下雨的日子里，阿刘每天都要在盐田里忙碌。阿刘的家在粤东海边，村民世代以晒盐为生。

……

晒盐的收入微薄，一年不到一万元，阿刘还要做电工和捕鱼贴补家用。村子里的人大多外出打工，大片的盐田已经荒废，阿刘依然选择留守。

酸是一种奇妙的味道，不仅舌头能感觉到，我们的鼻子也对它十分敏感。酸味物质解离出的氢离子在口腔中撩拨我们的味蕾，这种味觉就是酸味。

……

酸味能增加菜肴的鲜香，尤其是在烹制肉类时，酸味加速肉的纤维化，肉质更加细腻。仅仅酸味本身也能促进消化，增进食欲。

除了“酸”，还有一种味道可以增进人类食欲，那就是“辣”。

……

素琼是个菜农，也是绝对的一家之主。在四川，许多妇女都像素琼这样开朗、坚忍、果断，汉语里人们用“泼辣”来形容这种性格。

……

四川盆地气候潮湿，多阴雨，正需要辣椒的刚猛热烈。

……

在川菜中，无论是作主料、辅料还是作调味料，辣椒都是宠儿，它给川菜烙上了鲜明的印记。

……

中国的烹饪手段千变万化，滋味层出不穷。既能像麻辣的川菜一样，如此凶猛地侵略我们的味觉，也能“润物细无声”地让我们的舌尖领略鲜味的美好。

早晨是广州黄沙市场最繁忙的时候，这里集中了来自世界各地的美味海鲜。

庄臣常来这里寻找最好的食材，18 岁时，他进入中国最早的五星级酒店，成为一名厨师。

2000 年，庄臣辞去餐饮总监的职务，成为职业美食家、广东饮食文化的推广者。他认为,在烹饪中保持食材的原味,是一种素面朝天的鲜美。

……

“鲜”是只有中国人才懂得并孜孜以求的特殊味觉体验。“鲜”既在“五味”之内，又超越了“五味”，成为中国饮食最平常但又最玄妙的一种境界。保持原汁原味的健康烹饪，回归质朴本真的平淡生活，这种理念经常重复在庄臣的节目和美食专栏中，更是他多年来对美食、对人生的总结。

五味使中国菜的味道千变万化，也为中国人在回味他们各自的人生况味时，找到一种特殊的表达语境。在中国人的厨房里，某种单一味道很难独自呈现，五味最佳的存在方式是调和以及平衡。这不仅是中国历代厨师不断寻求的完美状态，也是中国人在为人处事，甚至在治国经世上所追求的理想境界。

■【练习提示】

首先，要求声母的发音部位准确、弹发有力；

其次，韵腹拉开立起，做到“开口音稍闭，闭口音稍开”；

最后，归音干净利落，不可“拖泥带水”。

【能力检测】

请按照吐字归音的基本要领，尝试阅读《人民日报》关于“双减”的评论文章《“双减”也需做好教育管理“加法”》，运用表 1-3 对自身吐字归音的情况加以评析，并根据评析结果进一步提出优化改进策略。

**“双减”也需做好教育管理“加法”**[①]

“‘双减’减去的是不必要的、机械的、重复的学业负担”“更好促进‘双减’政策产生实效”……今年（指 2022 年，编者注）全国两会上，“双减”成为代表委员热议的话题。

“双减”政策是保障教育公平的重大举措，是促进学生全面发展、健康成长的正确途径。从严审批机构、规范培训服务行为，提高课后服务质量、拓展课后服务渠道，健全作业管理机制、提高作业设计质量，促进义务教育优质均衡发展、提升课堂教学质量……自去年 7 月中央“双减”文件发布以来，一系列旨在让“双减”落实落细的举措全面推进。截至目前，校外培训机构已大幅压减，培训市场野蛮生长现象受到遏制；校内普遍实现课后服务“5+2”全覆盖，教师更加注重提升课堂教学质量、优化作业科学布置，致力于在校内满足学生多样化、高质量的教育需求。

新学期，新气象。持续推动“双减”落地，构建良好的教育生态，助力青少年健康成长，还需学校内外同步推进，社会、学校、家庭形成合力，进一步做好“加法”。

首先，应继续大力推进教育均衡发展。优质教育资源广泛覆盖，缩小城乡、区域特别是同一区域校际差异，让每一个学生都能在校内享受到公平、优质的教育资源，是“双减”稳步推进的重要基础。通过深入推进校长、教师轮岗交流，对优质师资进行高效率调配；积极推进集团化办学、学区化治理和城乡学校共同体建设，尽可能扩大优质学校的辐射范围；做强做优免费线上学习服务，提供高质量的线上学习资源。惟其如此，才能为“双减”筑牢基础，发挥政策更大效应。

做好“加法”，还需大力提高课堂教学质量，真正做到向“45 分钟”要效率、要效果。例如，提升教师的授课质量和水平，打通学科界限、将多学科知识融合，在尊重学生个性基础上分层布置作业，等等。推动实现课堂教学与作业布置的科学化、智慧化与个性化，才能让学生在校园内“吃得饱”“吃得好”。

持续推进“双减”，还要从根本上改变当前部分义务教育阶段学校考试次数过多、考试形式单一、考试质量不高和“唯分数”倾向等问题，降低考试压力，改进考试办法，真正实现以评价促成长。同时，需要进一步完善选拔评价方式，深化招生改革，优化考试“指挥棒”，畅通和拓宽人才成长的通道。应以评价之“尺”，引导社会从对分数、排名和升学的关注，转为对

① 赵婀娜.“双减”也需做好教育管理“加法”[N]. 人民日报，2022-03-15（5）.

学生身心健康、兴趣特长、意志品质与实际获得的关注。

路虽远行则将至，事虽难做则必成。着眼未来，多措并举、久久为功、协同推进，方能推动“双减”更上层楼。各级教育部门加快构建优质均衡的基本公共教育服务体系，广大学校和老师快速提升本领，有关职能部门完善相关举措……真正将学生不必要的负担减下来，从深层次推动教育观念、教育体系、育人方式、教育评价等多方面的深刻变革，我们就能构建起学校、社会、家庭各归其位、协同育人的教育新生态。

表 1-3　吐字归音能力评析表

| 指标（分数） | 字头叼住弹出（3 分） | 字腹拉开立起（4 分） | 字尾弱收到位（3 分） | 总评（10 分） |
|---|---|---|---|---|
| 吐字归音能力练习 1 | | | | |
| 吐字归音能力练习 2 | | | | |
| …… | | | | |

【推荐资源】

1. 侯琳玮. 建立在普通话音节结构基础上的发音方法：吐字归音［J］. 新闻传播，2022（8）：33-34.

2. 杨颖慧，马瑜泽. 中国播音学“吐字归音”的理论内涵及科学建构［J］. 记者摇篮，2020（6）：37-38.

## 活动三　用气发声——“一气呵成”

【能力解析】

对于教师而言，口头表达能力是最基本的职业能力，只有采用科学的用气发声方法，获得充足的气息，才能让我们的声音洪亮持久，减少声带疲劳。教师在发声时可采用胸腹式联合呼吸方法，这是一种较为高效、科学的呼吸方法：气流从口鼻同时吸入，迫使膈下压，两肋向两侧扩张，胸腔和腹腔的容积全面扩展，吸气量增大，把膈作为气息的支撑点，使整个发声有根基，声音就会有立体感和厚度，产生坚实明亮的音色（如图 1-7 所示）。

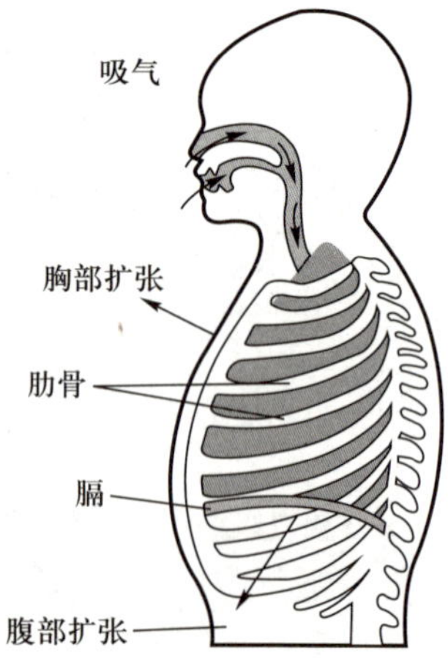

图 1-7　胸腹式联合呼吸方法

除了科学地呼吸及用气之外，还需要科学地发声。教师需要有意识地控制发声器官——喉部声带，更加科学、规范地运用嗓音。这就要求教师在发声时，喉部要相对放松，减轻对声带的压力，通过气流的冲击产生振动发声，充分发挥泛音的作用，使音色丰富明亮。如果喉部及声带肌肉受到过分挤压，就容易让声音变得干、涩、暗、紧、窄、抖。教师在口语训练中可以转移自身的注意力，强调唇舌部位的力度和腰腹的控制，做到"两头（口腔和腰腹）紧，中间（喉部）松"，这种无意识的放松会让声音变得更加圆润而富有磁性，不仅教师轻松自如，听者也会感到声音悦耳动听。

## 【典型练习】

一、按照胸腹式联合呼吸方法的要求进行呼气训练，发"si"音，每组 30 秒，练习 4 组。

■【练习提示】

无论站立还是端坐，都要先深吸一口气，做到气沉丹田，腰腹用力。接着发"si"声，注意吐气时要有控制，在不憋气的状态下，让气流随着"si"声均匀、集中、持久地吐出来。

二、按照喉部放松的要求进行 ɑ 元音"气泡"练习，3 次一组，练习 5 组。

■【练习提示】

用发 ɑ 音的状态发气泡音，两片声带微闭，用少量的气息振动声带，使发出的声音像从口腔里"跑"出的一个个气泡。

另外，喉部声带的闭合状态要始终保持如一，气息和"气泡"的弹发时间要均匀，大小要一样，如果喉部紧张，是发不出来气泡音的。

如果开始气泡音发不好，可以先使声带完全闭合发 ɑ 音，然后用乐音带动气泡音的产生。

## 【变式练习】

一、换气练习

按照胸腹式联合呼吸方法的要求，用三口气完成下面的绕口令。

第一口气：出东门过大桥，大桥底下一树枣，拿着杆子去打枣，青的多红的少。

第二口气：一个枣两个枣三个枣四个枣五个枣六个枣七个枣八个枣九个枣十个枣，十个枣九个枣八个枣七个枣六个枣五个枣四个枣三个枣两个枣一个枣。

第三口气：这是一个绕口令，一口气说完才算好。

■【练习提示】

首先吸气，控制气息。

其次句首换气，做到换气到位、无声，不要偷气补气，不要憋气，气息均匀，自如释放。

最后一气呵成，数好上面二十个枣，并且要富有节奏感。

二、补气练习

课堂上，教师让学生思考如何观察夜空中的星星，编成了下面的顺口溜，请一气呵成进行朗读练习。

望夜空，满天星，光闪闪，亮晶晶。好像那，小银灯，大大小小、密密麻麻、闪闪烁烁、数来数去数也数不清。仔细看，看分明，原来那群星分了星座还起了名。按亮度，分了等；一等、二等、三等、四等、五等、六等，一共分六等。谁最亮，是一等，谁最暗，是六等。星空中，还能看见那大行星和卫星，小行星和彗星，更有那无数无名点点繁星看不清。要想看清它，请你借助现代化的天文望远镜。

■【练习提示】

【拓展阅读】
口语表达中如何补气换气

由于语意的需要，句子较长，超出了我们生理的驾驭能力，因此就必须在句子中间的某一处进行补气或者偷气，但在口语练习时要不露痕迹，不能割裂语意，要无声地进行，也就是音断、气断而意不断。

在准备补气时，要保持住气息的控制状态，两肋迅速向外扩张，在腰腹松紧的刹那间进行偷气，后使气息自然流入，做到“停而不断”，给人一气呵成之感。

【拓展练习】

请按照用气发声的要求，对自己所讲授的某节课进行内容总结，例如某位中学历史老师对中国近代历史的总结：

中国人民永远不会忘记一个又一个不平等的条约，使中国从一个泱泱大国变成了一只任人宰割的肥羊；中国人民永远不会忘记八国联军火烧圆明园的历史，让这座辉煌壮丽的建筑顷刻间变成一片焦土和瓦砾；中国人民永远不会忘记有多少仁人志士、多少革命先辈抛头颅、洒热血，以钢铁般的意志和无所畏惧的气概，以顽强不屈的精神和众志成城的力量战胜侵略者，迎来中华民族的独立和自由。

■【练习提示】

采用胸腹式联合呼吸方法，两肩放松，两肋打开，肺部进气，膈下降，腹部肌肉紧张，保持控制，使膈肌以较慢的速度上升回收。呼气的时候要做到平稳，用气持久灵活。

在句首换气，补气自如，换气无声。发声时，放松喉部，不要高音挤喉，也不要低音压喉。

在吐字发声时，提起颧肌，打开牙关，让口腔呈枣核形，然后唇舌用力，声音集中。

## 【能力检测】

下面是一位历史老师为学生编写的历史朝代歌，请按照用气发声的要领与同学进行练习，运用表 1-4 对各自用气发声的情况给予评析，并根据评析结果进一步提出优化改进策略。

三皇五帝始，尧舜禹相传；
夏商与西周，东周分两段；
春秋和战国，一统秦两汉；
三分魏蜀吴，二晋前后沿；
南北朝并立，隋唐五代传；
宋元明清后，皇朝至此完。

表 1-4　用气发声能力评析表

| 指标（分数） | 吸气深（2.5 分） | 呼气稳（2.5 分） | 用气活（2.5 分） | 喉部松（2.5 分） | 总评（10 分） |
|---|---|---|---|---|---|
| 用气发声能力练习 1 | | | | | |
| 用气发声能力练习 2 | | | | | |
| …… | | | | | |

## 【推荐资源】

1. 高翔. 论声带保护与科学发声：保护声带、提高语音发音质量［M］. 中国多媒体与网络教学学报（中旬刊），2019（6）：192-193.

2. 赵苑琦. 论科学发声中的呼吸训练［J］. 齐齐哈尔师范高等专科学校学报，2019（6）：116-117.

# 任务二
# 遣词造句

【情境描述】

场景一：林老师在公开课结束之际，对所有的听课老师说：感谢大家的聆听。

场景二：黄老师和陈老师讲解同一篇课文——杨绛先生的《老王》。黄老师在引导学生关注老王对杨绛一家的关心和热情后，问学生：相对于作者杨绛，老王是怎样的一种存在？很多学生不知道该从哪方面回答，有的从性别来谈，有的从经济悬殊来分析，有的则从社会地位和文化差异来比较，而始终不知道其实黄老师想让同学们从情感关照的角度进行思考。陈老师让同学们思考：可否将原文“也许他平时不那么瘦，也不那么直僵僵的”中的“也许”改为“因为”？同学们在比较中发现，“也许”有不确定之意，反映出作者对老王不够熟悉，关心不足，然后陈老师顺势提问：杨绛对老王的态度和情感可以用哪些词来描述？于是同学们纷纷回答“有距离感”“不甚关心”“较为冷漠”等。

就上述两个教学场景而言，你认为教师在语言表达上要注意哪些问题。

## 活动一　语句规范——“规矩方圆”

【能力解析】

教师口语是教师在教育教学实践中产生的、符合教育规律、适应教育对象身心特征和认知规律的专门用语，具有很强的规范性。在语音、词汇、语法方面，要符合普通话的标准；在教育教学方面，要符合教育目的和规律；在社会规范方面，要符合国家的法律法规以及公序良俗。

规范的教师口语能有效地提高教育教学的效率和质量，正如苏联教育家苏霍姆林斯基所说：“教师的语言修养在极大程度上决定着学生在课堂上的脑力劳动的效率。”教师口语规范能促进学生的智力发展和能力培养。学生的语言能力主要是习得的，其主要途径是观察和模仿，规范的教师口语为学生学习语言提供了示范。此外，教师规范自身的口语表达，也能促进教师发展思维，从而不断提升语言表达能力。

教师要规范自己的教育教学用语，可以从以下四个方面着手：

（1）熟悉现代汉语的语法规则，力求避免成分残缺、搭配不当、词类误用、语序失调等不规范现象；

（2）避免使用方言词，谨慎对待网络用语，对语言中出现的一些尚不稳定的“新词”和“外来词”，要慎重使用；

（3）注意学科专业知识的规范表达；

（4）使用文明、得体的语言。

## 【典型练习】

1. 请你写出下列词语所对应的家乡方言（或用拼音表示）。

继父——　　丈夫——　　伯母——　　内弟——

腋窝——　　下巴——　　膝盖——　　脚踝——

吃饭——　　睡觉——　　浪费——　　喜欢——

2. 筛选出自己家乡方言中和普通话出入较大的词，整理方言词和普通话的词语对照表。

### ■【练习提示】

汉语方言词汇自成体系，其中既有与普通话相同的用词，例如天、地、人、水等，也有只通行于方言区的词，例如“母亲”在合肥话中是“妈爷”，在厦门话中是“姆仔”，在梅州话中是“依妈”。在整理词语对照表的时候，主要针对只通行于方言区的词，可以按照“形同义异”“义同形异”等进行分类。

【拓展阅读】
《咬文嚼字》编辑部
2011—2021 年发布的
“十大语文差错”

3. 扫描二维码，认真学习《咬文嚼字》编辑部 2011—2021 年发布的“十大语文差错”等学习材料，找出其中和教育教学有关的内容，整理《教师口语易错词、禁用词手册》。

4. 对照自己整理的《教师口语易错词、禁用词手册》，请指出在下列不同的表达中，有哪些不规范之处，并加以改正。

（1）地理老师：气候变暖，海平面上升，造成的生态灾难令人堪忧。

（2）政治老师：……村长是帮助居民致富，为居民发展经济、实现共同富裕的带头人，是依照《村民委员会组织法》选举产生的。

（3）语文老师：《长津湖》讲述了一个令人血脉偾张的故事，我们为祖国有这样的英雄而骄傲！

（4）班主任：我的母校是 ×× 师范大学，我是 2015 届的，我自 2019 年毕业后就当了一名老师。

■【练习提示】

教师的语言常常为学生所模仿、学习，要通过不断的学习，提高自身表达的规范性。《咬文嚼字》杂志等提供了丰富的学习内容。例如，《咬文嚼字》杂志社公布的2017年度十大语文差错中，专门指出了“敬请期待”一词的误用——“谦恭的‘敬请’和自负的‘期待’，形成了一种奇怪的组合。所谓‘期待’，是充满期望的等待，这是一种主观感情的显示；强行要别人‘期待’，至少是有背于传统礼仪的”。基于相似的理由，“谢谢聆听”也属于一种不得体、欠规范的用语。

【拓展阅读】
项目一任务二活动一
【典型练习】4
参考答案

5. 在口语表达中，你曾听到教师犯过哪些语法错误，请按照示例完成表1-5。

表1-5　教师口语表达中常见的语法错误

| 错误类型 | 描述 | 例句 |
| --- | --- | --- |
| 语序不当 | 词语出现的位置不正确，或者分句的顺序不当 | ① 通过检查，大家讨论、发现、解决了班级中存在的一些问题<br>② 咱班的王同学不但乐于助人，而且学习成绩好 |
| | | |
| | | |
| | | |
| | | |

【拓展阅读】
教师口语表达中
常见的语法错误

■【练习提示】

教师口语表达中常见的语法错误有“语序不当”“搭配不当”等。掌握基本的语法知识有利于辨识这些错误，从而提高教师口语表达的规范性。教师可以结合工作实际重点关注短语、句子方面的知识。

【变式练习】

1. 随着网络和现实生活的深度融合，网络用语也逐渐在日常交际用语中出现，例如，“偶木油虾米太远大的理想，只稀饭睡觉……像偶酱紫的菜鸟……”你能听懂这段话是什么意思吗？请说说日常生活中还有哪些不规范的网络用语。

■【练习提示】

大量的网络用语进入口语表达中，会给在交流过程中没有共同语言背景的人造成困难，使语言变得“听而生畏”，从而让交流失去意义。如“人艰不拆”“男默女泪”等，这些网络热词的“热度”往往有限，所以要拒绝使用不符合现代汉语规范的网络用语。

2. 在日常的口语表达中，你习惯使用网络用语吗？哪些网络用语促进了同伴间的交流？哪些网络用语造成了同伴间交流的障碍？

■【练习提示】

一方面语言要规范，另一方面也必须认识到，语言是活的，具有一定的自净能力，对网络用语不能采取全部否定的态度，而是要有选择地吸收，例如“给力”“高光”等网络用语已经被人们接受，也为主流媒体所接纳。同时在课堂上，有时为了增强吸引力，引发学生的共鸣，教师也可有意识地运用网络用语，以便师生之间的交流更加畅通。

【拓展练习】

下面是一位实习教师的班级日志，其在表达中有多处语言不规范。请你找出这些不规范之处，并加以改正。

今天我们班的运气实在够衰，开朝会时被学生处主任点名，说我们班秩序不好，而且教室环境脏乱。班主任气到不行，回到班上严辞训斥大家一顿，问同学们准备如何改正。小同立刻举手发言说：“我们一定会好好反省！”生活委员涨红着脸，几乎快 o(≧口≦)o 了，他拜托大家每天确实要打扫卫生，他一定 3Q 得 Qrz。小明问班上的星座达人，到底我们班为何如此时运不济，接二连三地挨骂受罚。更惨的是，班上的微波炉莫名其妙地坏了，害得全班同学只好吃冷饭。

■【练习提示】

不规范的网络用语常包含以下四种情况：① 不当的俗语、口语；② 不当的外来语；③ 语法错误；④ 以图案代替文字表达以及利用拼音缩略形式或者字母构成的词语，例如 YYDS（永远的神），I 服了 U（我服了你）。

结合语言规范、社会规范、教育目的以及教师职业道德要求，教师口语表达不仅要符合语言规范，达到有效交流的目的；同时还要符合教育规定，进行正确引导。例如学生犯了错，被班主任批评，实习教师要帮助同学们发现症结，分析原因，而不是简单地归结为“班级运气不好”。

【能力检测】

假设你初登讲台，请从以下三个方面为全班同学介绍即将讲授的科目：① 该科目将学习哪些知识；② 你将给同学们带来怎样的帮助；③ 你打算怎样讲授这个科目。在这个过程中，注意口语表达标准规范，用表 1-6 进行评析，并根据评析结果进一步提出优化改进策略。

表 1-6　口语表达标准规范评析表

| 指标（分数） | 用词规范（2分） | 语法规范（2分） | 学科知识规范（3分） | 不适用禁忌语（3分） | 总评（10分） |
|---|---|---|---|---|---|
| 口语表达标准规范练习 1 | | | | | |
| 口语表达标准规范练习 2 | | | | | |
| …… | | | | | |

【推荐资源】

1. 刘松青. 语言及其力量：从本能到规范[J]. 深圳社会科学，2022，5(1)：126-135.

2. 顾之川. 语文教育与语言文字规范[J]. 语言规划学研究，2019(2)：15-19.

## 活动二　字词推敲——“千锤百炼”

【能力解析】

口语表达中的字词推敲是指根据发言题目或主旨的需要，对词语进行辨析，从而精准地表达某些内容或某种思想。教师口语在本质上是一种言语行为，要围绕特定的教育教学目的而进行，具有转述观点和传递思想的意义。因此精准意味着必须要正确和明晰，教师在课堂上，要通过精确、恰当的用词和句子来传道、授业、解惑，尤其是学科中的基本概念、专业名词和术语，需要教师在口语表达时注意字斟句酌，所使用的词语和传递的概念要保持一致，例如“线段”不能称为“线条”。

字词推敲本质上是词语的选择，词语选择的一个重要前提就是词语积累丰厚。一个人的语言能力和其语文素养有着密切的关系，很难想象一个词汇量少、知识面窄的教师，其口语表达会出类拔萃。所以广泛的阅读和大量的词语积累是教师提升字词推敲能力，从而提高口语表达能力的一个必要条件。在此基础之上，教师可以通过辨析书面词语与口头词语、辨析近义词、品味不同词语等方式来养成口语表达的正误感、优劣感，提升对字词的敏感度，从而提高口语能力。

【典型练习】

1. 近义词辨析

扫描二维码，学习相关内容，然后辨析以下四组词语的差异。

（1）诬蔑—诬陷　　（2）把持—操纵

（3）铲除—根除　　（4）部署—布置

【拓展阅读】
“野蛮”与“勇敢”
近义词辨析

■【练习提示】

近义词的差别主要表现为词语的意义、情态、色彩、分寸等不同，具体有如下九种辨析方式：

一看词义轻重；
二看适用范围；
三看表达侧重；
四看适用对象；
五看词性语法；
六看表达重复与否；
七看感情色彩；
八看语体风格；
九看习惯用法。

【拓展阅读】
项目一任务二
活动二
【典型练习】1
参考答案

2. 以下几位教师的表述都有不够精准的地方，请结合相关知识进行修改。

（1）化学老师在实验课上总结道：“检验氧气是否存在，可以把带余烬的木条插入试管口，看试管是否着火。”

（2）数学老师在板书了“24÷2”后，说：“同学们，请问24除2等于几？”

（3）地理老师在课上说：“我国实行的民族自治区政策取得了极大的成功……”

【拓展阅读】
项目一任务二活动二
【典型练习】2
参考答案

■【练习提示】

涉及学科基本概念的内容，要结合相关学科的知识加以辨析。

【变式练习】

某位语文教师在讲授《变色龙》一课时，与学生有这样一段对话：

师：奥楚蔑洛夫是怎样很快地适应这个变化的？你们都圈出了哪些相关的句子？

生："整个脸上洋溢着含笑的温情"，这一句说明了奥楚蔑洛夫的丑态。

师："丑态"这个词用得好，但如果改换成（　　）就更好了。

如果你是这位老师，你会使用哪一个词语替换"丑态"？为什么选择这个词语？

【拓展阅读】
项目一任务二活动二
【变式练习】
参考答案

■【练习提示】

推敲词语不仅能培养教师对于语言的"正误感"，还能培养教师对于语言的"优劣感"。上述题目就是从"优劣"的角度来辨析的。判断字词选择孰优孰劣，要看哪个字词更切合语境，更能表达主旨。例如历史上著名的"推敲"故事：

贾岛骑着毛驴行走在长安城的大街上，随口吟了一首诗，其中有两句为："鸟宿池中树，僧推月下门。"贾岛觉得"推"字用得不够恰当，想把"推"字改为"敲"字，但一时不知用哪个字更好。于是他一边思考，一边反复做着推门和敲门的动作。街上的行人看到贾岛的行为，都感到很奇怪。韩愈见状，生气地对贾岛说："你骑着毛驴只顾低头，怎么也不朝前面看看？"贾岛一惊，慌忙下驴向韩愈赔礼道歉，并将自己刚才斟酌诗中"推""敲"二字的过程讲了一遍。韩愈听后转怒为喜，深思片刻后说："'敲'字好！在万物入睡、沉静得没有一点声息之时，敲门声更能显出诗中所描绘的夜深人静的景象。"贾岛连连拜谢，最终把诗句定为"僧敲月下门"。

在这个故事中，为什么"敲"字比"推"字好？就诗的上句"鸟宿池边树"来看，诗人营造的是静谧的意境，"推"字无声，"敲"字有声，以动衬静，更能凸显环境的寂静，因此"敲"字更加切合诗的意境。

【拓展练习】 一个词语在不同的学科中所表达的概念往往不同，例如“运动”一词，历史学科会讲到“土地改革运动”，物理学科中有“匀速直线运动”，体育学科强调“发展体育运动”……请解释“运动”一词在你所学专业中的准确含义。

■【练习提示】

教师口语表达中要用到许多专业术语和概念，不同学科有不同的学科体系和知识内容，每个学科都有许多基本概念和名词术语。要做到用词精准，必须深刻理解和掌握学科知识，注意不同学科专业术语的区别。例如：“运动”一词在物理学科中是指物质的存在及其固有属性，包括宇宙中所发生的一切变化和过程，但在“匀速直线运动”这个概念中，它则指的是“机械运动”。

【能力检测】 请在自己所学的专业范围内任选一个知识点加以讲解。在这个过程中，注意推敲、锤炼字词，做到用词准确精练，可以用表1-7进行自我评析，并根据评析结果进一步提出优化改进策略。

表1-7 字词推敲能力评析表

| 指标<br>（分数） | 正确<br>（5分） | 精当<br>（5分） | 总评<br>（10分） |
| --- | --- | --- | --- |
| 字词推敲能力练习1 | | | |
| 字词推敲能力练习2 | | | |
| …… | | | |

【推荐资源】

1. 陈雪莲. 谈语文课堂教学语言的规范性[J]. 小学教学参考,2022(28): 58-60.

2. 许红霞. 新课改背景下小学低年级语文课堂教学的转变：兼论教学语言的优化[J]. 语文新读写，2022（18）：56-58.

## 活动三 语境辨析——“因境辨意”

【能力解析】 所有的交际活动都是在一定的语境下进行的，教师口语作为一种言语行为，是发生在教育教学情境下的口语交际活动。语境就是使用口语的环境，可分为内部语境和外部语境两种。内部语境是指一定的言语片段和其所处的上下文之间的关系，包括词语之间、句子之间以及段落、篇章之间的关系。外部语境是指言语片段之外的影响口语交际的客观因素和主观因素。客观因素是指口语交际时的社会环境，包括口语交际时的时代背景，具体的时间、地点、场合、对象等因素；主观因素是指口语交际者的身份、职业、思想、修养以及心境等。[①] 语境与语义具有十分密切的关系，任何语义都必须放在一定的语境中才能得到实现，即只有把口语放到它所在的那个语境中，才能显示出它的功能、意义，分辨它的正确与否、得体与否。

语境对语义起着以下四个方面的作用。

一、语境使语义单一化。很多词语都是具有多重意义的，但在确定的语境之下，往往只表现为一个意义。例如，一个学生在家里说："刚才我感到很累，不想起来，现在我想起来了。"这个学生在课堂上说："那首诗我半天没想起来，现在我想起来了。"单独来看，"我想起来了"这句话有歧义，但依靠语境的辨析功能，就可以发现它在确定的语境中只有一种理解，前者是指起床，后者是指回忆起来。再如，在"相声演员讲究表达的技巧，说话时包袱一个接一个"和"你不要背包袱，人生的路还很长很长"这两个语境中，前一个"包袱"指笑料，后一个则指"精神负担"。

由此可见，在不同的语境中，同一个词语往往有着不同但确定的含义，在口语交际中，需要依据具体语境对词语做出准确的理解。

二、语境使语义具体化。用字词表达概念时，其含义指向内涵，语义是抽象概括的；一旦进入具体的语境中，语义常常指向概念的外延，有具体所指。例如，"书"一般指简册、典籍、文书、信函等。但当数学教师在课堂上说"把书翻到第 25 页"时，上下文语境就规定了这里的"书"，是指正在使用的"数学课本"。

三、语境可以使语义产生情感色彩的变化。例如："你这个挨千刀的，是不是已经忘记这个家了？人不回来，电话也不打一个？寄钱回来有什么用，我花给谁看？"结合上下文来看，"挨千刀的"在这里并不表示诅咒，而是妻子对居远未归的丈夫的埋怨，甚至表达出一种思念之情。

四、语境能对语义起补充作用。一个句子，可能表达的是简单的字面意义，也可能具有语境所赋予的深层含义，还可能是字面意义之外的其他意义，这就需要结合具体的语境进行理解。例如，一个学生对你说："今天有点冷。"如果只把它当成一句普通的话，你可能会认为学生只想告诉你天冷这个事实。但结合学生穿衣单薄还有点感冒的语境，实际上他是暗示你把窗户关上，这种暗示就是语境对语义信息的补充。

总之，在口语交际中，语义不能脱离语境而存在。作为交际活动的教师

---

① 王希杰. 修辞学导论［M］. 长沙：湖南师范大学出版社，2011：36.

口语，一方面要接受特定语境的制约，一次口语表达只能有一种最佳说法。教师要锻炼针对不同语境选择恰当词语和句式进行表达的能力。另一方面要充分利用语境、积极改善语境、努力创设语境。一些看似不合逻辑、不合语法规则的语言变异形式往往可以借助语境，成为被人理解、接受，甚至让人欣赏的口语表达。例如炎热的夏天里，两个同学发生了争吵，在这种情况下，老师对他们说："要不咱们先冰镇一下？"如果脱离相关语境，这句话有些不合逻辑。但在这里，借助具体语境，教师的口语表达不但简洁准确，而且有一种幽默的交际效果。所以在特定的语言环境中使用特定的语言，能增强表达能力，提高表达效果。

**【典型练习】** 请根据上下文的具体语境解释下面句子中"意思"的具体含义。

他说："她这人真有意思①。"

她说："他这人怪有意思②的。"

于是，有人断言，她和他有了意思③，并要他赶快意思意思④。

他火了，说："我根本没那意思⑤！"

她生气了，问："你们这样胡扯是什么意思⑥？"

这让断言的人颇有点不好意思⑦。

①②__________ ③__________ ④__________

⑤__________ ⑥__________ ⑦__________

【拓展阅读】
项目一任务二活动三
【典型练习】参考答案

■**【练习提示】**

话语含义是语言含义和交际场景中相关因素相结合的产物。"意思"这个词语在《现代汉语词典》（第7版）中有多个义项：①语言文字等的意义，思想内容；②意见，愿望；③礼品所代表的心意；④表示一点儿心意；⑤某种趋势或苗头；⑥情趣，趣味。要解释词语在话语中的含义，不仅要依托语言含义，更要结合具体语境。

例如，在"她这人真有意思"这句话中，"意思"是对性格、行为等的一种描述，据此，可以确定此处"意思"的含义为"情趣，趣味"。[①]

**【变式练习】** 请说一说在下面两个句子中，两位教师采用了什么方法，各自表达了怎样的含义，这样的表达有什么巧妙之处。

---

① 张永飞. 汉语家园：语言运用［M］. 上海：上海教育出版社，2018：24.

（1）王老师开完班主任会回到教室后说：“咱们班有些住校的同学怎么就那么聪明呢？借走读同学的校卡出校门，还换成自己的照片，你们觉得学校保安都戴着墨镜吗？”

（2）一向受学生尊敬的李老师这段时间过于疲倦，在教室中值守自习课的时候不知不觉趴在讲桌上睡着了，自习课下课的铃声大作，李老师猛然惊醒。这时班上一个调皮的学生走到李老师面前，模仿他平时说话的语气：李同学，请回答一下在教室睡觉有哪些不足之处。

李老师听后一怔，马上站起来回答：我觉得最大的不足就是，桌子长度不足！同学们听到后全都哈哈大笑起来。

■【练习提示】

在上述两个交际语境中，两位老师都是表达者，他们都善于利用语境，通过合作原则来达到交流的目的。

合作原则是美国语言学家格莱斯提出的，他认为交际双方都认同并遵守共同的原则，才能让交流顺利进行下去。四条原则的具体内容如下：

（1）质的原则。要求表达者的语言内容是真实的，至少其本人认为是真实的、有根据的，不能自相矛盾或虚假，以解决“说什么”的问题。

（2）量的原则。要求表达者提供给听者的信息量既足够又不过量，以解决“说多少”的问题。

（3）关系原则。要求表达者所说的内容要紧扣话题，同交际意图密切关联，以解决“为什么说”的问题。

（4）方式原则。要求表达者的话语清楚明白、简明扼要、井井有条，以解决“如何说”的问题。

教师和学生在口语交际中要遵守合作原则。如果有一方正话反说，或“顾左右而言他”，若在特定的语境之下能为另一方所理解，便能产生言外之意，达到交流目的。

【拓展阅读】
项目一任务二活动三
【变式练习】参考答案

## 【拓展练习】

下列句子因为脱离具体语境而存在歧义，请补充上下文，使其含义能够具体化。

（1）“做手术的是他。”

（2）“这份检查，我写不好。”

【拓展阅读】
项目一任务二活动三
【拓展练习】参考答案

■【练习提示】

语境具有修补语义和提供语义线索的功能。首先分析句子可能表达的含义有哪些，其次探究造成歧义的根源是什么，最后根据句子的具体含义补充信息。一旦语境明确，句子的歧义就会消除。

## 【能力检测】

请根据下列三个不同的语境，以“我的理想”为主题，分别写一段话表达出来，用表 1–8 进行自我评析，并根据评析结果进一步提出优化改进策略。

语境 1：升旗仪式上。

语境 2：主题班会。

语境 3：革命英烈纪念馆。

表 1–8　语境辨析能力评析表

| 指标<br>（分数） | 语境分析正确<br>（5 分） | 意义把握准确<br>（5 分） | 总评<br>（10 分） |
| --- | --- | --- | --- |
| 语境辨析能力练习 1 | | | |
| 语境辨析能力练习 2 | | | |
| …… | | | |

## 【推荐资源】

1. 范玉婷. 审美语用：语文教学的应然追求［J］. 小学阅读指南（高年级版），2022（6）：17–19.

2. 曹莉. 语文教学要讲好两种语义［J］. 文教资料，2013（1）：30–31.

# 任务三
# 连段成篇

【情境描述】

在某个课堂上，师生之间展开了以下对话。

师：你未来想从事什么职业？

生：医生、教师、科学家……

师：如果你在杂志社工作，它会给你提供什么职位？

生：编辑。

师：所以，并不是你想从事什么职业就能从事什么职业的。那么要成为一个优秀的医生，需要具备哪些素质呢？

生：要有高超的技术和对病人的耐心。

师：你做作业这么粗心，怎么能当医生呢？所以同学们（面朝全班同学），我们要认真学习，只有取得优异的成绩，才能放飞理想，成为对社会有贡献的人。同时要清楚地知道，未来的社会需要各种各样的人才，因此要根据社会的需要来选择职业，不能想干什么就干什么，这样才能更好地为社会服务。你们想要成为什么样的人，最终由你们自己决定！

在以上的对话中，你认为这位教师的口语表达条理清晰吗？他想表达什么样的观点？他在口语表达中存在哪些问题？我们怎样才能思路清晰、条理分明地进行表达呢？

## 活动一　缜密思考——“我来判案”

【能力解析】

教师口语表达要准确、清晰，就必须逻辑清晰，思维缜密。如果思考不够细致、周全，推论不够严谨，口语表达就难以做到准确清晰。例如，在上述情境中，教师由“在杂志社工作”推导出“并不是想从事什么职业就能从事什么职业”的结论、由“学生做作业粗心”推导出“不能当医生”的结论，都是逻辑混乱、考虑不周导致的。缜密思考，是指教师对自己所讲的内容有细致周全的认识，概念准确，判断恰当，推理严密。正如朱光潜在《艺文杂谈·选择与安排》中所言：“思想如果谨严，条理自然缜密。”① 教师在口语表达之前，如何才能做到缜密思考呢，主要有以下三点。

① 朱光潜. 朱光潜谈文学［M］. 西安：陕西师范大学出版总社，2019：55.

首先要明确口语表达的核心内容，围绕主要问题、重点知识、相关现象、有关事情进行表达。

其次思考要周全细致。善于从不同方向和角度对需要口语表达的核心内容进行思考，尽量让思考全面深入。例如，冰的熔点是0℃。这个常识实际上包含了许多思考和假设：如果不是在标准大气压下，冰的熔点还是0℃吗？在真空条件下，冰的熔点是多少？重水的熔点又是多少？……为了完整地反映整个事物的本质和内在规律，必须多视角、多侧面、多因素、多向度地进行思考和论证，对可能出现的情况、可能起作用的因素、可能产生的后果逐一进行考察和预测。只有这样，教师口语表达的概念才更加准确，口语表达的内容才更加全面。

最后思考要严谨，要建立一套经得起推敲的逻辑和理论体系。“学生作业粗心，将来当不了医生”，这个判断的思维过程是：因为学生做作业粗心，成绩就不会上升，很难考取大学，因此就无法成为医生。这是逻辑学中典型的“滑坡谬误”，指人们采取一连串因果推论，夸大了事件中每个环节的因果强度，最后得出了一个不合理的结论。因此在口语表达之前，要将论据与论点紧密联系，保证口语表达内容的严谨和周密。

经过缜密思考之后的教师口语表达，不仅连贯流畅，而且观点明确，论证有力，具有说服力，有助于学生对知识的理解、对技能的掌握，也有助于其正确态度与观念的养成。

**【典型练习】**

在下列语段中，教师如何进行口语表达，才能让学生更好地记住需要购买的物品？

一位教师在筹备即将到来的联欢会时，吩咐学生：“你去校园超市买一卷胶带，50个气球。”学生说：“好的，老师。”教师又说：“联欢会需要矿泉水，你买一箱。”学生说：“还要买什么吗，老师？”教师接着说：“买两盒笔，另外再买20个笔记本作为奖品。”当学生走到教室门口时，教师补充道：“对了，顺便买一沓彩色纸和10盒巧克力。”学生问：“还有吗？”教师说：“没有了，买5盒餐巾纸。”

**■【练习提示】**

如果缺乏缜密思考，教师的口语表达难免会凌乱无序，造成听者理解困难，增加记忆负担。因此，要想让听者轻松容易地理解口语表达的内容，并产生较好的记忆效果，教师需要事先进行缜密的思考，力求口语表达细致、周全与严谨。此例中的这位教师需要做到以下三步：

【拓展阅读】
记忆的特征及方法

第一步，需要在头脑中一一列出所需物品，确保没有遗漏；

第二步，需要依据用途、性质等指标对物品进行分类，使原本繁杂、零散的信息之间产生关联，由“几个”变成“几类”，从而产生条理性；

第三步，需要按照一定的顺序，可使用“首先、其次、最后”一类表示次序的词语，分门别类地加以表达，帮助学生形成清晰的记忆线索。

## 【变式练习】

【拓展阅读】
逻辑方法与逻辑错误

1. 扫描二维码，认真学习关于教师口语表达逻辑方法的相关知识，认识逻辑错误的具体类型，并掌握正确的逻辑方法，将其归纳整理，形成资源库。

2. 请分别指出下面三段话中的逻辑错误。

（1）在校级篮球比赛中，同学们闯入了决赛，班主任鼓励同学们说：“我们将与 2 班争夺冠亚军，大家一定要有必胜的信心！”

（2）为了激发同学们的学习热情，王老师向大家介绍了上一届的优秀校友张勇的事迹，最后语重心长地说：“作为一名普通的莘莘学子，张勇同学刻苦求学的精神值得我们每一个人学习。”

（3）地理老师在讲解长城时说：“八达岭长城距离北京不到 100 公里。”

### 【练习提示】

【拓展阅读】
项目一任务三活动一
【变式练习】2
参考答案

判断一段话有无逻辑错误，需要以下三个步骤：

第一步，需要对基本的逻辑错误类型进行全面掌握，以此为依据对语句内容进行初步判断；

第二步，需要对语段进行细致分析，思考语段中使用的概念是否前后一致，判断是否准确，推理过程是否合规、严谨；

第三步，需要在已把握的逻辑错误中寻找与此语段错误特征一致的类型，并进行比对，最终确定语段的逻辑错误类型。

【拓展练习】

请仔细观察图 1-8 中的内容，然后提炼观点，并围绕此观点进行口语表达。要求：① 思考细致周全，不遗漏信息；② 观点要有图中的相关材料佐证，并将论点和论据有机结合；③ 语句准确，不出现逻辑错误。

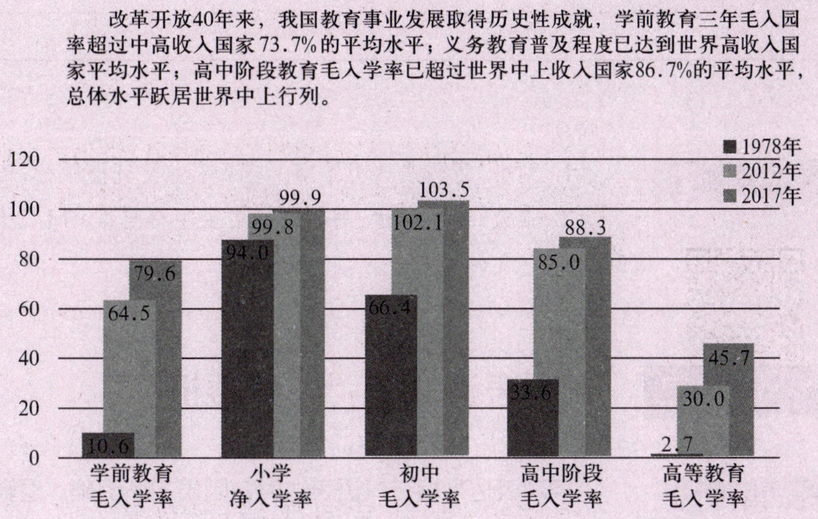


图 1-8　改革开放 40 年我国教育事业的发展

■【练习提示】

第一步，认真观察，尽可能把握图 1-8 中的所有信息。可采用从“整体”到“局部”的观察方法：首先，浏览图 1-8 整体，把握信息的体量、组织形式、内容、排列顺序等；其次，快速思考每项信息表达的含义及其彼此之间的联系，尝试理解图 1-8 所要传达的所有内容。

第二步，在理解与把握信息的基础上，围绕图 1-8 的主题，展开多角度、多侧面的联想。角度的选取应力求全面，联想应适当包含细节性内容。

第三步，从材料中提炼观点，并找到为观点作支撑的信息。

第四步，围绕第三步中所提炼的观点展开议论，用论据证明此观点，形成清晰的思维框架。

第五步，围绕思维框架进行口语表达。在进行口语表达时，要注意使用恰当的连接词和过渡句，使前后关联，逻辑严密，并形成一个整体。

【能力检测】

请在下列关键词中任选一个，围绕此关键词展开论述并录制论述过程，用表 1-9 中的指标进行自我评析，并根据评析结果进一步提出优化改进策略。

关键词：冬奥会、抗“疫”、感动中国、逆行者

表 1-9　缜密思考能力评析表

| 指标<br>（分数） | 细致性<br>（3 分） | 周全性<br>（3 分） | 严谨性<br>（4 分） | 总评<br>（10 分） |
|---|---|---|---|---|
| 缜密思考能力练习 1 | | | | |
| 缜密思考能力练习 2 | | | | |
| …… | | | | |

【推荐资源】

1. 刘琳. 逻辑表达力［M］. 苏州：古吴轩出版社，2019.

2. 张巍. 逻辑表达：高效沟通的金字塔思维［M］. 杭州：浙江大学出版社，2020.

## 活动二　条理表达——“条分缕析”

【能力解析】

条理表达是指在口语表达时，因果关系明确，逻辑性强，语句的先后次序清晰，富有层次感。教师口语表达要具有条理性，即要围绕中心话题，根据话语之间的内在联系，合理组织安排每一句话的顺序。在教学过程中，学生在很大程度上通过教师的口语表达来接受知识、掌握教学内容。如果教师语言层次分明，条理清晰，学生就容易形成清晰的逻辑线索，并据此来认识和理解知识，提升学习效率。但如果教师在口语表达时逻辑不清、思绪混乱、语句不连贯不清晰，就会让学生思维混乱，无法借助思维脉络真正理解和掌握知识。要避免出现这样的情况，教师在口语表达中就要注意话题一致、句子关系清晰、句子顺序合理。

话题一致要求教师在口语表达时要始终围绕中心，每句话都有明确的指向。正如教育家章熊所说，在一篇之中的各个段落，一段之中的各个句子和语段，不一定都有着直线的联系，但若要共同组成一个篇章或一个完整的段落，则必须围绕一个共同的话题来构建。因此，教师要具有话题意识，要围绕话题展开各个句子的表述，所说的话不能游离于主题之外。

句子关系清晰要求教师在确定中心话题的前提下，清楚句子、句群之间的关系，既要明白每个句子、句群与中心话题的关系，又要明白不同语意的句子之间的关系。如果句子之间的关系混乱，相应的口语表达就会杂乱无章，这会导致所说的内容混乱等。由此可见，在口语表达中，每个句子之间、相连句子之间的语意关系要十分清晰，能形成一个有中心语义、关系清晰、层次分明的句群。

句子顺序合理要求句子或句群的先后顺序符合逻辑，在次序的安排上遵从事实、遵从事物的发展规律和学生的认知规律。一般来说，要根据语段的表意特征安排语段顺序，大致有时间顺序、空间顺序、心理顺序、逻辑顺序等。同时在句子之间、句群之间要有恰当的衔接词或过渡语，使口语表达的前后内容更加紧密，口语表达也更富有整体感和逻辑性。

【典型练习】

一、试比较下列两段导入语，分析哪一段更具条理性，并说明原因。

1. 生物课上，老师问：“上节课我们学习了直翅目昆虫、鳞翅目昆虫，它们都属于……？”同学回答：“昆虫。”老师说：“今天我们来学习另一目的昆虫——蜜蜂，蜜蜂属于膜翅目昆虫。有哪位同学知道蜜蜂是怎么生活的？”在学生回答后，老师说：“对，蜜蜂过着群体性、有严谨组织的生活。”老师接着说：“既然蜜蜂有群体性，那么蜂群必然存在分工与合作。接下来，我们就一起来了解蜜蜂营的成员们是如何分工合作的。”

2. 生物课上，老师说：“昆虫有许多种类，包括直翅目、鳞翅目、膜翅目。上节课我们学习了直翅目昆虫、鳞翅目昆虫，直翅目昆虫的特点是什么？”（学生回答。）老师又问：“鳞翅目昆虫的特点是什么？”（学生回答。）老师接着问：“膜翅目昆虫的特点是什么？”（学生回答不上来。）老师问：“直翅目的昆虫有哪些？”（学生回答。）老师又问：“鳞翅目的昆虫有哪些？”（学生回答。）老师接着问：“膜翅目的昆虫有哪些？”（有的学生回答不上来。）老师继续说：“我们来比较这几种不同昆虫的特点。好，今天我们来学习蜜蜂是怎么分工与合作的。”

■【练习提示】

一个教学语段，要有清楚的顺序和明确的中心。如果不考虑口语表达的有序性，而是随着思绪的跳跃进行表达，没有把握知识之间的内在联系，就有可能造成教学口语表达杂乱无章，给学生的听课造成困难。

前述两段为同一节课的两个导入语。第一个示例由旧课导入，从直翅目昆虫、鳞翅目昆虫导入蜜蜂，蜜蜂属于膜翅目昆虫，这就可以让学生了解所学内容和旧课所讲内容之间的关系，这段导入语顺序清楚，表述简洁。相比之下，第二个示例则显得混乱，条理不清，把旧课与新课混在一起，一会儿分析昆虫的种类，一会儿分析昆虫的特点，学生难以从中把握讲课的重点，思维易出现混乱。

二、把下列六句话进行排列组合，使之组成前后衔接、意思完整的一段话，并将正确的语序写在下方横线上。

A. 一方面，以娱乐为职能的大众文化得到蓬勃发展的机会。

B. 与此同时，文化领域也有全然不同的景观。

C. 问题是怎样产生的呢？

D. 新时代的中国，商品大潮汹涌而起，给社会经济带来无限生机。

E. 另一方面，一部分“曲高和寡”的精英文化则陷入举步维艰的境地。

F. 原因有很多方面，其中之一就是文化的二重性。

正确的语序是：________________________。

■【练习提示】

教师的口语表达应该中心明确、条理清晰。这意味着教师在组织语言时，首先要明确语段中心，做到话题一致；其次，应联系前后文，理清叙述顺序，注意每一句话之间的衔接关系，语段的关系要清晰；最后，要把握有联系的内容，注意恰当使用连接词。

此例以“文化”为话题，讨论新时代文化领域异彩纷呈的境况，学生在连句成段的过程中，可以从不同句子之间的衔接词以及阐述不同文化的逻辑顺序入手。

【变式练习】

【拓展阅读】语序错乱与条理表达

一、扫描二维码，认真学习关于教师口语条理表达的相关知识，找出语序错乱的典型句式，掌握条理表达的正确方法，并将其进行归纳整理，形成资源库。

二、请分别指出下面两段话中的条理性错误。

1. 老师在进行“空气占据空间”一课的教学时，先让同学们做了实验，实验结束后老师问大家：“同学们，你们在实验中观察到了什么现象？在实验时你们使用的是什么材料？这些实验现象说明了什么问题？你们是怎么做实验的？”

2. 同学们，许多人曾经问过我，语文是什么，今天我就把答案告诉大家。语文是优雅闲适的散文，展示我色彩斑斓的想象；语文是跌宕起伏的戏剧，牵动我身临其境的目光；语文是天真无邪的童话，教会我寓情于物的感观；语文是情节曲折的小说，演绎我字正腔圆的对白；语文是意蕴深远的诗歌，美化我独抒性灵的意象。

■【练习提示】

教师口语表达需要结合问题的本质或核心，梳理要点并加以排序，以此搭建思维框架，让口语表达有据可依。教师可以沿着某个路径一边思考，一边表达。

比如第一段话老师引导学生总结实验，应该按照实验的过程向学生提出问题，从而使学生有条理地进行回顾和总结，否则容易思路紊乱，条理不清；第二段话回答语文是什么的问题，采用排比手法，以不同的文体为喻，构成了一个完整的段落。但仔细分辨后，再加以思考：每个句子的前后关系是否清晰一致？优雅闲适的散文，能否“展示色彩斑斓的想象”？天真无邪的童话，能否“教会我寓情于物的感观”？若不一致，则应进行修正。

【拓展练习】

请从句子的条理性角度进行思考，将下列句子填入合适的横线处，使语段的话题一致，关系清晰，顺序合理。

汉字是世界上最古老的文字之一，________。________，目前可识的最早的成熟汉字系统是商代的甲骨文。在演变过程中，汉字在形体上由图形变为笔画，________，由复杂变为简单；在造字原则上，从表形、表意到形声。________，多数汉字是一个汉字一个音节。

A. 现存最早的原始文字是上古时代的石刻字符

B. 至少有数千年的历史

C. 由象形变为象征

D. 除了极个别的例外情况

■【练习提示】

在排序之前，需要进行逻辑分析，抓住关键词——“汉字”，抓住中心句——“汉字是世界上最古老的文字之一”，分析前后句子之间的逻辑关系，再进行恰当的句子排序。

语段有多种表达顺序，主要包括空间顺序、时间顺序、逻辑顺序等，其中逻辑顺序最为复杂，它包含因果关系、递进关系、主次关系、总分关系、并列关系等，要根据前后文的意思选择关系最为密切的句子。

【能力测评】

1. 请以“地球”为话题，结合自己所在的学科，选择一个知识点进行讲解，注意讲解的先后顺序，各部分之间应做到关系清晰，顺序合理，层次分明。

2. 请针对上述观点，联系实际，结合下面给出的科技热词，对此观点进行反驳（如表 1-10 所示）。要求主题积极，关系清晰，顺序合理。

高铁　微信支付　华为 5G　港珠澳大桥建成通车　首次实现火星探测

表 1-10　条理表达能力评析表

| 指标<br>（分数） | 话题一致<br>（3 分） | 关系清晰<br>（4 分） | 顺序合理<br>（4 分） | 总评<br>（10 分） |
| --- | --- | --- | --- | --- |
| 条理表达能力练习 1 | | | | |
| 条理表达能力练习 2 | | | | |
| …… | | | | |

【推荐资源】

1. 明托. 金字塔原理：实战篇：全面提升思考、表达和解决问题的能力［M］. 罗若苹，译. 海口：南海出版公司，2019.

2. 高田贵久. 精准表达：让你的方案在最短的时间内打动人心［M］. 宋晓煜，译. 南昌：江西人民出版社，2018.

## 活动三　完整呈现——“出口成章”

【能力解析】

教师需要锻炼完整表达的能力，不管是知识点的讲解，还是对学生进行思想引领，都需要中心明确，结构清晰，完整呈现所要讲的话。如果教师在口语表达中前后不连贯，信息残缺，就会令人费解。同时在口语表达中不能碎片化，否则学生很难将这些语言组合起来，还原为教师要表达的意思。

口语完整呈现，主要有以下两层意思：一是指语篇表达的意思要完整，言尽其意，所传递的信息系统、连贯、丰富；二是指结构要完整，应当首尾圆合，有始有终。

要做到完整呈现，教师就要从以下三个方面着手。

首先，教师对自己所要表述的内容应了然于胸，熟练掌握相应知识和道理，对于所要表达的内容，准备得越充分，了解得越清楚，越能清晰完整地表达。

其次，要了解构成一个完整语篇的基本要素，即语篇的开头、主体和结尾。开头是语篇的起始，或引出话题，或直呈观点，或表明目的。主体在语篇内容中占比最大，信息的传递、观点的展开、事实的呈现等几乎都在这部分完成。结尾是语篇的结束，它可以归纳总结，传递结论性信息；也可以启发深思，激发探索的兴趣。

最后，要具备语篇的布局能力，从整体上对语篇结构进行全面安排，做到布局合理。通常可以采用总—分—总、总—分、分—总等结构来搭建口语表达的提纲，然后再填充内容。

在搭建提纲时，要考虑口语表达的类型：如果是讲述一个事实，就要讲清楚来龙去脉；如果是阐述一种观点或一个原理，就要讲清理由，讲明推论过程；如果是说明一种方法，就要讲清楚步骤；如果是描述一种现象，就要说明其特征。搭建提纲还要注意线索清晰，线索会牵引你朝着某个方向去思考和表达，力避虎头蛇尾或中途卡壳的情况。以提纲为依据，口语表达才能结构清晰，内容完整，做到言尽其意，出口成章。

## 【典型练习】

1. 下列语段是一堂课的教学片段，请判断其语篇要素是否齐全。如果不够齐全，请将欠缺的要素补充完整。

同学们，什么情况下用确数，什么情况下用约数呢？约数是力求近似全面、精确的一种估计和推测，也是建立在科学计算和调查基础上的。从实事求是的角度出发，所以使用约数也是尊重客观事实，这同样是科学的。

■【练习提示】

首先，明确完整语篇要具备开头、主体和结尾三个基本要素，判断此例中各项要素是否齐全。

其次，每个要素的存在都是为了说明观点，突出中心，它们要成为一个整体，而不能各自为阵。

从上述教学片段中可以发现，它有开头和结尾，但缺少主体，因为没有对开头的问题“什么情况下用确数，什么情况下用约数？”进行回应，只是在解释了约数的内涵后，说明运用约数的意义，而这些内容对应的应该是“约数是主观想象、是不科学的吗？”这类问题。因此在内容上，需要补充对开头问题的回答，同时增加针对后面结论的问题，这样内容才完整。

2. 扫描二维码，观看教学视频，提炼出视频中教师口语表达的提纲。

【微视频】
项目一任务三活动三
【典型练习】2
教学视频

■【练习提示】

首先，观看视频，概括教师教学的主要内容。

其次，根据教师的教学内容，抓住教学中的关键提示语。

最后，根据教师教学的关键提示语，总结语段，凝炼提纲。

【变式练习】

下列语篇要素是否齐全？若不齐全，请找出其中缺失的要素，并体会语篇的表达效果。

这是一位三年级教师在晨会上的讲话：

同学们，最近值日老师反映，许多同学中午很早就来到学校。他们到校后，在操场上追来赶去，在教室里打打闹闹。我们的学校里，还住着许多老师和他们的家属。中午在学校里吵闹的同学有没有想过，大声喊叫会不会影响他人休息呢？《小学生日常行为规范》第 5 条要求我们："不打扰别人的工作、学习和休息。"你们说呢，同学们？

■【练习提示】

在口语表达中，不是一定要具备所有语篇的构成要素，有时虽然缺乏某些内容，但由于有特定的语境，因此仍然能够表达出完整的内容。

在上面的表达中，教师虽然没有给出判断，看似缺少结尾，但其通过提问的方式让同学们思考，仍能使他们在反思中得出结论。

【拓展练习】

请阅读下面这个教学片段，你对这位教师的教学方法有何感想？自拟口语表达提纲，并说出一段完整的语篇。要求：观点明确，结构清晰，表达完整。

王老师给同学们展示了电影《长津湖》的海报。以下是师生之间的对话：

生 1：我想知道这部电影是一个什么样的故事。

师：你所问的"什么样的故事"具体指什么？

生 1：指这部电影讲了什么。

师：指故事内容是吧？你可以这样表达：我有一个问题，这部电影讲了一个什么故事？

生 1：我有一个问题，这部电影讲了一个什么故事？

师：对，这就叫说话完整。有没有同学能猜测这部电影反映的内容呢？

生 2：我从海报中看到了军人，推测这是一部反映战争的电影，从军人脸上的伤口，我感觉这场战争应该非常残酷和激烈。

师：同学们，你们觉得他的表达如何？

生 3：他说得很完整。

师：为什么说他表达得很完整？

生 3：因为他首先说自己看到的画面，然后说自己推测到的内容。

师：对，由观察到感受，他的表达思路清晰，并且还能根据细节进一步体会电影情节，思路合理，表达完整，值得我们学习。

■【练习提示】

教师在口语表达中切忌头尾不一或中途发散。

首先，确立教师口语表达的中心和重点，明确教师口语表达的目的。

其次，列出整体框架。框架就是思考线索，具有提纲挈领的作用，能引导表达者朝着某个方向进行构思。

最后，将话语内容按照一定的思路完整地串联起来，形成完整的语篇。

【拓展阅读】
项目一任务三活动三
【拓展练习】案例点评

## 【能力检测】

学校为了深入推进“垃圾分类进校园”的活动，培养学生“垃圾分类，从我做起”的环保意识，要求每个班都要开展“垃圾分类进课堂”的主题活动。作为班主任，你将怎样向学生传递这次活动的主旨？请写一段话加以说明，并用口语表达出来。要求：中心明确、内容完整、结构清晰。用表 1-11 中的指标进行评析，并根据评析结果进一步提出优化改进策略。

表 1-11　完整呈现能力评析表

| 指标（分数） | 中心明确（3分） | 内容完整（4分） | 结构清晰（3分） | 总评（10分） |
|---|---|---|---|---|
| 完整呈现能力练习 1 | | | | |
| 完整呈现能力练习 2 | | | | |
| …… | | | | |

## 【推荐资源】

1. 三好真史. 教师的语言力［M］. 刘琳，译. 北京：北京科学技术出版社，2021.

2. 何永贤. 教师语言［M］. 北京：高等教育出版社，2020.

# 项目二
# 内容讲解能力

如果你考虑两遍以后再说，那你说得一定比原来好一倍。

——培根

新手教师常有这样的苦恼：有时感觉自己“想”得多，口语表达的时候却“丢三落四”“挂一漏万”，这属于“讲不全”；有时是口语表达不如“想”得那么清楚顺畅，经常遇到“茶壶里装汤圆——有货倒不出”的尴尬，这属于“讲不出”；还有时是自己认为已经用口语表达清楚了，但听者却并不明白，甚至云里雾里，这属于“讲不透”……上述情形产生的根源，在于教师缺乏有效的内容讲解能力。如果教师在口语表达时思路混乱没有头绪，语言干瘪空洞，就会使得课堂索然无味。

内容讲解能力是指教师基于对教学内容全面、准确、深刻的理解，运用口语向学生陈述、解释或说明教学内容，使学生能够高效地理解教学内容的一种口语表达能力。这种能力是教师口语能力体系中的核心能力之一。提升内容讲解能力可以使教师在课堂教学中讲得更清楚、教得更省力，学生听得更明白、学得更轻松，从而提升课堂质量、提高教学效率。

根据教学内容性质及其讲解口语信息特征的不同，教学内容可以分为事实性信息、理论（概念与原理）性信息、技法性信息等。相应地，教师需要具备事实陈述、理论讲解和技法解说等能力。本项目的学习训练，旨在对事实性信息进行清晰全面的描绘、叙述和说明，对理论性信息进行简明且透彻的讲解，对技法性信息进行深入浅出的讲解。

【训练目标】

1. 理解教学内容的基本构成类别及各类基本讲解方式的口语表达特征。
2. 能运用恰当的口语技巧和表达策略陈述事实、讲解理论和解说技法。
3. 培养初步的、深入浅出的讲解能力。
4. 树立自觉提升内容讲解能力的意识。

【重点提示】

1. 现象描绘　事物说明
2. 概念讲解　原理讲解　深入浅出的讲解
3. 技法讲解

# 任务一
# 事实陈述

【情境描述】

第24届冬季奥林匹克运动会于2022年2月4日开幕，全球目光聚焦于中国北京。从希腊的赫拉神庙到中国的万里长城，奥林匹克与悠久辉煌的东方文明再度携手，共同奏响了和平、友谊、进步的动人乐章。在第24届冬奥会上，出现了许多精彩片段，发生了许多动人故事。作为学科教师，你准备如何从中挖掘学科教学资源，向学生描绘某个学科现象、说明某个事物，或者借此将其引入对学科发展史的了解之中？要想清楚明确且要言不烦地进行介绍或讲述，就需要掌握事实陈述的基本技巧。

## 活动一　现象描述——“绘声绘色”

【能力解析】

学科现象是学科知识的具体表现，或是某种自然现象，或是某种社会现象。人类的知识学习和科学探究都是从现象开始的，教师在教学中往往也是从知识所对应的不同现象中，引导学生透过现象看本质，从而探究、获取知识，并理解和掌握知识。学校学习场域的限制，使得教师很难把学生带到所有相关学科现象的现场，这就需要教师能够借助语言描述现象，使之达到绘声、绘色、绘形、绘神的效果，从而帮助学生明确知识的表现及应用，或从现象的探究过程中获得对知识的理解。

现象描述是指教师在教学过程中，通过描绘学科知识的具体表现及其特点，从而帮助学生识别某种学科现象，并从现象入手，探究学科知识内涵的口语表达方式。

现象描述主要有以下两点。

1. 描述自然现象，探究科学规律

多数自然科学知识具体表现为各种自然现象，科学知识的学习，往往从对于自然现象的感知开始。自然科学知识的教学，需要教师善于描绘相应的自然现象。例如，日月星辰、风雨雷电、山峰峡谷、江河湖海、海市蜃楼、花鸟鱼虫等涉及天文、气象、气候、地貌、生物、物理等科学领域，与学科知识紧密关联。教师可以通过讲述和讲解各种自然现象，帮助学生形成相应的自然科学认知，获得相关的自然科学知识。

描述自然科学现象时，要注意以下四个方面。

一是紧扣学科知识要点，抓住现象描绘的重点。每一种自然事物都有自身的形状、色彩、声音、气味等不同方面的特征，在进行现象描述时，不一定面面俱到，但要根据教学要求，突出其中的重要特征进行描述。

二是确保全面掌握知识，合理安排现象描述的顺序。在进行现象描述时，可以是“总—分—总”的顺序，也可以是“整体—局部”或者“局部—整体”的顺序；还可以按照从左到右、从上到下的顺序进行描述。例如，在地理课上展示图片，讲述胡杨林的成层现象时，就可以按照“总—分—总”和从上到下的顺序进行描述：“仔细观察这一幅图，我们能看出植被出现了分层的现象——最上面一层为胡杨，它是一种乔木，也就是高大的树木；中间一层为红柳，它是一种灌木，即低矮的树木；最下面一层为狗尾草，它是一种草本。地理学把植被中出现的这种分层现象称为植被的成层现象。”

三是恰当运用修辞，表达尽量生动形象。例如：“我家养了一只伶俐可爱的小兔子！远远看去，像一堆雪白的棉花。兔子头上竖着一对长耳朵，哪怕只发出一丁点儿声响，它都会立刻竖起耳朵来听。兔子玲珑的小面孔上镶嵌着两颗红宝石，那是它闪闪发光的眼睛。除此之外，还有一个小鼻子，配上三条缝的小嘴，看起来真是太可爱了！”这种运用比喻的修辞手法描述兔子的形象特征，就显得十分生动形象。

四是适当运用想象，唤醒认知经验。教师在现象描述的过程中，要注意营造相关情境，调动学生的想象力，唤醒学生的认知经验。例如，语文教师在课堂中可以这样描述乡间的自然环境——“也是像这样蓝得开阔的天空，大团大团的白云像漂浮在海面的泡沫，似乎顷刻间就要碎成珍珠落下来。风吹着草浪，也吹着云；吹着那时的爷爷，也吹着那时的我。那是我在乡间最快乐的一段日子……”这样的描绘能够让学生一下子从课堂上进入某种场景之中，给人以身临其境、宛在眼前的效果。

2. 描述社会现象，探究社会规律

教师在有限的课堂时空里，要向学生描述某种社会现象，在与社会生活的联通中，引导学生探求社会规律，从中获得相关知识。社会现象是指社会生活中所有与人类有关的活动，物质方面和精神方面的活动都包含其中。政治、法律、思想、艺术、道德、宗教、哲学、科学以及风俗习惯等方面的现象都属于社会现象。

描述社会现象一般需要注意以下三个方面的内容。

一是坚持正确的意识形态，进行恰当选择。教师在选择描述社会现象时需要立足社会主义核心价值观，正确传递符合社会主流价值观的声音。在此前提下，选取特定的社会现象作为现象描述的主要内容。

二是全面掌握信息，突出关键要素。构成社会现象的基本要素有时空、背景、行为主体、主要事件、相关事件、社会反应与评价等。教师可根据教学目的和教育主旨进行关键要素的信息筛选。

三是采取多种方式，简明生动描绘。教师可先用简练的语言对社会现象进行概括，然后再详细描述细节或过程；也可先讲重点或细节，再引入对社会现象的总体描述；还可以根据教学需要，对一系列的社会现象进行总体描述。不同方式的运用都在于简明生动地将复杂的社会现象描述清楚，并在此基础上引导学生探讨社会现象背后的本质及规律。

**【典型练习】**

请从所学专业中选择一个重要的学科现象，例如，生物学中的“动物站岗现象”：大雁和海象在睡觉时有一个共同之处，就是都会留下一只同伴“站岗”。不同的是，几百只海象并排在一起睡觉时，留下站岗的海象站累了，它会推醒伙伴“换哨”。大雁则是成双成对地相伴而睡，总是由孤雁站岗。又如，物理学中的“9 点现象”：挂在墙壁上的石英钟，当电池的电能耗尽而停止走动时，其秒针往往停在刻度盘“9”的位置上。请按照如下三个步骤描述学科现象：

1. 确定一个具体的学科现象；
2. 确定知识要点及内容框架，在此基础上形成讲稿；
3. 以简洁生动的语言进行具体描述。

■**【练习提示】**

在教学过程中，教师善于描述具体学科现象会起到事半功倍的作用，不仅能有效帮助学生透过现象把握知识本质，也能激发学生的学习兴趣。在化学教学中，教师经常用实验的方式再现某个学科现象，这就需要对实验现象进行描述。例如，用澄清石灰水检测二氧化碳的实验，实验的关键点是：向澄清石灰水中通入二氧化碳之后，石灰水会变浑浊。为了提醒学生观察澄清石灰水的变化，教师要重点描述“变浑浊”这一现象，从而让学生“看”到二氧化碳的存在。必要时，教师还可以用两杯石灰水进行对照，通过对比描述，让学生把现象观察得更加清楚，有助于学生掌握此现象背后的相关知识。

【微视频】
澄清石灰水检测二氧化碳的实验

**【变式练习】**

假如在课堂上，所学学科知识需要联系某一社会热点现象，例如“考研热”“直播带货”“乡村旅游”“国潮风”等，而学生对此现象并不熟悉，作为教师，你将如何简明生动地向学生进行描述？

■【练习提示】

社会现象比自然现象复杂得多，描述起来相对较难。理科教学中也会涉及对社会现象的描述，例如，在学科发展史及科学伦理中，需要描述某些社会现象。社会现象描述的关键，是要抓住社会现象的具体表现，突出重点事实和关键事实，避免重要信息被淹没在现象当中；有时可能还涉及对现象的来龙去脉或者相关知识的产生和发展历程进行介绍，这就需要运用“事件叙述”的表达策略。

【拓展练习】

请在现象描述的基础上，对【典型练习】中所选定的学科现象进行探究，然后向学生揭示其本质。

■【练习提示】

人们往往能从各种不同的现象中获得深刻的本质性认识，形成由表及里的认知框架。因此教师在描绘现象时，不能停留于现象表面，还需要进一步探求现象背后的本质和规律，才能让学生深刻地理解学科知识，引导学生形成理性认知，从而获得理论知识。

【能力检测】

请就【典型练习】中所选定的学科现象，尝试面向全班同学进行讲解。同伴间相互观摩，运用表 2-1 进行现象描述能力的评析，并根据评析结果进一步提出优化改进策略。

表 2-1　现象描述能力评析表

| 指标<br>（分数） | 生动形象<br>（4 分） | 突出重点<br>（3 分） | 抓准关键<br>（3 分） | 总评<br>（10 分） |
|---|---|---|---|---|
| 现象描述能力练习 1 | | | | |
| 现象描述能力练习 2 | | | | |
| …… | | | | |

【推荐资源】

1. 仇永红，李春晖. 复习教学用好异常实验现象提升学生学科核心素养：以“酚酞滴入氢氧化钠溶液中先变红后褪色”异常现象为例［J］. 教育与装备研究，2021，37（3）：43-47.

2. 张磊，赵长林. 现象学视域中的学科教学及课堂重建［J］. 教育科学，2020，36（5）：57-63.

## 活动二 事件叙述——“来龙去脉”

【能力解析】

学生可以凭借教师叙述的事件（故事），展开想象的翅膀，打开思维的通道，尝试理解事件（故事）背后的本质，获得深刻的认知。事件（故事）叙述，也称故事叙述，是指教师在教学过程中根据需要，结合教学的基本要素，完整叙述一个事件（故事），让学生明白其来龙去脉的口语表达方式。

事件（故事）叙述一般包含以下六个要素：

一是时间，年、月、日、时要有交代；

二是地点，环境地点要讲明白；

三是主体，角色主体要说详细；

四是起因，原因背景要讲准确；

五是经过，过程经过要捋清晰；

六是结果，结局影响要讲清楚。

在事件（故事）的叙述过程中，需要注意掌握以下三个要领。

一是根据教学的需要恰当选择事件（故事）。教师叙述事件（故事）的目的取决于教学需要，因此要精心选择事件（故事），让学生能在教师的叙述中展开想象的翅膀，徜徉于知识的海洋。

二是提取所选事件（故事）的关键要素，确保叙述的价值达成。教师要注重还原事件（故事）的本来面目，抓住其中的关键，合理把握详略及叙述节奏。何时需要一带而过，何时需要突出重点，何时与学生互动交流，何时激发思考探寻本质……都需要根据教学目的进行精心设计。要注重事件（故事）的叙述角度，从学生的视角挖掘其教学价值，让学生走近真、感受善、体验美。

三是合理采取叙述策略，优化叙述效果。教师要合理采取叙述方式，如顺叙、插叙，或者倒叙。具体采取哪种叙述方式，教师需要根据教学目的进行认真斟酌。同时，要优化叙述效果，强化代入感，增强事件（故事）叙述的吸引力。

【典型练习】

请选取某个学科知识点，就其发现过程或者发展历程，尝试对学生进行叙述。

■【练习提示】

事件（故事）叙述是教师在课堂教学中常用的一种口语表达方式。例如，在叙述科学家的故事时，教师可以把生动、有趣的科学家故事运用到科学探究的教学实践中，使科学探究这个原本抽象的概念形象化、具体化，能有效增强学生对科学探究要素的理解、激发学生对科学探究的兴趣。

在中学生物课中，教师可以向学生介绍因发现青蒿素、有效降低疟疾患者死亡率而获得“诺贝尔生理学奖或医学奖”的中国中医科学院中药研究所终身研究员屠呦呦持续半个世纪执着追寻青蒿素的故事。教师需要叙述清楚屠呦呦发现青蒿素的过程，尤其是事件的起因、经过、结果等。

事件起因：20 世纪 60 年代，疟原虫的抗药性使国内外患者面临死亡威胁，国际抗疟新药研发处于困境。1969 年 1 月，国家“523”抗疟药物研究的任务下达到中医研究院，39 岁的屠呦呦以“西学中”的知识结构、坚韧不拔的科学精神，成为中医研究院中药抗疟科研组组长的不二人选。作为一名年轻的科研人员，屠呦呦深感责任重大、任务艰巨。“是组织培养了我，我一定要完成组织交给的任务。”她暗下决心，一定全力以赴、不负重托。

事件经过：屠呦呦从本草研究入手，编撰了载有 640 种药物的《疟疾单秘验方集》等资料，其后进行 300 余次筛选实验，确定了以中药青蒿为主要研究方向。葛洪著作《肘后备急方》中有关“青蒿一握，以水二升渍，绞取汁，尽服之”的论述给屠呦呦带来启发，她创建了低温提取青蒿抗疟有效部位的方法。在经历了几百次实验的失败后，1971 年 10 月获得了对鼠疟抑制率达 100% 的、标号为 191 号的青蒿乙醚中性提取物，这是青蒿素发现史中最为关键的一步。1972 年 11 月，屠呦呦团队从抗疟有效部位中分离提纯得到有效单体——青蒿素。1973 年秋，中药所派人赴海南疟区对青蒿素单体率先进行临床试验，观察到临床有效性。青蒿素的发现，标志着人类抗疟历史步入新纪元。

那时科研条件比较差，屠呦呦和她的团队不畏艰辛和健康风险，夜以继日地工作。她们曾以多口民用水缸作为提取容器，在缺乏通风设备条件下接触大量有机溶剂。为使青蒿提取物尽快上临床，在初步动物安全性评价后，屠呦呦率先提出以身试药，团队成员争相参与。屠呦呦几度亲自深入海南疫区，进行临床疗效的验证。

事件结果：屠呦呦研发的青蒿素类药物作为抗疟药物在全球推广。

教师可由此引导学生在“屠呦呦发现青蒿素”的事件（故事）中理解生物的结构、药用价值或者免疫等知识，并感悟科学发现的重要性。

【变式练习】

请对【典型练习】中自选的学科事件（故事）变换一种叙述方式，例如运用插叙、倒叙等方式进行叙述，增强语言表达的生动性。

■【练习提示】

插叙是指基于表达方式或情节上的需要，暂时中断主线的叙述，插入相关的事情或片段，使听者获得更为全面的信息，插叙之后再接着原线继续进行叙述。插叙的作用在于：交代补充相关事情或者片段，为后面的叙述做铺垫；进一步丰富叙述内容，突出叙述主旨。

作为一种叙述顺序，倒叙不要求按照时间顺序叙述事件（故事），而强调先叙述事件（故事）的结果，或先叙述事件（故事）发展过程中最突出的片段，然后用顺叙方式叙述整个事件（故事）过程。倒叙的作用在于：可以制造悬念，吸引学生的兴趣；避免叙述时的单调，增加叙述的生动性，使事件（故事）情节波澜起伏。

## 【拓展练习】

选择一个社会事件，例如党的二十大、图书外卖、三星堆遗址考古新发现等，结合所学专业确定叙述主旨，形成讲稿并向同学进行叙述。

■【练习提示】

世界本是一个相互关联的整体，一些社会事件往往含有综合性信息，不同的学科可从中选取相关的课程资源：一是可以根据学生对社会热点事件的关注，“借势”开展与学科相关知识的教学；二是可以结合所教学科开展跨学科的综合性学习；三是可以运用相关学科知识解读社会事件，因势利导，实现对热点事件的认知指导及价值引领。

利用社会热点事件开展学科育人，宜遵循以下四个程序及要领：

1. 选择一个社会热点事件；
2. 梳理此事件与所教学科的关联点，确立教育主题；
3. 选取此事件的相关要素，确定叙述重点；
4. 选择合适的叙述方式，紧扣主题，清晰简明地进行叙述。

## 【能力检测】

请就【典型练习】【变式练习】或【拓展练习】中选定的学科故事、学科史或者社会热点事件，尝试面向全班同学进行叙述。同伴间相互观摩，运用表 2-2 对叙述进行评析，并根据评析结果进一步提出优化改进策略。

表 2-2　事件叙述能力评析表

| 指标（分数） | 要素齐备（2分） | 线索清晰（4分） | 重点突出（4分） | 总评（10分） |
|---|---|---|---|---|
| 事件叙述能力练习 1 | | | | |
| 事件叙述能力练习 2 | | | | |
| …… | | | | |

【推荐资源】

1. 林德宏. 科学思想史［M］. 南京：南京大学出版社，2020.

2. 考密克，李玉珊. 如何更好地讲述科学故事：从人们对叙事的反应谈起［J］. 科普创作，2020（3）：69-75.

## 活动三　事物说明——“原形毕露”

【能力解析】

事物说明在教学中有很强的实用性。根据教学的需要，教师通常要向学生清楚地介绍教学内容所涉及的某个事物，让学生清楚地了解该事物的形状、构造、性质、特点、用途等，帮助学生获得科学认知，有效形成相关能力。事物说明是指教师在教学中运用举例子、作比较、分类别、列数字、摹状貌、打比方等方法，对事物进行准确生动的介绍，使学生对不同事物的形状、构造、性质、特点、用途等形成精准认知的一种口语表达方式。

事物说明讲求客观性，以确保能够全面、准确地获取知识信息。在全面、准确说明的基础上，用语要尽量简明而又生动有趣。在事物说明中，常采取的方法有以下六种：举例子，即列举有代表性的、恰当的事例来说明比较复杂的事物；作比较，即用具体的或者学生熟悉的事物和所要说明的事物进行比较；分类别，即按照一定的标准对不同的事物进行分类，然后依照类别逐一加以说明；列数字，即用具体数字来说明，便于从数量上说明不同事物的特征；摹状貌，即准确生动地描摹事物的状态和形貌；打比方，即对两种不同事物之间的相似之处作比较，从而突出其中某个事物的性状、特点等，以使学生获得对该事物相关特征的准确鲜明的认知。

为了保证事物说明的精准效果，教师还要考虑选择合理的说明顺序，或以时间为序，或以空间为序，或以逻辑为序；还要考虑说明语言的精当，在选用“程度”“范围”“频率”“时间”“方式”“语气”等方面的限定性副词上，要认真推敲斟酌，恰当运用，确保语言的准确性和生动性。

【典型练习】

请结合所学专业，选择一个学具或者教具（包括教学模型、器材、药品等），尝试向学生进行说明，建议按照如下三个步骤完成。

1. 选择与所学专业相关的、最常见的教具或者学具。例如，数学学科的圆规、三角画板，生物学学科的显微镜，地理学科的地球仪，历史学科的地图册，艺术和体育学科的器材等。

2. 确定事物说明的事项构成，明确事物说明的具体内容。

3. 设计事物说明的顺序，选取事物说明的方法。

■【练习提示】

任何一种器具和器材，包括日常生活中购买的各类家电都会有说明书。药品往往还附有专门的说明书，以全面详尽、科学准确地对有关事项进行说明。由此可见，说明书的基本作用就是对事物进行解释说明。

药品说明书是常见的产品说明书兼使用说明书，是载明药品重要信息的文件，是选用药品的指南。因为药品说明书攸关人们的身体健康及生命安全，所以是最为规范、全面的说明书，一般包括药品专业名（化学名）及商品名、原料、成分、性状、主要功效、适应病症及适宜人群、临床应用及指南、规格（含包装规格及产品规格）、用法用量、不良反应、禁忌及不宜人群、注意事项、药物相互作用、鉴别、检查、含量测定、生产日期、有效期、储藏方法、执行标准、生产许可及批准文号、附注等方面的内容。

【拓展阅读】复方感冒灵颗粒说明书

教师在口语表达中，可以按照说明书的方式，客观有序地对事物的名称和规格、材质和成分、结构和性能、用途和使用方法、存储和维护等方面进行介绍，以方便学生认识和了解事物。要全面地说明事物，不仅要清楚地介绍事物的优点，而且要清楚地说明使用时应注意的事项和使用后可能产生的问题。

教师在教学过程中要根据教学需要，对事物说明的事项进行全面介绍，同时突出重点，帮助学生对教具或学具的结构、功能及用法等形成完整而清晰的认知。

【变式练习】

学生在学习过程中，会将某些事物和其他事物相混淆，例如将苏州园林和北京园林相混淆，将杜鹃花和山茶花相混淆。为此，教师在进行事物说明时，还要加强比较，帮助学生更好地认识和了解事物。请结合自身所学专业，用比较的方式对某个事物进行说明。

■【练习提示】

没有比较就没有鉴别。事物的本质、特性往往通过比较才能显示出来，因此比较也是一种最基本的事物说明方法，它是将两种（或多种）不同的事物、现象，或同一种事物、现象在不同的阶段和环境中加以比较，以此介绍事物特征的说明方法。

某些抽象的或者是人们感到比较陌生的事物，可以用具体的或者大家相对已经熟悉的事物与其相比较，使学生通过比较得到有关此事物具体而鲜明的印象。在进行比较时，可采用“横向比较”的方法，也可采用“纵向比较”的方法。

例如，把猫和虎作比较说明：猫的体态、习性等和虎很相似，都是猫科动物，只是猫的体型比虎小得多。这是“横向比较”。

又如，对蓖麻的说明：我国目前所种植的蓖麻，是从印度引入的，已有一千多年的种植历史了；我国古代把蓖麻主要作为药材，现代医学也将蓖麻作为一种重要的缓泻剂；21 世纪 20 年代以来，当蓖麻油在国防工业，特别是在航空工业的重要用途日益得到重视后，蓖麻的名声逐渐变大，身价也开始倍增；如今，世界上一些工业发达的国家，已经开始大面积地种植蓖麻，并且积极培育含油量更高的蓖麻新品种。这是“纵向比较”。

## 【拓展练习】

1. 请寻找一份教具或学具说明书，对其进行深度解读，找出其中的不足，并进行补充和细化，将其改写成准确又生动的说明稿。

■【练习提示】

在日常生活中，医生不会照着药品说明书一字一句地念给患者听，而是基于自己的专业理解，向患者进行深入浅出的介绍及解释说明。对一般患者而言，药品说明书若在某些方面的介绍较为笼统，就有必要对其进行更加详尽的说明和细致的解释。例如，有些药品说明书中常有“忌生冷”之类的说明，这里的“生冷”包括哪些具体事物，就需要进行详细的列举说明。又如，对于药品说明书中的“不良反应”，也可以结合具体的反应表征进行解释或说明。

教学过程也是这样，教材用具的说明不一定要十分具体详细，可能并不完全针对学情，这就需要教师因材施教，进行适当的补充说明和必要的细化说明，以利于学生能够清楚掌握。

2. 请比较现象描述和事物说明的异同与联系，并在此基础上尝试综合运用这两种方法进行学科现象的描述。

■【练习提示】

教学中常常需要对一个事实或者一种现象进行描述和说明，这就要求教师要交叉使用现象描述策略和事物说明方法，运用多种表达方式，或描述，或说明，或讲解，进行准确而生动的介绍。

例如，摹状貌作为一种事物说明方法，其本质是对事物现象进行生动的描绘。因此，在教学中使用的说明和描述方法，往往是联合使用或交织使用的，这可以让事实或现象得以清晰呈现。

## 【能力检测】

请在前面几个环节练习的基础上，运用修改好的说明讲稿，尝试进行模拟教学，同伴间相互观摩，运用表 2–3 进行评析，并根据评析结果进一步提出优化改进策略。

表 2–3 事物说明能力评析表

| 指标（分数） | 简明（4分） | 准确（3分） | 全面（1分） | 生动（2分） | 总评（10分） |
|---|---|---|---|---|---|
| 事物说明能力练习 1 | | | | | |
| 事物说明能力练习 2 | | | | | |
| …… | | | | | |

## 【推荐资源】

1. 周远喜. 抓住事物特征，准确说明事物［J］. 快乐作文，2020，(44)：14–17.

2. 王丽华. 抓住特征　准确说明：说明事物要抓住特征［J］. 初中生写作，2020（Z1）：21–23.

## 任务二
# 理论讲解

【情境描述】

王老师在课堂上问同学们："水往低处流，还是向高处走？"同学们纷纷回答："水往低处流。"于是王老师拿出布条、木条、玻璃条、玻璃片、塑料条、铁条等一组材料，将它们放入红墨水中，学生观察后发现，红墨水会沿着其中的一些材料"上升"。王老师说："看来，不是在任何时候，水都是往低处流的，它也可以向高处走。"接着王老师问："为什么水没有沿着玻璃条向上走呢？"有的同学说，因为玻璃条光滑。于是王老师将叠在一起的两个玻璃片放入红墨水中，只见红墨水开始逐渐上升。王老师问："这又是为什么呢？""因为两个玻璃片之间有缝隙。"最后王老师问："水能沿不同的材料上升，这与材料的什么特点有关？"学生经过一番讨论后，逐渐将材料的"软、薄、粗"等性质排除，"有缝隙"这个属性就凸现出来。王老师对同学们总结道："在浸润情况下，液体沿细微缝隙上升的现象就是毛细现象。液体的表面张力越大，缝隙越细，毛细现象就越显著。"

概念具有较强的概括性和抽象性，这也是所有理论知识的共同属性。王老师在课堂上想向同学们传授什么概念？如何才能将抽象概括的理论知识讲得清楚透彻而又深入浅出呢？

## 活动一　概念讲解——"从现象到本质"

【能力解析】

理论体系如同一张网，概念是其结点。概念既是思维活动的结果和产物，同时又是思维活动借以进行的单元。概念讲解是教师对学科知识中最基本的知识单元的教学。学习概念不能死记硬背，必须理解概念所指的对象和本质特征，以明确其内涵和外延。①

首先，要讲明白概念的内涵。下定义是明确概念内涵的基本逻辑方法，概念的标准定义由两部分构成：一是此概念所归属的上位概念，即属概念；二是此概念区别于同属的其他概念的性质特征，即种概念（种概念包含但不限于概念的本质特征）。

① 赵伶俐，白智宏. 视点结构教学操作技术：通用教学行为理论 · 诊断 · 评价 · 培训系统：之三［M］. 上海：百家出版社，2002：28.

所以，一个标准定义就是“种概念＋属概念”构成的判断句，概念的语言表现形式是词或词组。善于从定义中提取“种概念＋属概念”作为关键词或词组，是口语表达时概念讲解的重要步骤和基本技巧。例如在定义“在同一个二维平面内，由两组平行线段组成的闭合图形，称为平行四边形”中，“四边形”是其所属的属概念，“两组平行线段组成”“闭合”是种概念，它们就是需要重点讲解的关键词或词组。

其次，要讲清楚概念的外延。如果内涵是“质”，外延就是这个概念的“量”。划分类别是界定外延的基本逻辑方法，它通常会将一个概念所反映的事物，按照一定的标准（即事物的某一特征）划分为若干小类。例如上述“平行四边形”概念的外延是指除了一般的平行四边形外，还包括正方形、菱形、矩形。讲述一个概念的外延时，一定要说清楚其包含的全部类别，做到清晰完整。

另外，概念之间往往具有一定的类比性，在深刻理解某个概念后，可以进行迁移应用。例如在深刻理解进化论的核心思想后，可以将其迁移应用到文化的进化、制度的进化，甚至理论的进化等概念的理解学习中。只有灵活的理解运用，才能举一反三。

最后，为了让概念讲解更具人文性、趣味性，还可以增加概念的提出背景、发展历程，介绍相关的关键人物和典型事件等。切忌本末倒置，重心偏移，影响学生对概念内涵的清晰理解和对概念外延的明确把握。

总之，要让学生深入地掌握某个概念，教师需要从现象深入本质，除了要讲解清楚其内涵和外延外，在明确其全部基本特征的基础上，还应一针见血地指出其本质。

**【典型练习】**

请从你所学专业对应的学科教学中选择一个重要概念，例如生物学的“入侵生物”，物理的“合力”，化学的“化合反应”，语文的“修辞”等，尝试进行概念讲解。

**【练习提示】**

概念讲解要善于抓住其本质属性，特别是区别于其他概念的关键点，需要进行提示，着重讲解。例如在讲解“入侵生物”这个概念时，有老师解释为“在本地大量繁殖的外来物种”，其属概念界定为“外来物种”是可以的，但是选择“在本地大量繁殖”作为种概念就不确切，没能确切地揭示其本质特征。例如玉米、番茄等都属于外来且大量繁殖的物种，它们属于“外来物种”但不是“入侵物种”。“入侵生物”的本质特征是“对本地生态系统造成危害”，这也是讲解这个概念时应该抓住的关键点。

“入侵生物”这个概念可讲解为：“入侵生物，是指经自然传入或人为引种后成为野生状态，在本地大量繁殖，且对本地生态系统造成一定危害的外来物种。”

这样，“入侵生物”这一概念的种概念就由“外来”“成为野生状态”“在本地大量繁殖”“对本地生态系统造成危害”共同构成，其中“对本地生态系统造成危害”才是其本质特征。教师在概念讲解时，要在全面讲解的基础上，着重讲解和揭示其本质特征，确保学生能够全面而深刻地理解概念。

【变式练习】

请结合自身专业，仔细观察生活中的某些现象，然后将其归纳为概念，并予以讲解。

示例：在为鱼缸换水时，可将软管的一端插到鱼缸底部，从另一端抽出管内空气并堵住管口，然后让此端开口向下并放置在低于缸底处，这时放开管口，鱼缸底部的水以及杂物就会自动通过软管抽出。结合物理学科的相关知识，可将其归纳为虹吸效应。

虹吸效应又称虹吸现象，是指由于液态分子间存在引力与势能差，液体会从压力大的一边流向压力小的一边的流动现象。

■【练习提示】

归纳是指从许多不同的事实中提取共同要素和共性特点，以形成一般性结论的方法。概念性或原理性结论均适用归纳。根据所观测事实的范围，归纳可分为完全归纳和不完全归纳。例如，根据各个地区和各个历史时期生产力发展低下所导致的社会生活面貌落后，可以得出结论：生产力发展是社会进步的动力。这就是从对于个别事物的研究中得出一般性结论的归纳过程，所观测到的事实“各个地区和各个历史时期”并非所有事实，属于不完全归纳。又如，在一个平面内，直角三角形、锐角三角形、钝角三角形的内角和都是180°，而直角三角形、锐角三角形和钝角三角形涵盖了所有的三角形类型，所以，“平面内的所有三角形内角和都是180°”属于完全归纳。

以上两个实例，均抓住了大量事实的共同特点进行归纳，最终形成了一般规律的概念性结论。用归纳法讲解概念的关键是提取大量不同事实或现象中的共同特点进行概括。

【拓展练习】

请就【变式练习】中所选择的概念或现象，尝试运用演绎和归纳相结合的方法进行讲解。

■【练习提示】

归纳是从个别到一般，而演绎通常是从一般到个别。归纳中的不完全归纳可以节省许多调查资源，从现有的事实中得出一般性结论。但是，不完全归纳的结论不一定正确。例如根据已观测到的白色天鹅得出“天鹅都是白色的”，这个结论就不正确，因为也有黑天鹅。演绎得出的结论一般是正确的，但是所得结论是在前提所规定的范围之内，如“所有哺乳动物都是有脊椎的，人是哺乳动物，所以，人是有脊椎的”，结论“人是有脊椎的”在“哺乳动物”这个前提范围之内。

因此，在讲解概念或讲解以概念为基础的理论时，归纳和演绎两种方法通常需要交替使用。例如在讲解“生产力”及其相关理论时，可采用如下讲解方法。

首先归纳：根据各个地区、各个历史时期生产力发展低下所导致的社会生活面貌落后的状况，归纳得出结论——生产力发展是社会进步的动力。

接着演绎：因为科技会深刻影响生产力的要素，提升生产效率，所以科技也是重要的生产力。

【能力检测】

请在“科学”“艺术”“教育”三个概念中任选一个进行讲解，同伴间相互观摩，用表2-4进行评析，并根据评析结果进一步提出优化改进策略。

表2-4 概念讲解能力评析表

| 指标（分数） | 内涵清晰（3分） | 外延明确（3分） | 本质突出（3分） | 思路合理（1分） | 总评（10分） |
|---|---|---|---|---|---|
| 概念讲解能力练习1 | | | | | |
| 概念讲解能力练习2 | | | | | |
| …… | | | | | |

【推荐资源】

1. 马睿，黄敏. 用大概念引领教学变革［J］. 中国教育学刊，2021（8）：105.

2. 李凯，吴刚平. 为素养而教：大概念教学理论指向与教学意蕴［J］. 比较教育研究，2022，44（4）：62-71.

## 活动二 原理讲解——“从联系到规律”

【能力解析】

原理是指科学的某一领域或门类中具有普遍意义的基本规律，如最小作用量原理、相对性原理等。从原理出发可以推演出各种具体的定理、命题等。

原理是对规律的反映，规律属于联系，但并非所有的联系都是规律性联系。联系是不同事物或现象之间相互依赖、相互制约、相互渗透、相互转化的关系。规律是事物之间内在、本质的必然联系，决定着事物发展的必然趋向。教师在进行原理讲解时，应该在全面展示事物内外全部联系的基础上，让学生把握住其中“内在”“本质”“必然”的联系，从而使学生深刻理解规律。

原理讲解是指在教学中将若干概念按照一定的逻辑次序连接起来，从而揭示事物或现象之间规律性联系的行为。① 在进行原理讲解时，教师易出现泛泛陈述、散点讲解，导致学生不能把握原理本质的情况。如果教师口语表达的信息散乱，流于表面，就难以揭示事物内部的必然联系。因此，原理讲解的实质就是“从联系到规律”。那么，如何进行原理讲解呢？

首先，要确认原理的构成。从原理的本质构成看，它是概念与概念之间的逻辑联结；从原理的形式构成看，原理是语句，概念是语词。

其次，要进行原理分析。主要有以下三个步骤。（1）确认源概念。原理都是由概念构成的逻辑连接，因此需要找出原理中的主要概念。（2）巩固前概念。已经掌握的概念称为前概念，在进行原理分析时，要借机巩固前概念，并着重复习和提示有助于理解原理的重要概念。（3）解析新概念。对于原理中出现的新概念，需要运用概念讲解的策略进行阐释，为原理的整体理解打下基础。

再次，要进行原理整合。用通俗易懂的语言将原理分析后的概念逐一进行逻辑连接，形成一个具有总和意义的陈述性语句。这是原理讲解的关键，目的是让学生理解原理所揭示的规律。教师在表述时要尽量避免使用复杂概念和生僻词语或者不熟悉的典故，讲解重点应放在逻辑关系上。

最后，教师在口语表达时要注意严谨性，因为许多规律都有严苛的条件和适用范围，适用范围越广，规律越有价值。

【典型练习】

1. 观察下面的两组图形，根据它们之间的联系，总结规律，找出不符合规律的图形，再用口语表达出从观察到发现再到确定的全部选择过程。

---

① 赵伶俐，白智宏. 视点结构教学操作技术：通用教学行为理论 · 诊断 · 评价 · 培训系统：之三［M］. 上海：百家出版社，2002：48.

第一组:

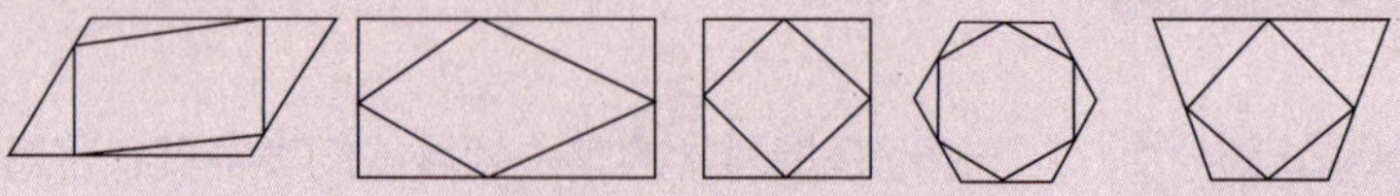

(1) (2) (3) (4) (5)

第二组:

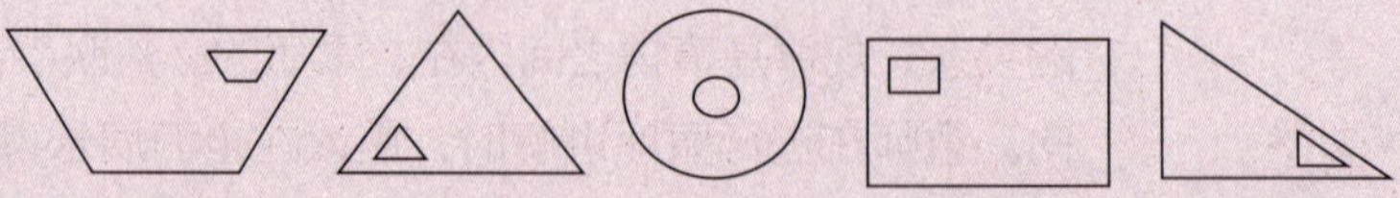

(1) (2) (3) (4) (5)

2. 下列四组数列都有一定的规律，请用口语表达你所找到的规律，并判断（ ）内填入的数字是否正确。

（1）4，7，10，13，( 16 )，( 18 )

（2）84，72，60，( 48 )，( 32 )

（3）2，6，18，( 54 )，( 168 )

（4）625，125，25，( 5 )，( 1 )

■【练习提示】

第一步：找到规律。先单独分析每一组图形的构成要素，再找出各个要素之间的联系。题目中的图形具有形状、大小、数量、位置等方面的特征，通过对比就能找到其中的规律；数字之间的联系有加减乘除、等差、倍数等，找到其中的规律后，再对图形的每个要素进行逐一检验。

第二步：讲解规律。先用通俗易懂的语言讲述发现规律的过程与方法。例如，从形状来看，这些图形具有何种特征，由此可见，具有怎样的规律，而其中的某个图形不符合上述这个规律，它就不属于同类型图形。最后，用简明的语言概括其中的规律。

【变式练习】

请阅读下面这则寓言故事，分析屠夫的决策依据有无规律？如果有，那么形成这样的规律有什么前提条件？

齐王欲将公主下嫁给一屠夫，并准备了丰厚的嫁妆，屠夫听说此事后，感到惶恐不安。从长相上说，自己不是一表人才，才智也不出类拔萃，从未建功立业或受封获赏，平凡的家族与王族没有任何联系，自愧何德何能受到齐王的青睐。于是坚决不受，极力辞婚，并远走他乡避而不出。友人不解问之。屠夫回答：公主乃国君之女，理应嫁与邻国王子或贵胄，下嫁于我平民屠夫，岂非怪事，公主肯定是非残即丑，我万万不可娶之。后来友人偶见公主，的确长相奇丑，被屠夫言中。

■【练习提示】

规律在适用范围内具有必然性。这种必然性有的表现为单个事件，有的表现为大量重复的整体性事件，后者被称为统计规律。

例如，箱子里的红球和白球数量相等且足够多。抽中红球和白球的概率都为$\frac{1}{2}$，并非第一次抽中红球，第二次就一定会抽到白球。其规律是针对大量重复的整体事件，并非单一事件。

【拓展练习】

仔细观察图2-1、图2-2和图2-3，分析图中不同事物之间的联系，你在其中发现了什么规律？请用语言描述出来，并进行讲解。

图2-1　你的WI-FI连接状况

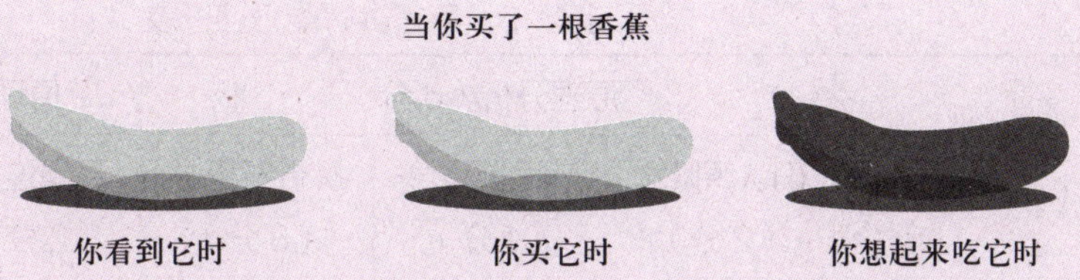

图2-2　当你买了一根香蕉

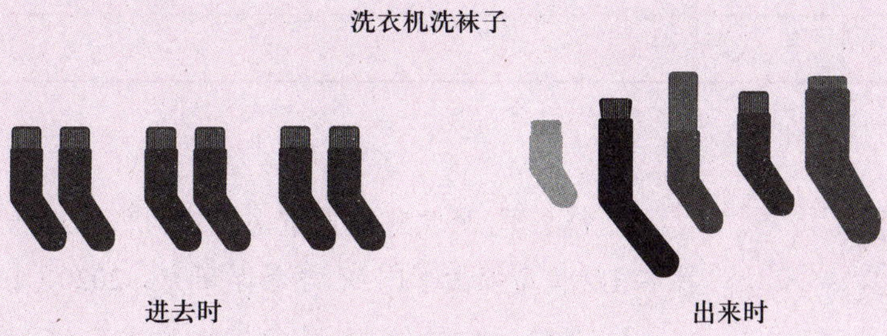

图2-3　洗衣机洗袜子

■【练习提示】

从联系中获取规律，常使用归纳法。需要注意的是，不完全归纳得出的结论不一定正确。因此，在口语表达时，要注意严谨性，区分出因个人感觉和喜好得出的“假规律”，切换思考角度，找到得出“假规律”的原因，从而也就能找到真的规律。在进行表述时，要注意思维的程序，先根据联系得出表面“规律”，再使用转折连接词，揭示真的规律。例如，“从以上材料中，我们虽然容易得出……结论，但背后的实质却是……”，这样的表述可以让学生学会思考，同时留下深刻印象。

所有学科的理论知识都是由概念和原理构成的，因此理论的讲解需要从概念讲解入手，揭示其本质，进而找到其内在联系，深刻理解原理所反映的规律，再结合举例教学、系统教学等技术进行深入浅出的讲解，变抽象为形象。

例如，数学中的内角和定理：三角形的内角和等于180°。此定理的讲解分两步进行。第一步，确认定理中的基本概念，分别是三角形、内角、180°。学生已经通过前面的学习掌握了这三个基本概念，需要进行复习和巩固。第二步，强化逻辑关系，即内角和为180°。这一步是理论讲解的关键，需要先强化事实，再进行逻辑证明。可以让学生剪下一张A4纸的一个角，得到一个三角形，再将三角形的三个角分别剪下拼凑起来，用量角器进行检测，发现刚好180°，从而完成事实强化。逻辑的证明方法有多种，选择其中一种即可。

【拓展阅读】
内角和定理证明方法

## 【能力检测】

请根据你所学的专业，选择一个原理性知识点向同学进行原理讲解，用表2-5进行评析，并根据评析结果进一步提出优化改进策略。

表2-5 原理讲解能力评析表

| 指标（分数） | 原理分析（6分） | | | 原理整合（4分） | | 总评（10分） |
|---|---|---|---|---|---|---|
| | 确认源概念（2分） | 巩固前概念（1分） | 解析新概念（3分） | 逻辑连接（2分） | 总和陈述（2分） | |
| 原理讲解能力练习1 | | | | | | |
| 原理讲解能力练习2 | | | | | | |
| …… | | | | | | |

## 【推荐资源】

1. 徐小军. 聚焦科学前概念，建构科学新概念：基于前概念的科学概念教学设计模型探微［J］. 小学教学研究，2020（10）：84-87.

2. 刘徽，徐玲玲. 大概念和大概念教学［J］. 上海教育，2020（11）：28-33.

## 活动三 深入浅出——“从抽象到形象”

**【能力解析】**

理论是对事实的推测、演绎、抽象或综合，是对某一个或某几个现象的性质、作用等的评价、看法或总结。理论包含若干概念，不同的概念之间具有逻辑关联。因此，理论知识往往相对抽象、枯燥、难懂，这就需要教师采用深入浅出的方式或策略进行讲解。深入，就是把握理论的本质，明确构建理论的主要概念，理解概念的内涵和外延，厘清概念之间的逻辑关系；浅出，就是通过举例、比喻、类比、图示等方式，将理论变得浅显易懂，明白晓畅。

深入浅出的口语表达，需要教师对教学内容进行深刻把握，抓住本质特征，匹配贴切的实例，按照科学流程进行准确、生动的讲解。同时，教师需要根据学生的认知规律，采用学生易于接受的方式开展教学，做到通俗易懂，实现学科知识内在规律和学生思维规律的高度统一。另外，由于理论知识自身具有层次性，因此教师要引导学生学会从现象出发，由浅入深，循序渐进，逐步加深对事物本质的深刻理解。

要做到深入浅出的理论讲解，教师在事例选择和教学方式运用方面就要注意以下三点。

第一，理论与实例是一个整体，进行口语讲解时要有取舍。教师要精心选择理论知识进行讲解，虽不用面面俱到，但也不能泛泛而谈。例如，用鸡蛋清在热水中的凝固现象作为实例来说明“蛋白质遇到高温，性质会发生变化”的本质时，不用过多描述和讲解鸡蛋的大小、颜色等无关特征。

第二，善用比喻或类比。让人快速理解一个新事物的最佳途径就是关联其已有的知识和概念。例如，以下是对于人体免疫系统的介绍：

人体就好像我们的校园，围墙和铁栅栏就像是皮肤，它构成了校园安全的第一道防线。学校安保科就像是人体的免疫器官，安保人员就像是免疫细胞，配备的武器就像是抗体、淋巴因子等，它们共同保卫着校园安全。

这一陈述运用了“围墙和铁栅栏”“安保科”“安保人员”等一系列比喻，既生动形象，又通俗易懂，能够让学生快速地了解人体免疫系统的构成和功能。

第三，教师所举实例要基于学生的已知事实或已有经验。例如，物理学科的光学课中一般会讲反射角等于入射角，而不会说入射角等于反射角。某位物理老师是这样类比的：我们一般说反射角等于入射角，如同通常说你长得像你爸爸，而不会说你爸爸长得像你。这个讲解基于学生的已有经验，在幽默风趣表达的同时，又将事物发生先后的内在规律蕴含其中。

【典型练习】

请根据你所学的专业，选择一个理论性知识点，尝试运用举例法进行讲解教学。

■【练习提示】

举例教学是深入浅出讲解理论时的一种常用方法。它向学生提供有关理论的经验事实，将理论重新融入实际经验或事实，以便从具体、感性的角度更好地掌握理论的本质。举例教学要注意以下三点。

第一，举例的时机要恰当。教师要仔细斟酌和反复推敲事例的使用，放在理论分析的哪个阶段更有助于学生的理解。

第二，举例要贴切。事例是理论的具体表现，要为理解理论服务，这就需要对事例做适当加工，不能盲目照搬。

第三，举例要引起共鸣。举例的目的是变抽象为具体，变陌生为熟悉，教师选择的事例要与学生了解的事物或场景相结合，以引起共鸣。

例如，对于“什么是集合”，可以进行这样的举例教学：

集合是指具有某种共同属性的事物的全体，构成集合的每一个个体都是这一集合的元素，集合具有确定性、互异性、无序性三大特性。例如，“六班全体同学”就是六班同学的集合，每个同学就是其中的一个元素。每个同学的班级属性就是其公共属性，可以根据是否为六班的同学来确定这位同学是否为这一集合的元素，这就是集合的确定性；六班的每位同学都各不相同，这就是集合的互异性；六班的同学无论按照怎样的顺序排座位都属于六班这个集合，这就是集合的无序性。

【变式练习】

请根据你所学的专业，选择一个较为抽象的理论性知识，尝试运用类比法进行讲解教学。

■【练习提示】

类比教学就是寻找不同事物之间的相同点进行教学。类比教学具有两大作用：一是促进学生快速理解，二是通过联想促进学生的思维发展。生活中存在大量的类比，例如“桌子腿儿”“吃罚单”“读书学习，给大脑充电”“唇亡齿寒”等。

科学家通过类比发现了一系列重大成果，例如受水波或麦浪特征的启发，发现了声波、光波、电磁波等不同波的属性，甚至包括更抽象的温度波、自旋波、引力波的属性等。

类比教学的基本原则是：用熟悉的事物类比不熟悉的事物；用形象直观的事物类比抽象无形的事物；用浅显易懂的事物类比深奥难懂的事物。切忌逻辑倒置，否则就成为无效类比，学生会更加难以理解。教师要精心设计类比，有效类比的实质就是让学生借助已有经验，自然地建构学习新事物的认知框架。

## 【拓展练习】

请根据你所学的专业，选择一个理论性知识，综合运用举例、类比等方式进行讲解，在确保科学性的前提下，力求深入浅出，通俗易懂。

### 【练习提示】

在理论性知识的教学中，除了运用举例、类比等深入浅出的策略之外，还可以运用实物展示、模具演示、图像演示等辅助性教学方式，同样可以达到直观、形象的教学效果。教师的讲解不是固定不变的，尤其是针对重难点知识，教师要根据学情进行精心选择和设计，只有联合使用多种方式，相互补充，相互辅助，形成深入浅出的教学合力，才能化难为易，有效进行理论性知识的教学。

## 【能力检测】

请根据你所学的专业，选择一个教学难点，采取小组合作的形式集体备课，设计不同的讲解策略，展开教学实操练习，运用表 2-6 进行评析，并根据评析结果进一步提出优化改进策略。

表 2-6　深入浅出能力评析表

| 指标（分数） | 深刻性（3 分） | 形象性（3 分） | 浅显性（4 分） | 总评（10 分） |
|---|---|---|---|---|
| 深入浅出能力练习 1 | | | | |
| 深入浅出能力练习 2 | | | | |
| …… | | | | |

## 【推荐资源】

1. 袁宏琳. 从传播学 5W 理论谈高校理论教学的深入浅出［J］. 当代教育实践与教学研究，2020（6）：99-100.

2. 蔡忠洋，孙欢. 类比教学法在高中物理教学中的应用：以“光电效应”教学为例［J］. 中学物理教学参考，2021，50（24）：28-30.

# 任务三
# 技法解说

【情境描述】

两位美术老师分别在自己的课堂上讲解揉纸法。一位老师解说道："今天，同学们可采用揉纸法作画，就是把纸揉搓之后，在上面涂抹颜料作画。"另一位老师则是这样解说的："揉纸法是一种国画技法，在画坚硬粗糙的岩石、树干等的时候，这个方法很有用。在动笔画之前，先用手把宣纸捏皱，然后平铺在桌案上。因为宣纸经过捏皱之后会有许多细小的皱纹，用大笔或排笔在凸起的部分着墨时，纸面上会留下不规则的墨痕，这样画出来的物象就会显得浑厚凝重。"

请问上述两位美术老师的讲解，哪一个更能让学生听明白？美术教师需要怎么讲解，才能让同学们掌握揉纸法的步骤和要领？

## 活动一　技法要解——"流程在线"

【能力解析】

技法即技术与方法，指的是实践应用性的操作行为。技术与科学紧密相关，二者往往并称为"科学技术"（简称科技）。技术指由科学原理转化而来的、符合科学规律的操作行为方式、途径和手段，方法泛指能完成某个任务、实现相应目标的所有操作行为方式、途径和手段。技术和方法的区别在于：方法泛指所有的操作行为，技术特指科学的操作行为；所以，技术是方法，方法不一定是技术，科学的方法才是技术。① 相对而言，对于操作行为的称谓，自然科学多用"技术"，也用"工程技术"；人文社会科学中则多用"方法"，或概称"技法"。

在中小学阶段，各学科专业中的应用操作性内容一般概称"技法"或泛称"方法"。例如语文中的"修辞手法""表达方式""写作方法"，以及各种"词法""句法""章法"等；数学中的"消元法""换元法""代入法""坐标法"，以及各种具体的"解题方法"等；物理、化学、生物学、地理等学科中的"实验方法""分析法""综合法""归纳法""穷举法"，以及"图示图解法"等各种应用技法；体育中的各种动作技法和运动技术、战术；美术中的各种造

① 白智宏. 通用教学技术构成论：视点结构教学技术系统建构研究［J］. 西南师范大学学报（人文社会科学版），2004（4）：95-100.

型技法；音乐中的各种演唱技法、演奏技法等。这类应用操作性知识属于告诉人们“怎么办”的知识，在心理学中被称为“程序性知识”。

程序性知识，顾名思义，就是由特定的程序及其要领构成的。程序也叫流程，是指为了完成某个任务、实现相应目标的步骤（即过程环节及次序）。特定化、规范化、标准化的步骤，称为规程。要领即完成此步骤并实现相应效果所要求达到的操作质量及动作规格水平。①

技法教学的总体策略是讲解、示范、练习相结合。讲解即解释、说明构成技法的程序及要领，解释、阐明支持技法的科学原理（理论基础）；前者使学生“知其然”，后者使学生“知其所以然”。示范即向学生呈现此技法的规范化操作流程及要领，便于学生学习。在示范过程中，教师需要同步讲解、提示相应的规程及要领，做到边示范、边讲解。练习即安排实操活动，使学生在做中学、用中练，以形成最终的实用技能。在练习过程中，教师不但需要进行过程的督促和监控，也需要给予学生适时适当的过程指导、纠错等。过程督导也离不开教师的讲解和提示。

技法的掌握主要有三个成分，大致对应掌握技法形成技能的三个阶段。

（1）陈述性成分及陈述化阶段。基本教法是教师讲解、示范，学生听讲、观摩，以在学生头脑中形成技法规程及要领的动作“表象”，从而使其“知道怎么做”。

（2）联结成分及程序化阶段。基本教法是练习，把“知道”的技法规程及要领和“实际”的动作行为联结起来，达到“实际会做”。

（3）自动化成分及实用化阶段。基本教法是合理组训、过度练习，形成动作定势，实现“熟练地做”，达到实用化的程度。

综上所述，无论在哪个阶段，技法学习都离不开教师的讲解。讲解的基本要求是在全面解说构成技法规程及要领的基础上，抓住重点，突出对关键程序及关键要领的解说和提示。同时，无论讲解、示范还是练习，教师都要尽量将技法置于真实的应用情境中，尤其要结合技法在实际应用情境中的具体表现，透彻清晰地解释说明技法实操的关键、灵活用法以及变通技巧，帮助学生“还原”真实情况，促进其实用技能的真正形成和有效迁移。

**【典型练习】** 请根据你所学的专业，选择一个技法知识点向同学们进行讲解。

① 赵伶俐，白智宏. 视点结构教学操作技术：通用教学行为理论·诊断·评价·培训系统：之三［M］. 上海：百家出版社，2002：5

■【练习提示】

各个学科中的技法很多，例如数学中的方程解法；物理中的受力分析法；化学中的催化剂实验演示法……对于技法讲解教学，教师可以按照下述三个步骤进行：

第一步，讲解技法的基本规程及要领，进行整体讲解，整体感知，对基本技法形成初步印象；

第二步，在示范操作或基本练习中，进行技法规程及要领的具体讲解（分解示范及讲解）；

第三步，导入真实情境，在实用性练习的过程督导中，对关键程序及关键要领进行提示，纠正错误，并提示变通运用的"诀窍"，引导学生有效地迁移应用。

【变式练习】 请在完成【典型练习】的基础上，尝试教会学生迁移运用此技法，先写出讲稿再进行实操。

■【练习提示】

在现实的学习与生活中，学科技法并不是单一固定的，它往往随着情境的变化而变化。教师在讲解多样且复杂的技法后，需要关注学生对此技法的迁移运用情况。

教师可以在【典型练习】的基础上，指导学生用同一技法解决多种问题，帮助学生总结归纳此技法的特点与规律，以达到举一反三的教学效果。

【拓展练习】 探究性学习是《义务教育课程方案和课程标准（2022年版）》倡导的一种学习方法，它是指学生在学科领域内或现实情境中，以某一方面的问题为导向，通过调查、实验、交流等学习活动和学习方式，在质疑、分析、思考、研究中突破难点，解决问题，获取知识，习得相关技能，形成科学观点，最终实现个体发展的学习方法。请结合你所学的专业，选取某一问题进行探究性学习，然后结合该案例向学生介绍探究性学习的流程和要领。

■【练习提示】

探究性学习的具体方法有很多，如触类旁通，由已知探究未知；动手操作，由实验探究真知；大胆猜想，由假设探究认知等，不同的方法有不同的流程和注意事项。在用探究性学习进行知识讲解时，可通过比较的方式，突出不同方法的特点或优劣，这不仅便于学生更好地掌握，也能在运用的同时形成对该技法的判断和反思。

【能力检测】

请根据你所学的专业，选择一个技法性教学内容，尝试进行讲解教学。同伴间相互观摩，使用表 2-7 进行技法要解能力评析，并根据评析结果进一步提出优化改进建议。

表 2-7　技法要解能力评析表

| 指标（分数） | 程序清楚（3 分） | 要领明确（3 分） | 情境真实（2 分） | 关键突出（2 分） | 总评（10 分） |
|---|---|---|---|---|---|
| 技法要解能力练习 1 | | | | | |
| 技法要解能力练习 2 | | | | | |
| …… | | | | | |

【推荐资源】

1. 赖晓云，钟正. 智慧课堂的教学流程构建及实验研究：以“现代教育技术与应用”课程为例［J］. 赣南师范大学学报，2022，43（6）：136-140.

2. 赵伶俐. A-TVS：逻辑与美感的有机统一：审美化视点结构教学的理论、模式、变式与深度学习［J］. 江苏教育，2020（73）：7-11.

## 活动二　技法理释——“追本溯原”

【能力解析】

所有的技法都有相应的原理支持。支持技法的原理包含技法依据的理论基础、技法运行和生效的机制，是技法具体实践应用的科学依据。讲解、阐释技法的理论基础及运行和生效的机制，称为“技法理释”，即学生不仅要知道怎么做，还需要知道这么做的原因和工作机制，否则就会不明就里，影响技能的培养和迁移。

如果教师在技法讲解中不讲清原理，就易导致学习效果不佳。例如，明明某个知识点讲了很多遍，但学生还是没有学会，或者很快遗忘，可能就是因为没有讲清技法背后的原理。学生如果不理解“为什么”，就会导致其对技法程序及要领只能进行机械记忆，因而容易遗忘；在运用技法时也只能机械地复制，不会迁移运用。技法理释可以较好地帮助学生将技法“内化于心”“外化于行”。

应注意的是，技法理释不能“两张皮”，而是要融技法程序于技法要领的讲解过程之中，理论必须跟程序要领相结合，“理实一体”地进行讲解与阐释。

【典型练习】

请在活动一【典型练习】的基础上，为之前选择解说的技法增加原理阐释部分。

■【练习提示】

例如在本任务的【情境描述】中，第二位美术老师在课堂上讲解揉纸法时说：“因为宣纸经过捏皱之后会有许多细小的皱纹，用大笔或排笔在凸起的部分着墨时，纸面上会留下不规则的墨痕，这样画出来的物象就会显得浑厚凝重。”这就是对“为什么要揉纸”的解释说明，属于原理阐释的内容。

学生在知晓原理后，会更加自觉、主动、积极地学习此技法，也可以领会揉纸是为了制造一些“不规则”，而不至于用大力气捏坏了纸，从而能够更好地掌握揉纸法的技法要领。

【变式练习】

请回想自己在中学时代学习时，感到疑惑但教师没有讲透的技法教学的案例，尝试找准原因，重新设计讲解方案。

■【练习提示】

很多时候，由于学生和教师的思维差异，学生在实际操作过程中可能会出现教师意想不到的错误。这或许是因为教师在示范时没有讲解到位，此时教师应在充分理解和分析学生出错原因的基础上，针对性地提出合理的矫正性指导及纠错提示。

通常情况下，教师讲解技法不到位的原因有如下三点：一是没有讲清技法本身的流程；二是没有讲清技法背后的原理，导致学生不明白背后的原因，他们自然很难理解此技法；三是教师没有抓住技法和原理的关键点。

【拓展练习】

请对活动一【典型练习】中所选择的技法，尝试再次进行讲解，注意要将技法和原理相结合。

■【练习提示】

讲解时切忌把技法和原理"分开"。选择先讲授技法再讲解原理，或者先讲授原理再讲解技法，都是不可取的。要想真正帮助学生理解技法原理并将其迁移到实践中，教师就必须做到"理释一体"。

【能力检测】

请根据你所学的专业，选择一个技法，尝试讲解技法背后的原理，同伴间相互观摩，使用表 2-8 进行技法理释能力评析，并根据评析结果进一步提出优化改进策略。

表 2-8　技法理释能力评析表

| 指标（分数） | 原理清晰（4 分） | 理实一体（3 分） | 抓准关键（3 分） | 总评（10 分） |
|---|---|---|---|---|
| 技法理释能力练习 1 | | | | |
| 技法理释能力练习 2 | | | | |
| …… | | | | |

【推荐资源】


1. 韩琦，王娜，张建. 生物化学教学中学生逻辑思维能力的培养［J］. 中医教育，2022，41（2）：64-66.

2. 江清远，方元平. 新课标下师范生生物概念讲解提升探究［J］. 教育教学论坛，2019（43）：210-212.


## 活动三　技法例说——"拍案说法"

【能力解析】

在技法教学中，教师需要借助案例（技法运用的实例），或者现场给出技法运用的示范（示范本质上也是技法运用的实例）进行讲解。案例与示范合称示例，在技法教学中，教师需要结合示例来讲解技法及其原理，帮助学生高效地掌握技法，这就是"技法例说"。教师借助示例解说技法（以例说法），可以帮助学生形成技法操作的动作图式，化抽象步骤为具体可视化的动作，使技法变得真实可感，增强学生对技法的感知效果，提高运用质量。

技法例说的基本做法和要求是：教师一边给出示例，一边分析、讲解示例及技法。教师可采取现场示范或者播放视频的方式来呈现案例。在对示例进行分析、讲解时，需注意要不断联系操作步骤及要领，紧紧围绕操作步骤及要领来进行讲解，以防学生只是“看个热闹”，要“例法一体”，紧密结合。

教师在进行技法例说时，还需结合课程标准及技法教学的需要，对案例进行“裁剪”。选用的案例要真实，教师在讲解中应突出重难点，并对这部分内容加大解说力度。

【典型练习】

请根据你所学的专业，选择一个技法性知识点，进行以例说法。

■【练习提示】

以例说法要注意以下三点。

1. 真实性。借助现实中发生的真实案例进行技法教学，有助于帮助学生学以致用，确保学而能用。

2. 典型性。要选择最能代表此技法的典型案例，并使其尽量简单易行。

3. 生动性。很多时候，技法对学生来说可能是枯燥无聊的，在重复的练习中，学生可能会兴趣不高。教师如果选用生动形象的案例对技法进行讲解，有利于调动学生的学习热情与积极性。

【变式练习】

请就【典型练习】中所选择的学科技法知识进行变式举例设计。

■【练习提示】

技法例说不能总列举老旧的典型事例。变式举例就是要变换事例类型，选用不同情境（包括特殊情境）中的案例，讲清不同情境中技法灵活运用的变通处理技巧，这样才能帮助学生掌握技法的多样化运用要领。

教师在进行变式举例设计时，要尽量覆盖所有可能出现的情境，并进行分类讲解，帮助学生举一反三、触类旁通。

【拓展练习】 请根据你所学的专业，选择一个难点技法，设计一份完整的教案，并进行技法教学实践。

■【练习提示】

在各类教学内容的讲解中，技法讲解的要求最为全面，是对本项目中各个任务对应讲解能力的综合运用，涉及现象描绘、事件叙述、事物说明、原理讲解等。

技法讲解包括以下三个方面的内容：技法要解（对构成技法的程序及要领本身的解说）、技法理释（对技法背后的原理的阐释）、技法例说（结合示例解说技法及其原理）。其中，技法要解属于本项目“事物说明”的范畴；技法理释需要运用本项目“原理讲解”的策略；技法例说是对技法要解与技法理释结合实际情境（示例）的综合运用，同时还涉及本项目任务一中的事件叙述和现象描绘。

所以，技法教学需要综合运用本项目的全部知识才能完成。

【能力检测】 请根据你所学的专业，任意选择一种技法，尝试结合丰富的案例，进行生动有趣的讲解，同伴间相互观摩，使用表 2-9 进行技法例说能力的评析，并根据评析结果进一步提出优化改进建议。

表 2-9 技法例说能力评析表

| 指标（分数） | 示例恰当（6分） | | 例法一体（4分） | 总评（10分） |
|---|---|---|---|---|
| | 案例精当（3分） | 示范标准（3分） | | |
| 技法例说能力练习 1 | | | | |
| 技法例说能力练习 2 | | | | |
| …… | | | | |

注：因案例与示范本质上都是技法的具体运用实例，因此案例和示范可能只用其一，不一定兼用，所以在分值的分配上重复等量赋值（均为 6 分）；如果二者兼用，则可各自进行评析，取二者平均分计入总分。

【推荐资源】

1. 常莉. 设计驱动性问题，培养学生高阶思维能力［J］. 河南教育（教师教育），2022（6）：63.

2. 徐羽. 融入生活情境使数学生活化［J］. 中国教育学刊，2021（6）：108.

# 项目三
# 互动交流能力

与人交谈一次，往往比多年闭门劳作更能启发心智。思想必定是在与人交往中产生，而在孤独中进行加工和表达。

——列夫·托尔斯泰

语言沟通无处不在，人与人之间的相互沟通需要借助语言来实现。人们通过语言表达自己的意图和想法，同时倾听别人的意图和想法并且给予有效反馈，进而解决问题。互动交流能力是发挥语言交际作用的重要能力，无论是课堂教学、教育引导，还是日常交往、事务处理，都需要与人进行沟通。互动交流对于教师的有效沟通有着十分重要的意义。

语言应该搭建起互动交流的桥梁，尤其是教师，更加需要通过语言来与学生互动，消除障碍，更好地传递知识信息、增进彼此的了解，促进思想和情感的交流。但在实际的教育情境中，一些教师缺乏互动交流的能力，虽对学生的口头教育较多，却收效甚微，这些都与互动交流能力不足有关。

本项目涉及听辨和提问、沟通和说服、发言和总结等内容，将通过不同的场景应对训练和情境对话训练，提升思维的敏捷度，增强信息的捕捉力，加强语言的交流性，在良好的互动反馈中提升表达能力，最终实现语言的交际功能。

【训练目标】

1. 学会在听辨中捕捉信息，推测对方意图，并针对对方话语进行有效提问。
2. 学会搭建交流的桥梁，能够梳理矛盾的症结，找到解决问题的对策。
3. 学会在不同的场合中根据不同的对象进行发言，紧扣主题，能够有效总结和陈述自己的观点，并言之有理。

【重点提示】

1. 听话听音
2. 寻找共同点
3. 针对性表达

# 任务一 听辨和提问

【情境描述】

王老师是 ×× 中学 ×× 年级 ×× 班的班主任兼语文教师。

在近期的教学中，学生李某某在课堂上经常反驳任课教师的讲课内容，不经允许就直接提问，打断了教师的教学思路，影响了课堂秩序，其他学生也因此感到不满。

王老师课后对这位学生的情况进行了调查了解，得知学生李某某与父母产生了矛盾，个人情绪不够稳定，到学校后又因王老师的严格管理而心生抱怨。

为了改变这一局面，王老师需要与李某某进行互动交流。但二人之间如何才能顺利开展对话？教师应该如何在交流中更好地了解学生的诉求，并消除其不满情绪，对学生进行正确的引导呢？

## 活动一 信息捕捉——“因声求义”

【能力解析】

信息捕捉是指倾听者在大脑中，将发言者口语表达中的信息转换成意义的能力。

在口语表达中，要学会将对方口语表达中的信息转化成意义，并从中梳理出关键信息，这是互动交流的前提和基础。如果没有做好倾听的工作，不善于捕捉信息，就无法准确把握对方的意图，沟通也就缺乏基础条件。教师如果只是按照自己的意愿进行口语表达，结果很有可能是自说自话或者文不对题，由此产生交流障碍。

提升信息捕捉的能力，主要有以下四点：

首先，要养成专注的倾听习惯，在倾听他人的口语表达时，不能左顾右盼，心不在焉，而是要排除各种干扰，并注意捕捉他人的情绪；

其次，要学会在获取信息的同时抓住对方口语表达中的关键词，进而归纳对方的谈话要点；

再次，要学会判断和理解对方口语表达信息中的字面意思和言外之意；

最后，要全面、准确、快速地记忆对方口语表达中的主要观点，以作好互动和交流的准备。

1. 倾听要用心

倾听是一种综合能力，不仅需要用耳、用眼，还要用脑、用心。这就要求在倾听时做到以下两点：一是注意力集中，眼睛注视讲话者，好像正在渴求对方与自己进行交流；当表达者与倾听者目光交接时，倾听者要适当点头或发出“哦”“嗯”等反馈的声音，表明自己对表达者所讲的内容感兴趣，以激发对方的谈话兴致，鼓励其继续讲下去。一个善于倾听的人，往往能从讲话者那里发现和捕捉很多信息，并走进讲话者的心里。

2. 倾听要耐心

耐心是倾听和沟通得以顺利进行的基本保证。有人计算过，口语表达的速度一般是每分钟120~180个字，思维的速度却是它的4~5倍。所以，当倾听者与他人交谈时，往往对方还没说完，倾听者或许早就理解了。这时候，倾听者的注意力难免会分散，以致出现“一心二用”的神情，这对表达者来说是很不礼貌的。而且，一旦倾听者的思想开了小差，当表达者突然提出问题时，倾听者会答非所问，这会使表达者产生一种不被尊重甚至被愚弄的感觉，交谈就很难继续下去。因此，在倾听他人谈话时，倾听者应该尽力排除各种干扰，认真倾听，不要有任何不耐烦的表现，例如左顾右盼、频频看表、打哈欠等，这些表现会传递出“不关心、不重视、不耐烦”的信息，引发表达者的不满和反感。

3. 倾听要虚心

交谈的主要目的是沟通思想、联络感情、增进友谊，而不是进行辩论。所以，在倾听他人谈话时，倾听者应该抱着虚心的态度。然而在教育教学中，有的教师总是认为自己知道的信息比学生多，常常不等学生把话说完就急着插嘴打断，然后自己高谈阔论一番，这样做是不尊重学生的表现。有时候，即使学生的表达有纰漏，教师也不必马上皱起眉头，或激烈地反驳，不妨用暗示的方法告知，以免打击学生说话的兴致。当然，善于倾听并不等于沉默不语，偶尔说一两句话也是很有必要的，因为这是积极的反馈和呼应，表示教师对学生的讲话有所关注和感兴趣。在倾听的过程中，有时会心的笑声也是一种赞许和倾听的表现之一，这会使学生更乐于表达，从而亲近教师，向教师敞开心扉。

4. 倾听要诚心

俗话说：“心诚则灵。”在倾听他人讲话时如果心不诚，只是表面上装出一副倾听的样子，实际上却心不在焉，那么，倾听就很难收到良好的效果。那么，怎样才能做到诚心呢？

首先要真诚。正所谓“人心换人心，八两对半斤”，教师要想听到对方真实的心声，就必须秉持真诚的态度，做到用心去听、用情去听，绝不能虚情假意、敷衍了事。

其次要理解对方。他人向倾听者倾诉衷肠，多半是因为心里有解不开的疙瘩或遇到了难以解决的问题。因此，在倾听时必须尝试理解对方的心情和处境，要学会站在对方的立场和角度来感知对方的困难和心境，要想对方之所想、急对方之所急、忧对方之所忧。只有这样，才能赢得对方的好感。

最后要信任。正所谓“开心见诚，无所隐伏”，对方只有感受到倾听者的诚意，才能毫无顾忌地说真话、讲实情。同样，在倾听时只有相信对方的人格和品德，相信对方的话语是真实可靠的，才能听到对方真实的心声。战国时期，魏文侯不听闲言碎语，任用乐羊为帅讨伐中山，当征战过程中流言四起时，魏文侯不仅没有相信，反而多次派人劳军，结果乐羊率军取得大胜。正如俗语所云：“信人者，人亦信之。”在倾听过程中，只有相信对方，赢得对方的信任，才能听到对方的真话。

5. 倾听要细心

老子说：“天下大事，必作于细。”意思是说，做大事必须从细微的小事开始。倾听也是如此。倾听不是不动脑子地随便听听，而是要集中全部精神，认真、细心地听。在倾听的过程中，只有心细如发、见微知著，敏锐地感知对方的思想轨迹，才能迅速抓住问题的端倪。

那么，怎样才能做到细心呢？

首先要听准。正所谓“差之毫厘，谬以千里”，这个道理同样适用于倾听。如果听不准对方的话语，就摸不透倾听者的真实想法，弄不清倾听者的真实需要。而要想听准对方的话语，就必须心随耳动，切实地弄明白对方说话的重点是什么、心里的想法是什么、希望达到的目的是什么，尤其是那些重要的、敏感的话语，一定要有意识地再询问、再确认，以确保接收的信息准确无误。

其次要听真。俗话说：“说话听声，锣鼓听音。”倾听必须学会辨识，没有辨识就没办法听真。在倾听过程中，要学会听话外之意。人与人的经历和所处的环境不同，个性、学识、修养和思维方式也就有所不同。有的人说话直截了当，每句话都能直接反映他们内心的真实想法；有的人则常常用反话来表达自己的意见。所以，相同的话从不同人的口中说出来，其含义可能大不相同。因此，在倾听时一定要开动脑筋，对听到的话进行由表及里、去伪存真地分析和判断，从而弄清对方的真实想法。

**【典型练习】**

在学习苏轼的《念奴娇·赤壁怀古》时，教师提问：这首词的上阕重在写景，下阕却引出了周瑜这一人物，作者的用意何在？下面是两位学生的课堂回答，请归纳提炼，说说其中各自包含了哪些要点。

学生甲：作者苏轼在词的上阕已经提到“江山如画，一时多少豪杰！”，在词的下阕中塑造周瑜这一形象是为了照应上阕，因为周瑜就是一个英雄豪杰。除此之外，作者还有意把周瑜这个英雄豪杰与自己作对比，从“早生华发”与“人间如梦”中可以看出，这是作者苏轼对自己的哀叹。

学生乙：我同意甲的观点——作者苏轼是为了与周瑜作对比，但我想作一些补充。我读过周瑜的传记，周瑜在指挥赤壁之战时，是他娶小乔十年后发生的事，而这首词中“小乔初嫁了，雄姿英发”也许是为了显示周瑜的年轻，与作者苏轼的“早生华发”作对比。后面“羽扇纶巾，谈笑间，樯橹灰飞烟灭”则写出了周瑜儒雅的打扮、从容的姿态与建立的功业之大，而对比之下，作者苏轼建立功业的愿望却遥不可及。

■【练习提示】

教师在提炼和把握学生信息的时候，应注意如下三个方面：

第一步，要注意仔细倾听学生的回答，并在脑海中迅速捕捉关键词；

第二步，梳理学生口语表达的逻辑次序，分清其中的层次；

第三步，在笔记本或者黑板上记录不同学生的基本观点，既可以提醒自己，又显示出对学生的尊重，同时还可以让班级中的其他同学把握要点。

【变式练习】

某一天，一位学生到办公室跟王老师说了下面的一段话。请问在这一段话中，学生表达了几层意思？他的字面意思和言外之意分别是什么？

“王老师，您好，您教我们班的语文课，非常辛苦，平时备课、上课也非常认真，同学们都非常感激您。特别是您批改作文的时候，评语的字数很多，这也让同学们收获了很多。晚自习的时候，您经常留在班上讲课，讲得很辛苦，就连我们做的练习题，您也反复讲评，我觉得您可以多留点时间给您的孩子，毕竟他才3岁。”

■【练习提示】

倾听他人谈话时，要注意捕捉表达者的目的。如果是为了表达意见，在开始说话时，表达者为了吸引对方的注意，往往会说一些客套话，或者以肯定或赞美对方为铺垫，然后再提出自己实际的想法或要求。在本例中，学生的目的是向教师提出自己的意见，出于对教师的尊重，语气较为委婉，因此要注意辨析，不要被字面信息干扰。

要捕捉他人口语表达的信息，可按照如下三个思路进行：

第一步，分析整段话的结构，思考其由哪几个部分构成；

第二步，找出话语中的重点，思考哪一部分是表达者的重点；

第三步，找到表达者的诉求，思考其希望倾听者做什么。

【拓展练习】

一位家长给林老师打来电话，说了如下一段话，请分析家长的口语表达思路，并思考这位家长的诉求是什么。

林老师，我们都明白孩子是在鼓励中获得成长的，尤其是对于刚刚改变生活环境的新生，需要你们更多的耐心和爱心，来培养他们的自信和勇气。您作为我女儿的老师，要求他们大声讲话，以培养他们的自信，我觉得这个方法非常好。可是，我也在想一个问题，怎样才能让孩子更自信？最近我发现女儿上小学没几天，就有些害怕上学了。我问她为什么，她说是因为老师太厉害了。我对女儿说，其实学校中的每个老师都是爱你们的，当他们严肃地对待你们的时候，心里想的是："这个小家伙不错，那个小家伙长大必须要有出息，所以我得多教他们点真本事。"女儿问："真的吗？"我说："是的，因为老师太爱你们了，所以才会对你们严格要求。不要害怕老师，只要按照老师的要求去做就好了，老师看到后也会表扬你们的。"于是女儿又欢快地去上学了。

■【练习提示】

第一步，认真倾听对方的观点，梳理其口语表达的思路；

第二步，注意对方口语表达中的转折词，例如"但是（可是）""然而""不过"等，这些词语后面的内容往往是重点；

第三步，边听边记录对方口语表达中的关键词，归纳其中的要点；

第四步，记忆对方口语表达的内容，为自己的回答确定思路。

【能力检测】

仔细阅读二维码中《人民教育家于漪谈育人》的内容，捕捉其中的重要信息，用自己的语言向同学复述出来，使用表 3-1 进行信息捕捉能力的评析，并根据评析结果进一步提出优化改进策略。

【拓展阅读】
人民教育家于漪谈育人

表 3-1 信息捕捉能力评析表

| 指标（分数） | 倾听（3分） | 抓关键词（5分） | 全面、准确、快速记忆（2分） | 总评（10分） |
|---|---|---|---|---|
| 信息捕捉能力练习 1 | | | | |
| 信息捕捉能力练习 2 | | | | |
| …… | | | | |

【推荐资源】

1. 朱蓉. 有效提问 成就精彩［J］. 数学大世界（下旬），2021（10）: 7-8.
2. 李志勇. 课堂的有效提问［J］. 教育艺术，2020（6）: 61.

## 活动二 话由推测——“依声探情”

【能力解析】

在教师口语表达交际中，除了要从表达者的语言中了解其想要陈述的基本内容，并作出梳理与整理外，还需要从表达者的语言中分析、揣摩其情感倾向、事件态度，进而推测沟通意图。只有理解对方的意图、情感和态度后，才能搭建双方沟通的桥梁让表达更具有针对性和有效性，有利于达到口语表达的预期目的。

语言是透露口语表达者内心想法的窗口。在互动交流中，表达者的语言容易受到交流环境、自身心理等因素的影响，传递出来的信息有可能会存在变形、装饰或隐藏，这些都需要倾听者加以分析、推测和揣度。

推测对方话由，需要倾听者在口语交际中提高自身的鉴别与理解能力。在具体方法上，要转变角度，设身处地地从对方的角度进行思考；要观察对方在口语表达中的神态、表情和肢体动作；要梳理和分析对方语言中的情感倾向，辨识其委婉表达、欲言又止的部分；要掌握一定的沟通技巧，在谈话中激发对方进一步表达的欲望，以确认自己的推测。

值得注意的是，在交流沟通中，倾听者要避免先入为主，过度地推测对方的意图，或是自认为知道对方接下来想要表达的内容而拒绝倾听对方的表达，这样反而会造成双方的沟通交流障碍。

【典型练习】

假设你是某学校初中二年级的一位物理老师，在临近学年期末考试的时候，有一名学生来到办公室，在与你的沟通交流中，向你提出了如下问题：

老师，您以前读书的时候，是怎么学好物理的？

老师，学习物理，需不需要天赋，凭借后天的努力能否学好物理？

老师，在高中文理分科时，如果选择读文科，对物理成绩是不是没有太高的要求？

面对学生的这一系列提问，你推测学生的意图是什么？

■【练习提示】

第一步，明确表达者的交际时机和情境：初中二年级刚开始学习物理，对部分学生来说，会有一定的难度，临近期末考试，学生感到紧张；

第二步，注意观察表达者口语表达时的神态和动作；

第三步，分析表达者提出问题的共同点、指向性，了解其心理动因和诉求。

## 【变式练习】

假设你是某学校高三年级某班的班主任。四月，学校即将举行春季运动会，按照惯例，因临近高考，高三年级一般不参加大型校园活动。某天下午放学后，有几个学生到办公室来找你，在交流中，学生说了下面的一些内容：

学生A：老师，我最近看了一篇文章，说运动可以提升人的精气神，能够有效提高学习效率。

学生B：老师，我们班的班费目前还比较充裕，能否购买一些篮球、足球、乒乓球之类的运动器具？

学生C：老师，我有一个同学，在旁边一所学校读高三，他们每周都有体育课，还有很多大课间可以自由活动。

学生D：老师，我们现在复习得已经很充分了。

综合上述四名学生表达的信息，判断他们实际上想对老师说什么。

■【练习提示】

在与群体的沟通交流中，表达者不是单一的个体，而是众多的表达主体，他们可能各有各的角度，各有各的说话方式，各有各的个性特点，这会给交际带来一定的难度。

但既然是学生集体来与教师进行交流，说明他们事先可能已经存在共同的诉求，甚至进行了交流的分工。在了解和推测对方意图的时候，除了结合具体的交际情境外，教师还需要综合所有的信息，寻找其中的共同点，找到口语表达中的交集，进而了解和把握表达者的共同意图。

同时，集体不同于个体，在沟通交流时，教师既要了解集体共性的诉求，也要关注个体差异，全面了解表达者的意图。

【拓展练习】

请阅读下面这段师生对话，思考对话中的老师是如何了解学生的真实意图的。

学生：这次的活动效果太糟糕了！我只想告诉您，我以后再也不参加班上的朗诵活动了！

老师：你看起来心情很不好，能告诉我你的问题是什么吗？

学生：不是我的问题，是您选的组长有问题，他选择的作品根本不适合大家一起朗诵。

老师：所以你的意思是，你选择的作品更适合大家一起朗诵？

学生：我认为我选的作品很好，可是大家都不理解。

老师：所以你的意思是，大家没有响应你的提议？

学生：对！他们忽略了我的存在。

老师：现在我明白了，你不开心是因为同学们没有听从你的建议，而不是朗诵活动本身不好。

学生：是的。我对朗诵活动没有抱怨，我生气的是，大家一直在吵吵嚷嚷，根本不听我在说什么！

老师：谢谢你让我注意到这一点。我想给你一个机会，向全班同学介绍你选择的朗诵作品，好吗？

■【练习提示】

为了更好地了解表达者的真实想法，教师可以利用积极倾听的技巧来排除沟通交流中由于某种不良情绪而产生的混乱和阻挠。“释义”就是一种积极倾听的技巧，即在对话交流中，利用解释表达者的想法和感受，来引导其表达自身的真实意图。“释义”的优点是减少交流双方的对抗，使倾听者尽可能站在表达者的角度去理解和解释其所传达的信息，无论解释正确与否，都能立即得到回应，从而很快发现表达者的内心想法。

【能力检测】

两个同学组成一个小组，一个扮演表达者，一个扮演倾听者，由表达者含蓄委婉地讲述生活中的一段话，倾听者对此进行推测，分析表达者讲这番话的原因，使用表 3-2 进行话由推测能力的评析，并根据评析结果进一步提出优化改进策略。

表 3-2　话由推测能力评析表

| 指标（分数） | 了解字面意思（3分） | 分析语言背后的原因（3分） | 把握表达者的言外之意（4分） | 总评（10分） |
|---|---|---|---|---|
| 话由推测能力练习 1 | | | | |
| 话由推测能力练习 2 | | | | |
| …… | | | | |

【推荐资源】

1. 董佳. 教师情绪表达与学生学习风格的匹配性对学习的影响［D］. 南京：南京师范大学，2020.

2. 张冬梅，葛明贵. 教师情绪表达：为何与何为［J］. 教育科学研究，2021（3）：72-77.

## 活动三　据情善问——“记者采访”

【能力解析】

教师口语交际是一种双向沟通、双向反馈的语言活动，在了解交际对象的意图之后，教师需要通过语言跟对方进行沟通和交流，这就需要教师提升据情善问的能力。“据情”就是根据实际情况，“善问”就是善于提问，根据实际情况进行提问，可深入口语交际的内容，促进交际双方细化具体问题，进而达到解决问题的目的。

据情善问的前提是教师对“情”的了解和尊重。这里的“情”，既包括交际双方沟通交流的具体时机、氛围和情境，又包括交际双方的意图和情感。在“问”的时候，教师要注意提问的结构、提问的方式、提问的内容。

另外，据情善问不是一个单线，而是一个多次往复、思想不断碰撞的过程，这就需要教师不断提升自身的反应能力，根据交际双方的对话情境，不断调整提问的重心，甚至改变提问的方式和内容。

【拓展阅读】
“优质提问”的技巧

【典型练习】

假设你是某中学的高一数学老师，在第一学期即将结束时，有一位学生向你求助：他想要了解如何学好数学。根据平时你对此学生的观察和了解，这位学生在初中阶段的学习成绩很好，因为高中数学的难度增大，内容增多，学习方式也有所变化，他感到学习数学越来越吃力。在跟他的沟通交流中，你需要进一步了解此学生的困惑和期望。请说说你将从哪些方面向此学生进行提问，如何开展提问。

■【练习提示】

第一步，提前了解表达者——案例中学生的基本情况，做到“知己知彼”。

第二步，提问的目标和重点要十分明确，不能“为问而问”，要清楚提问所要解决的问题，要有针对性。

第三步，问题设计要清晰、明确，能够高质量地表达自己想要询问的内容。

【变式练习】

学校要举行春季运动会，按照往年的惯例，高三年级都不参加，但这一届的部分高三学生提出希望能够参加运动会。假如你是学校的管理人员，想征求各方意见，研判今年是否可以让高三学生参加运动会。针对班主任、学生家长代表、学生代表三类不同的谈话对象，你将如何提问？分别列出5个以上的问题，以便综合了解各方的不同信息和诉求。

■【练习提示】

第一步，针对沟通交流对象的不同身份，预判他们关注的核心，思考并设计不同的问题。

第二步，根据不同的谈话对象，全面考虑问题，选择不同的提问方式。注意提问的语气与态度以及提问方式要因人而异。

第三步，提问要抓住主要矛盾，既要了解班主任、学生家长、学生的正向诉求，也要明确其担心的问题，以便做出科学全面的判断。

【拓展练习】

假设你是某班的班主任，你们班的教学效果不够理想，对此部分家长存在一些看法。有一天，一位学生家长来找你反馈这个班存在的问题。但是这位家长不善言谈，平时与人交往较少。在与其交流时，对于不善言辞的家长，该怎么样去了解其具体的意图呢？

■【练习提示】

与沟通表达能力不强的对象进行交流时，教师需要通过一些方法和策略，激发对方主动表达的欲望，鼓励对方多表达，从而获取更多的信息，提升沟通交流的实效。

在与案例中的家长沟通交流时，可以用这样的语言来引导对方进一步表达：“能不能说得再详细点……”“您说得有点深奥，我不太明白……”“您的意思是……”；

【拓展阅读】
关键提问

在沟通交流的过程中，教师可以尝试重复对方的话，以此引导对方谈得更多，让他/她自己去完善语言。例如："您是说……"

教师也可以用自己的语言转化、简化、清晰化对方的语言，通过提问或者释义，获得对方的反馈，从而进一步明确对方的意图。例如，"您的意思是不是这样……"

## 【能力检测】

针对初中学生在校期间能否使用手机的问题，举行一场模拟记者招待会。你扮演学校管理者，说明学校关于学生如何使用手机的管理办法；其他同学扮演记者，现场的每一位"记者"都可以向"学校管理者"进行提问，使用表3-3进行据情善问能力评析，并根据评析结果进一步提出优化改进策略。

表3-3　据情善问能力评析表

| 指标（分数） | 准备充分（2分） | 目标明确（2分） | 针对性强（2分） | 切中要害（4分） | 总评（10分） |
|---|---|---|---|---|---|
| 据情善问能力练习1 | | | | | |
| 据情善问能力练习2 | | | | | |
| …… | | | | | |

## 【推荐资源】

1. 牛津. 高情商提问［M］. 天津：天津人民出版社，2020.

2. 李飞. 从勇于提问到善于提问：小学科学教学中引导学生提"有质量的问题"的实践［J］. 基础教育论坛，2021（5）：57-58.

# 任务二
# 沟通和说服

【情境描述】

高三下学期，学生小严向班主任方老师提出，自己不想再继续跟班复习，而想选择在家学习，理由是班上的同学都在有意地“孤立”他。方老师没有立即同意小严的请求，而是让他先暂时跟班复习，然后在年级月考结束后的第一个晚自习与他进行了沟通和交流。平时寡言内向的小严，在方老师的耐心引导下，坦言了自己在学习、人际、生活等多方面的焦虑，最终找到了自己被同学“孤立”的根源，认识到自己在心态和生活习惯方面需要改进的地方，逐步消除了“心结”，并最终顺利参加了高考。

## 活动一　搭建通道——“互诉衷肠”

【能力解析】

搭建通道就是搭建沟通的桥梁。沟通是人与人之间、人与群体之间思想与感情传递和反馈的过程。在教育教学中，沟通能力是教师的一种重要语言交流能力，如果教师善于搭建沟通交流的通道，不仅可以更好地传授知识，释疑解惑，而且可以拉近师生之间的距离，增进感情，融洽关系，促进学生的健康成长。

如何才能搭建好交流的通道？美国心理学家丹尼尔·戈尔曼在20世纪90年代提出了“情商”这一概念，他认为，情商包括认识自我情绪、改善自我情绪、认识他人情绪、改进与他人的关系等，情商决定了沟通交流的质量。教师在沟通交流中，如果有较高的“情商”，就能站在对方的角度思考问题，找到彼此的连接点，容易处理好师生、家校等关系，解决各类矛盾，提高沟通质量。

搭建通道的具体路径有以下四条：

第一，明确人物关系，合理运用话语，创设积极有效的交流氛围。

第二，找准时机，明确情境。时机包括表达者的情绪、话语、场景、氛围等；情境包括表达者的语气、神态、潜台词，谈话者之间的关系，话题的性质等。

第三，场合适当，话语得体有效。在不同的场合中，话语的语体要求是不同的：在偏正式、严肃的场合中，沟通交流的用语要力求规范、简明；在偏私人交流的场合中，话题可相对轻松而彰显个性；在偏友好的场合中，话题相对松散、随意，在双方关系紧张的场合中，用语需严谨，经得起推敲。

第四，寻找契机，由“第三方”介入，推进矛盾的解决。

【典型练习】

高二（3）班转来了一位新同学小昕，他的性格十分内向。小昕在寝室里多是独来独往，不愿与室友多交流。由于对新环境不太熟悉，小昕在生活中遇到了一些困难，甚至因此影响了学习成绩，可就算这样，他也不愿意主动向同学询问，性情比较孤僻，沉默寡言，入学一段时间后，仍无法融入集体。班主任何老师在观察了一段时间后，决定和小昕沟通交流一次，让小昕打破与周围环境的“阻隔”，走出自己的“心”门，融入集体之中。如果你是何老师，你会如何找到恰当的时机与小昕进行沟通交流？

■【练习提示】

沟通交流有许多条渠道，有正式的，也有非正式的。在大多数情况下，由于学生还在成长期，心智尚未成熟，教师需要站在学生的角度多加关心，因此适合在非正式的场合，相对随意、自然、平等地与学生进行沟通交流。

第一，要了解交流对象的性格特点、心理特征、行为方式等。

第二，要寻找合适的时机，创设平和的交流氛围。

第三，可以旁敲侧击，从其他问题引入正题。

【变式练习】

小万是某校学生会社团部部长，小昊是社团部干事，二人从高一入校就开始合作，共同完成了很多活动，彼此比较了解和信任。小万做事严谨高效，小昊做事较为灵活，喜欢变化。进入高二下学期后，由于课业繁重，小昊放松了学生会的工作，在统计社团新成员时出了纰漏，导致社团活动与学校不同年级的选修课发生了冲突，为此学生会受到了批评。小万非常愤怒，斥责小昊：“成事不足，败事有余！”小万还击：“还不是部长失职！”如果你是学生会的负责老师，该如何寻找契机，既能够解决矛盾，又可以缓和两位同学之间的紧张关系？

■【练习提示】

在和学生进行沟通的时候，假如学生的情绪不够稳定，甚至暴躁易怒，教师首先要做的是语气平和，让学生冷静下来，控制好自己的情绪；然后寻找契机，用其他话题或其他事项转移其注意力；最后在合适的时机，“对症下药”，从而化解矛盾，解决问题。

契机一：借助游戏使双方明白合作的重要性。例如在“顺利通过障碍物”的游戏中，被蒙上双眼的同学，只有在另一名同学的帮助下才能通过障碍。在游戏结束后与学生进行沟通交流，让他们明白“人类的生活离不开合作互助”“一个真正的好朋友能使自己少走许多弯路”的道理。

契机二：通过角色扮演理解对方。让双方尝试扮演对方的角色，体验他们各自不同的处境，学会换位思考，彼此多些包容。

契机三：布置新的工作任务，加强双方的工作合作，使其尽快度过矛盾期。

【拓展练习】

高一年级某班的教室中，语文老师正在讲评作文，他提前筛选了若干篇范文及作文中出现的各类典型错误，由课代表朗读，并点出相应同学的姓名，当堂表扬或提醒。大家讨论氛围热烈，出错的“当事人”也表示接受。但当说到小龚的作文时，他却表现出明显的抵触情绪，对课代表大吼道：“念什么念？这很好笑吗！”课堂瞬间安静下来，场面一下子变得非常尴尬。这时，如果你是语文老师，将如何进行沟通交流，化解此时课堂中的“尴尬”？

■【练习提示】

法国教育家卢梭曾说：“大自然希望儿童在成人以前就要像儿童的样子。如果我们打乱了这个次序，我们就会造成一些早熟的果实，它们长得既不丰满也不甜美，而且很快就会腐烂。”[①] 如果教师只是站在成年人的角度要求学生，很可能会觉得一切教育行为都是理所当然的，但学生的成长有其自身规律，由于各自认知和理解的差异，学生对教师“出于好意”的教育行为未必都能接受和认同。当学生产生抵触情绪时，教师可以采用“第三方通道”，让其他人或事物介入，引导学生从旁观者的角度思考和分析问题。

通道一，以名人为例，讲述他们在遇到同类情形下的反应和表现。

通道二，以教师自身为例：“我也遇到过和你一样的困惑……”通过这样的语言与学生找到共鸣。

通道三，让学生从旁观者的角度，给出解决方案：“如果你是教师，你会怎么做？你希望自己的学生怎么做？”

---

① 卢梭. 爱弥儿：论教育：上卷［M］. 李平沤，译. 北京：人民教育出版社，2001：88.

【能力检测】

1. 小黄晚自习结束回到家后，在自己的房间里做作业，母亲推门进来，端着一盘水果，问:“吃苹果吗? ”小黄没有抬头，也没回答。母亲又问了一遍，他不耐烦地回了一句:“没看到我在忙吗? ”母亲说:“不是你说的每天晚上要加一餐水果吗! ”二人由此产生了言语上的抵触。

请从小黄父亲、同学和班主任的角度，设计三段对话，搭建母子间的沟通平台。

2. 高二年级某班下午的第三节自习课，学生小王忽然冲出教室，到办公室向班主任请假，说自己要去学校的心理咨询室。班主任询问缘由，小王说:“有点情感困扰。”班主任还想继续追问，但小王表示这是自己的私事，不想和她讨论。考虑到小王近期情绪比较低迷，学习效率不高，状态也不好，班主任想把话题延续下去。

假如你是学生小王的班主任，你将如何找准时机，与小王进行深入交流?写出你的搭建通道方式，同伴间相互观摩，使用表 3-4 进行评析，并根据评析结果进一步提出优化改进策略。

表 3-4　搭建通道能力评析表

| 指标<br>（分数） | 情境合适<br>（3 分） | 契机巧妙<br>（4 分） | 用语得体<br>（3 分） | 总评<br>（10 分） |
| --- | --- | --- | --- | --- |
| 搭建通道能力练习 1 | | | | |
| 搭建通道能力练习 2 | | | | |
| …… | | | | |

【推荐资源】

1. 林华. 新课改下有效沟通技巧在数学课堂教学中的应用［J］. 读写算，2020（16）: 10-11.

2. 吴敏. 供需耦合下师范生教师胜任力研究［D］. 乌鲁木齐：新疆师范大学，2022.

## 活动二　矛盾梳理——“解开乱麻”

【能力解析】

教师处理师生之间、生生之间、家校之间的矛盾是常态，处理得当，可以消除矛盾，使矛盾双方能够增进了解；处理不够得当，则有可能激化矛盾，使问题不断升级。因此，如何处理矛盾，是教师必须掌握的一门艺术，也是对教师口语表达能力的检测和考验。

当隔阂、冲突、争端发生时，只有厘清矛盾各方的心理需求、表达困境、交流诉求后，才能设身处地地换位思考，破除人际交流中的障碍，获得良好的沟通局面。其步骤有如下四点：

1. 让矛盾呈现出来

矛盾冲突是一种客观存在，无法掩盖与回避。教师在处理矛盾和问题时不要急于压制和掩盖，而是让学生在冲突中获得成长，这样才更有意义。因此首先要让矛盾双方进行充分表达，教师只有在了解事实的基础上，才能做出正确的判断；只有让学生充分宣泄情绪与表达思想，才能顺利地解决矛盾和问题。

2. 找准矛盾产生的焦点

矛盾双方在对话中，都会表明自身的立场、观点，进而产生思想交锋、观点差异或立场区别，教师要及时捕捉在这一过程中的关键节点，找准矛盾产生的焦点。

3. 梳理矛盾，深究原因

在倾听的过程中，教师要反思交流过程，回忆交流的各个环节，在了解来龙去脉的基础上，不仅要找到问题所在，也要追根溯源，深究问题产生的根源，这样才能真正地解决矛盾。

4. 寻找突破口，有的放矢

针对问题的症结所在，寻找合适的机会，进行有效沟通。教师可引导矛盾双方寻找并明确各自的责任。

**【典型练习】**

小辛是一名中学生，父母平时工作比较忙。父亲做生意经常外出，母亲开了一间小面馆，小辛每次找父母要生活费，都被指责是在乱花钱。进入初三后，小辛结交了一些校外的朋友，受他们消极观念的影响，开始相信“读书无用论”，并逐渐旷课、逃学。寒假结束后，小辛本来和好友小潘约定一起回校报到，但开学那天，二人走进教学楼后，小辛忽然说不想上学了，小潘劝说未果，讥讽小辛“浪费生命，是父母的负担”，为此两人产生了争执，并差点动手，还引来其他同学的围观。

分析上述案例中小辛与小潘的矛盾焦点是什么。

**【练习提示】**

有的矛盾不宜“当场”解决，学生之间产生了矛盾，有时是双方此前就有误会，有时是另有“隐情”，由其他更深层的因素导致。这时就需要对矛盾双方分别进行劝导，深入探寻各方内心的想法、过往的经历以及在此事上的立场，从根本上解开矛盾双方的心结，可从以下三步入手。

第一步，充分了解矛盾双方在生活经历、思维方式、生活观念上的差异。

第二步，对情绪反应强烈的一方，做好心理安抚，适当满足其诉求。

第三步，找准矛盾关键点，站在当事各方的角度进行调解。

【变式练习】

班主任组织全班同学就劳动的意义展开讨论，不少同学都说要充分利用这次机会，接受劳动教育，班主任对此感到很满意；轮到学生发言时，某个学生站起身，只简单地说了一句：“我认为最好的发言就是行动。”说完后就坐下了。不想这句话竟让老师很生气，指责该生这是在与老师对着干，而该生则感到自己受到了莫大的委屈。

请分析上述案例，师生双方有无矛盾？矛盾焦点在哪里？

■【练习提示】

避免和解决矛盾的一个原则是防止陷入自我中心的误区。要从“我认为”“我觉得”转变为“他会怎么想？”“他的感受是什么？”,从自我感受向他人感受转化，否则就会主观武断地理解他人的语意,导致发生不必要的矛盾。一旦出现师生矛盾，教师在查找自身问题时，要注意以下四个方面。

第一，避免主观臆断，不可无端推测他人表达的本意。

第二，避免情绪化看待问题，应冷静客观地理解他人的言语。

第三，学会从不同角度了解信息，尽量全面掌握情况，心平气和地表达事实。

第四，如果发现存在误解，教师要及时纠错，做好解释工作。

【拓展练习】

下面是一位班主任讲述的“一个座位引发的纠纷”。

两个学生因为争抢一个座位而闹得“剑拔弩张”，几乎要大打出手。当班主任赶到时，看见小王正坐在小李的座位上，小李一脸怒气地站在一旁。问及原因,小李振振有词地说:“小王不经过我的同意就坐了我的座位，连一声招呼都不打。”小王一脸委屈地说：“不就是坐了一下他的座位吗？至于对我拉拉扯扯的吗？”原来，下课之后，小王看见小李的座位上没有人，便坐下来和其他同学聊天。当小李回来时，小王谈兴正浓，没有及时让开。小李便火冒三丈，冲上去想要强行将小王拉起来，小王顿时觉得很没有面子，就是不肯让步。于是，两人之间发生了矛盾。

如果你是班主任，你会寻找怎样的突破口来解决小王和小李的矛盾？

【拓展阅读】
项目三任务二活动二
【拓展练习】参考答案

■【练习提示】

一、考虑事件发生在公开场合，矛盾双方宜尽快冷静，避免矛盾进一步激化。

二、采用换位思考等方法，让矛盾双方认识到自身行为的不当之处。

【能力检测】

一年一度的跨年活动开始了，某校高一（2）班的班主任李老师不愿此类活动占用学生过多的时间，于是向班委建议不搞新年晚会，而是安排全班同学观看一场电影。到了跨年夜，其他班级的新年晚会如火如荼地举行，但高一（2）班的教室中却是一片黑暗与安静……事后同学们对此都颇有微词，一些家长知道此事后，也向李老师表达了不满。李老师觉得很委屈，认为自己刚开始带一个新班级，重视学习成绩并没有错，且“跨年电影”这个活动本身也很有意义。

上述案例中，双方的矛盾焦点是什么？请仔细剖析矛盾发生的原因，找到恰当的交流突破口，以李老师的身份和全班同学进行一次深度谈话，使用表 3–5 进行矛盾梳理的评析，并根据评析结果进一步提出优化改进策略。

表 3–5　矛盾梳理能力评析表

| 指标（分数） | 焦点清晰（3 分） | 原因准确（4 分） | 突破口恰当（3 分） | 总评（10 分） |
| --- | --- | --- | --- | --- |
| 矛盾梳理能力练习 1 | | | | |
| 矛盾梳理能力练习 2 | | | | |
| …… | | | | |

【推荐资源】

1. 孟清平，高继生. 例论师生矛盾冲突的成因与解决策略［J］. 课程教育研究，2017（40）：184.

2. 朱文彦. 常态型师生矛盾的表现、成因及其应对［J］. 新课程研究，2019（19）：13–15.

## 活动三　立场转换——“对调身份”

【能力解析】

在教育教学活动中，师生间产生矛盾往往是因为认知差异。双方站在不同的角度，关注点也不同：教师侧重于思考什么是对的或应该的，学生侧重于思考什么是舒适的或自由的，这样的差异难免会让师生之间出现矛盾。因此师生在互动交流中，要适当进行立场转换，懂得换位思考，培养自身的共情能力。

例如，一位实习老师看见一个男同学头发很长，于是对他说：“你今天回去就把头发剪短，否则明天别来上学。”没想到这名学生立刻站起来反驳：“那我现在就不上学了！”说完之后便摔门而去。

这种尴尬局面的出现，不但解决不了学生“剪头发”的问题，而且会增加师生之间的矛盾，加剧彼此的冲突，甚至会影响学生对学习的兴趣。由此可见，立场转换是消除矛盾必须具备的能力要求，这既是一种口语表达的“情商”，也是一种口语表达的智慧，被称作人际交往的黄金法则。

立场转换的基本要求有如下四点。

第一，“知己知彼”，理性表达。双方交流态度真诚，能及时感知矛盾的产生与走向。

第二，方法恰当，有针对性，站在旁观者的视角审视整个对话局面。

第三，了解他人需求，暂时放弃自我的观点与坚持，转变为倾听“模式”。

第四，实行“软化”措辞，包容对方的观点，鼓励对方表达自己的意愿。

**【典型练习】**

1. 一匹矫健的马站在中央，周围有四位“伯乐”正在相马。这四人一高一矮，一胖一瘦。结果四个人都未相中此马。因为高的嫌马矮，矮的嫌马高，胖的嫌马瘦，瘦的嫌马肥。请问四位“伯乐”为什么没有相中此马？

■【练习提示】

“横看成岭侧成峰，远近高低各不同。”面对同一事物或事件，从不同的角度进行观察和解读，会产生不同的看法与结论。在双方的交流沟通中，矛盾的产生也多源于此。一次事件的发生，包含开端、发展、结束的全过程，解读的切入点不同，会得出不同的结论，所以不能只从一个角度看问题。

2. 我们都知道“鹬蚌相争”“智子疑邻”这些典故，请问可以从哪些角度去理解这些故事中的矛盾冲突？

■【练习提示】

“鹬蚌相争”隐喻了在矛盾冲突中，矛盾双方寸步不让、强硬到底的后果只能是两败俱伤，甚至让第三方得利。只有站在对方的立场上思考，为他人考虑，才能获得双赢的结果。

“智子疑邻”的故事隐喻了情感的亲疏会影响认知：同样的话语，从儿子口中说出来，是智慧；从邻居口中说出来，则是阴谋。处理各类矛盾，要尽量排除主观情绪的影响，站在客观公正的立场上，才能得出公允的判断。

【变式练习】

周三的一节晚自习课上，班主任突然听到教室里传来争吵声，推门一看，发现教室后面胡乱丢了很多废纸，任课教师因某个学生乱扔垃圾而与其产生了争执。任课教师对学生厉声说道：“你把地上的纸捡起来！”学生吼道：“我偏不！”

如果你是班主任，将如何采用立场转换的方式，让学生认识到自己的错误呢？

【拓展阅读】
项目三任务二活动三
【变式练习】参考答案

■【练习提示】

若矛盾双方的情绪都比较强烈，就需要“第三方”——如案例中的班主任——进行调和。班主任可首先进行立场转换，站在双方的立场上思考问题，采取“冷处理”的方式，使矛盾双方从冲突局面中暂时抽离，避免矛盾进一步激化。其次在沟通交流中，创设平和的对话环境，让对方感到自己被理解。同时让矛盾双方也采用“换位思考”的方式，在角色转换中理解对方，从而认识到自己的错误。

【拓展练习】

请分析下列案例，说说莫泊桑、维多利亚女王和班主任分别采用了什么样的语言沟通策略，其优劣何在。

1. 曾有一位贵族夫人傲慢地挤兑大作家莫泊桑：“说实话，您的小说没啥了不起，不过您的胡子倒是挺好看的，您为什么要留这么个大胡子呢？”莫泊桑淡定而优雅地回答她：“至少能给那些对文学一窍不通的人一个赞美我的理由吧。”

■【练习提示】

矛盾双方站在对方的角度看问题，不只是为了理解对方，同时还能发现对方的思考逻辑。本例正是把握了对方的逻辑走向，所以才揭示出其话语中的荒谬可笑，对话由被动局面转向主动发展。

2. 有一天，丹麦女王维多利亚第一次在房间外敲门时，她丈夫在房间里问：“谁？”女王说：“我是女王。”房间里无动静，门未开；第二次敲门时，丈夫问：“谁？”女王说：“维多利亚。”房间的门仍未开；第三次敲门时，丈夫又问：“谁？”女王说：“你的妻子。”话音刚落，房间门就打开了。

■【练习提示】

同一事物或人物在不同的社会关系中有不同的角色设定，在立场转换中，还要思考自身应以何种角色交流，才能让对方感到舒适，从而创设出轻松愉快的互动情境。

3. 一次，一位班主任遇到自己班的学生正与其他班学生打架，便立即上前制止："别打了，别打了！"但学生双方都怕自己吃亏，谁也不想率先停下。情急之下，这位班主任顺手拿起一根钢管，大声吼道："谁还要家伙？我给你们送来了！"学生见状，一下子愣住了，班主任抓住这个时机，严厉地说道："要么放手，要么请家长，你们选！"听完后，大家全都垂下了头，停止了手上的动作。

■【练习提示】

当有一方突然改变自身立场，站在明显错误的立场上"支持"对方的行为时，反而会让对方感到不合理，认为这样做违反了常态和常规，从而反思自己的行为，这不失为一种"策略"。由此可见，运用"非常态"或"非理性"的方式，有时能起到"激将法"的效果，让矛盾双方跳出极端的情绪，重新审视事态。

## 【能力检测】

上课铃声响了，年轻的代课教师走上讲台。看见是代课老师上课，同学们便开始"各做各的"，有的说话，有的吃东西，有的做作业，有的看书，有的照镜子，还有的在睡觉。

如果你是代课教师，将会对同学们说些什么呢？请针对不同的学生，采用立场转换的方式进行表达，以便调控课堂局面，快速组织教学，使用表 3-6 进行评析，并根据评析结果进一步提出优化改进策略。

表 3-6　立场转换能力评析表

| 指标（分数） | 理解对方（2分） | 立场恰当（4分） | 言辞巧妙（4分） | 总评（10分） |
| --- | --- | --- | --- | --- |
| 立场转换能力练习 1 | | | | |
| 立场转换能力练习 2 | | | | |
| …… | | | | |

## 【推荐资源】

1. 王明娣，陈可迪. 教师角色的"深度理解"：结构、过程与路径［J］. 当代教育与文化，2022，14（3）：77-83.

2. 刘武成，周东滨. 试论新时代的教师如何实现角色转换［J］. 赤峰学院学报（汉文哲学社会科学版），2021，42（12）：88-90.

# 任务三
# 发言和总结

【情境描述】

新学期伊始，刚参加工作的王老师就被邀请在新生家长会上与家长见面。得知这一消息后，王老师先仔细分析了此次见面会：发言的对象是全体新生家长，目的是让各位家长认识新教师。针对这些情况，王老师确定了发言的内容和发言形式，最终在家长会上因讲话方式恰当、内容贴切赢得了家长的高度赞赏和认可。

在教育教学工作中，教师常会在不同的场合进行发言，这就要求教师在发言之前应先对发言对象、发言场合等进行深入分析，再据此确定合适的发言内容和形式。只有这样，才能让每次发言都具有针对性，实现交流目的，达到理想效果。

## 活动一　群体谈话——“言以群分”

【能力解析】

教师经常要与学生或家长进行交流。如果只与一位学生或一位家长进行交流，可将其称为“单独交流”，教师可以根据交流对象的身份和特征，确定谈话的内容和形式；若谈话对象是两位及两位以上的学生和家长，则可称为“群体谈话”，谈话方式和着眼点与“单独交流”不同。

在进行“群体谈话”时，教师应关注以下三个方面：首先，精准把握谈话群体的共同特点，例如身份、年龄、心理特征、兴趣爱好、目标诉求、学习状态、精神风貌等；其次，依据谈话对象的共同特点，精选合适的谈话内容和谈话形式，例如教师在选择谈话内容时，应考虑是否为普遍存在的问题，是否为大家共同关注却不甚明了的事情，是否为应该予以引导的话题，这样的谈话才有针对性和吸引力；最后，在进行群体谈话时，既需要关照所有的谈话对象，也需要敏锐地捕捉个别谈话对象的独特反应，并适时调整和完善自己的谈话内容和形式。

一次成功的群体谈话，需要教师充分了解和把握与之进行交流的群体，为其“量身打造”一套最适宜的谈话风格，包括谈话重点、谈话目标和谈话方式，只有做到了“言以群分”，才能让“群体谈话”产生更好的效果。同时教师要积极创设生动有趣的谈话情境，提供围绕话题进行自由交谈的机会，调动学生和家长的知识储备，运用自身的已有经验交流个人见解，提高学生和家长参与谈话的积极性。

【典型练习】

某校初一（4）班的学生，在学习某个学科时，普遍兴趣并不高涨。他们在小学阶段时，学习此学科的兴趣浓厚，到了初中后发现学习的难度变大，教师的讲课进度加快，每节课的例题增多，作业的错误率也有所提高。因此很多学生变得忧心忡忡，产生了“自己不适合学习”的想法，对学习产生了畏难情绪。

作为学科教师，你会进行一次怎样的群体谈话，来激发学生学习的信心？

■【练习提示】

进入新的学段后，学生对某个学科产生畏难情绪是一种很常见的现象，教师在进行集体谈话之前，可以参考以下三个思路：首先，把握谈话对象的特点，即学生刚上初一，虽然对学习有浓厚兴趣，但因暂时不适应学段变化的特点，所以萌生出畏难情绪；其次，针对学生“暂不适应学段变化”“小学学习此学科的兴趣浓厚”等特点，先解释所任教学科随着学段变化会使知识难度暂时提升的普遍规律，再充分肯定和鼓励他们的学习能力；最后，教师在进行群体谈话时，语气要和缓、亲切，尽量关注到班级中所有学生的表情和反应。

【变式练习】

入冬之后，219宿舍的男生常常因赖床而迟到。班长虽然多次提醒，可是他们迟到的情况并没有很大的改变，并且在私下议论：“我们迟到一会儿怎么了，多睡几分钟又耽误不了多少学习的时间。”

作为这个班的班主任，为改变学生迟到的状况，你将怎么对219宿舍的男生进行群体谈话？

■【练习提示】

群体谈话分范围的大小。相对来说，在小范围的群体谈话中，教师的谈话语气可以更随和亲切，针对性更强，例如此次谈话对象全是男生，所以，可以选择轻松、幽默的方式进行，且在谈话过程中可以正面强化“说到做到”等价值观，以增强他们改正不良习惯的信心和毅力。

首先，群体谈话要以鼓励为主，善于发现学生的优点，例如“虽然迟到，但并未忽略学习”就是学生的闪光点，教师可以进行着力表扬；其次，教师可以在小范围的群体谈话中拉近与学生的距离，例如教师可以讲述自己在冬天难以按时起床的经历或体会，让学生感受到来自教师的理解；最后，委婉地指出学生的问题，如“不把迟到当回事”等，随后提出合适且可行的解决方案。

【拓展练习】

“奋进组”是由班级中的三名男生和三名女生组成的学习小组。在小组成立之初，所有组员都热情高涨，上课积极发言，认真完成作业，学习成绩提升明显。可过了几周后，此小组中的小巴和小侨就开始在自习课上讲悄悄话。每当这时，组长小钟便会压低声音提醒他们。几次下来，其他同学就开始误认为这个小组的同学喜欢讲话。面对这一评价，这个小组的成员感到非常难受且开始相互指责对方。

如果你是这个班的班主任，你会如何与这一小组进行群体谈话，以改变他们相互指责的情况？

■【练习提示】

首先，在对内部有矛盾的群体进行谈话时，教师要注意不要随意附和其中某个学生的观点和看法。

其次，既需要关注所有学生的共同问题，也需要关注每个个体的个别情况，根据不同学生的性格特点，找出群体谈话中的事实性细节。

最后，善于分析原因，通过追问细节、相互印证等方式明确所有学生各自的责任，从而得到公正的判断。既要宽慰他们现在的感受，也要指出他们的错误，明确小组同学之间应该相互信任和鼓励。

【能力检测】

请围绕“中学生应该如何对待早恋？”的话题，尝试对高一某班的学生进行一次群体谈话。同伴间相互观摩，使用表3-7进行群体谈话的评析，并根据评析结果进一步提出优化改进策略。

表3-7 群体谈话能力评析表

| 指标（分数） | 对象特点把握精准（2分） | 内容适当（3分） | 方式恰切（3分） | 关注全体对象（1分） | 察觉个别学生的不同反应（1分） | 总评（10分） |
|---|---|---|---|---|---|---|
| 群体谈话能力练习1 | | | | | | |
| 群体谈话能力练习2 | | | | | | |
| …… | | | | | | |

【推荐资源】

1. 陈超武. 会谈技术在初中班主任谈话中的应用例谈［J］. 中小学德育，2020（12）: 66-67.

2. 马奔，杨丽丽. 高中班主任在班级管理中如何合理进行批评性谈话［J］. 基础教育论坛，2020（16）: 72-73.

## 活动二 集会发言——“话与事合”

【能力解析】

因为教育教学的需要，学校常会召开许多不同的集会，例如班会、家长会、教研会、主题讨论会等。教师常常在这些集会上，主动或应邀进行发言。集会的形式不同、类型不同，发言的内容和风格也有所不同。不管在何种集会上发言，都要做到“话与事合”，即与集会的需求、目标、主题相吻合。在准备集会发言时，教师可以参考以下三个关键点。

第一，明确集会类型，确定自身角色。集会的类型是教师确定自身发言角色的重要依据，在准备发言之前，教师需要明确此次集会的具体类型，例如升旗仪式、班级活动、教研活动、年级大会等，并以此为统领，确定此次集会发言的语言风格、语言特点等。

第二，知晓集会主题，找准发言方向。集会的主题是找准发言方向的重要指向，在发言之前，教师需要依据集会的主题（如“高考百日誓师”“春季运动会开幕”“学科教师经验交流”等）确定发言方向，以使发言方向与集会主题“同频共振”。

第三，结合集会时间，充实发言内容。在集会上进行发言，除了内容要言之有物外，教师还需要把握集会的时间节点。在早上召开的集会或在某个活动的起始阶段，可以凸显“希望”“新起点”等内容；在晚上召开的集会或在某个活动的结束阶段，可以重点强调“收获”“拔节”等内容。

【典型练习】

2022 年北京冬奥会闭幕后，某中学拟在 2022 年 4 月举办一场“春季田径运动会”。学校学生处想邀请梁老师在一次升旗仪式上进行发言，并希望他能借助对 2022 年北京冬奥会价值的诠释，既让同学们明白体育精神在当今的意义，又能激发同学们参与此次春季田径运动会的热情。

如果你是梁老师，你会如何准备这次集会发言？

■【练习提示】

在准备集会发言时，可以参照前文提到的三个关键点提取其中的要素：第一，此次集会是面向学校全体师生的升旗仪式，发言人的角色是教师；第二，此次集会发言的主题是阐释“2022 年北京冬奥会”的价值，激发学生参加春季田径运动会的热情；第三，此次集会的时间是冬奥会结束、新学期开始。

在提取完上述集会发言的要素后，可以发现：本次发言内容应体现发言者对“冬奥会精神”“体育精神”“运动会价值”的独特认识；在目标上不仅要引起全体师生对这一活动的关注，更要激发学生参与春季田径运动会的热情，本次集会发言的整体语调应该是高昂的、奋进的、充满朝气的。

【变式练习】

某中学语文教研组会定期召开语文教研会，并在会上分别邀请青年教师、资深教师作专题发言，以促进教研组教师的多维成长。某天，教研组的一位中年教师执教了一堂名为“如何写作议论文”的随堂课。听完这位教师的课后，刚参加工作的杨老师对这节课产生了很多想法，而他刚好被教研组长邀请在教研会上发表自己的看法。

针对这次集会发言，你觉得杨老师应该表达哪些内容？需要注意哪些事项？

■【练习提示】

分析此次集会的特点，可以发现发言的主体内容是评价教学课例。虽然可以大胆表达对课例的看法，但发言者的身份决定了其在措辞上要多用谦辞。新教师在同事面前点评老教师，既要表达自己的独特认识，又要处处流露对老教师的尊重。在集会发言时，可以用“我对前辈处理某某环节的方式有一点自己的看法”“我在想，如果是我来教，我可能会……”“这个地方，这样处理会不会好一些”等诚恳、谦虚的词句。

【拓展练习】

张老师平时工作认真负责，学校对其进行考核后，决定聘任他为学校学生处主任，并邀请他在全校教职工大会上作一次演讲。

假如你是张老师，请就此次集会草拟一份发言稿，要求：观点明确，内容充实，结构完整。

【拓展阅读】

集会发言稿样例

■【练习提示】

从这个集会的特点可以看出，张老师即将担任学校学生处主任，且需要通过这次演讲在全校教职工面前表明自己的态度和决心。所以，在集会发言时，张老师既需要态度恳切、自信从容，也需要观点明确、内容具体，以让全校师生相信他可以胜任这份工作。

**【能力检测】**

假设学校邀请你作为教师代表，在学生的 18 岁成人仪式上发表演讲。请根据集会发言的要求认真准备，脱稿演讲。同伴间相互观摩，使用表 3-8 进行集会发言能力的评析，并根据评析结果进一步提出优化改进策略。

表 3-8　集会发言能力评析表

| 指标（分数） | 符合场合特点（2 分） | 符合主题特点（3 分） | 内容言之有物（3 分） | 关注全体对象（1 分） | 明确自身角色（1 分） | 总评（10 分） |
| --- | --- | --- | --- | --- | --- | --- |
| 集会发言能力练习 1 | | | | | | |
| 集会发言能力练习 2 | | | | | | |
| …… | | | | | | |

**【推荐资源】**

1. 姜晖. TED 演讲中受众元话语的元语用分析［J］. 外语与外语教学，2020（4）：25-35.

2. 许卫国. 锻炼卓越口才，成就锦绣人生：下［N］. 江苏教育报，2021-10-29（7）.

## 活动三　活动总结——“总而言之”

**【能力解析】**

学校中常会举办各种各样、大大小小的活动，例如元旦晚会、毕业晚会、班主任经验分享会、班级辩论赛等。教师经常会参与这些活动，并需要及时总结。除了前面提到的发言关键点外，总结发言还有其自身的特点和要求。

活动总结具有事后性、概括性和评价性的特点。发言是在活动结束之后，针对已经开展的活动进行描述和概括，所以发言者需要注意观察和发现活动的特色，善于提炼和归纳，总结经验和教训，进行精准点评，并表达自身的希望和要求。常见的活动总结发言有以下四种类型。

第一，概括式总结，即对人们的言行进行归纳总结。无论是活动还是会议，参加人员都有不同的表现，有的是表演节目，有的是发言；有的是负责前台，有的是负责后勤；有的是演员，有的是观众……因此在进行活动总结时要全面观照，善于归纳概括，从中找出规律性内容，反应活动的全貌和特点。

第二，串珠式总结，即对活动中所表现出来的亮点进行描述和总结。在活动过程中，参与人员的表现或发言往往不乏闪光之处，在活动总结时要善于发现，点击关键点和精彩之处，把这些内容串联起来，形成有价值的发言。

第三，升华式总结，即在活动总结中要对现象进行升华和提高。在活动或会议中，一些表现或发言的价值往往隐含其中，在活动总结时要善于挖掘和升华，具有引导性，使众人的认识水平上升到更高层次。

第四，点评式总结，即对活动中的表现或发言进行评价。针对活动中不同人的表现或言论，在活动总结时可做出评价，分析优劣好坏，表明自身态度。但要客观公正，注意分寸，以鼓励为主，不要挫伤活动参与人员的积极性和自尊心。

**【典型练习】**

某中学每年都会举办以“静听花开的声音”为主题的朗诵比赛。今年，学校特邀刘老师担任评委，并希望其在比赛结束时进行总结发言。假设你是刘老师，你认为自己的总结发言应包含哪些内容。

**【练习提示】**

这是一次活动总结，在准备总结发言时，可以融入以下内容。

首先，关注活动现场的环境、天气、氛围，与会人员的状态，活动的主题等，以使自己的发言与活动现场高度融合。

其次，概括和总结这次活动的亮点。可以对部分精彩的瞬间或镜头做简短的点评；也可以指出活动的不足之处，提出其中存在的问题，给出一些建议或希望，以指导以后的活动，争取下次办得更好。

最后，在发言结束之际，可以适当引用诗句或有诗意的语句，以契合活动主题，展现发言者的水平和素养。

**【变式练习】**

期中考试之后，课代表组织了一次“学习经验分享会”，想邀请作为任课教师的你在活动最后做一次总结发言。部分学生的分享内容如下：

学生1：我认为，要想成绩好，先得休息好。只有早睡早起，劳逸结合，才有精力去攻克学习上的难关……

学生2：上课要认真听讲，跟着老师的思路走，还要认真整理笔记。只要做到这些，成绩自然不会差……

学生3：下课后要及时复习，并把自己不懂的地方圈画下来，找时间向任课老师或其他同学请教……

学生4：在考试时，我们要有良好的心态，不要害怕自己可能会考不好。认真做好自己该做的事情，结果自然不会差……

学生5：大家可以去找一些习题来做，"刷"题"刷"多了，很多考点自然就熟悉了，成绩自然也就提高了……

听完上述五位同学的分享后，你会如何进行总结发言呢？

■【练习提示】

在这个活动中，有五名学生分享了自己的学习经验。从他们分享的内容来看，多数仅分析了某一个具体的学习环节。作为此学科的任课教师，在活动总结时，除了对学生的发言内容进行概括外，还需要对其观点的关键词进行分类和归纳，再提出自己的建议和看法。

例如，可以在活动总结中用"这五位同学分别从作息时间、课堂学习和课下复习等方面讲述了自己的经验""这五位同学分别从作息、作业、笔记等角度谈了自己的做法"等语言来总结学生的分享，然后提出自己的评价和建议，例如"五位同学的这些做法非常不错，但若能再花一些时间去归纳已经学过的知识，将其形成一个体系，肯定会有更大的进步"等。

## 【拓展练习】

某校高三（6）班正在举行以"愚公应该移山还是搬家"为主题的辩论赛，想邀请作为教师的你在辩论赛结束后做一次简短的总结发言。部分辩论内容如下。

正方：我方认为"愚公应该移山"，理由有三点。

第一，愚公移山所表现出来的持之以恒、坚忍不拔的精神是中华民族的传统美德，并被后世传承和颂扬。

第二，从愚公移山中所体现出的发展思想以及长远目光来看，山是困难的源头，搬山才是解决问题的根本办法。搬家是逃避困难，并非长久之计，因此，愚公应该用移山的方式来达到从根本上解决问题的目的。

第三，从客观条件上分析移山的必要性。《愚公移山》开篇即言"太行王屋二山，方七百里，高万仞"，由此可见，愚公的家乡十分封闭。若想实现山村的发展，移山势在必行。在当时，安土重迁的思想根深蒂固，且搬家并非易事，愚公所处的大环境直接导致了愚公的第一选择为移山而非搬家。

路，不可不通；山，不可不移。综上所述，我方坚持认为愚公应该移山。

反方：我方认为“愚公应该搬家”，理由有两点。

第一，是从原著中总结出来的。众所周知，《愚公移山》出自《列子·汤问》，它的前篇是《淮南的橘到了淮北就变成了枳》，它的后篇是《夸父追日》。很显然，原著是要通过这三篇寓言告诉我们做事不能违背自然规律，不能一味蛮干，愚公的精神可嘉但做法不可取。

第二，是从现实生活中总结出来的。现代社会是追求效率的时代，需要的是便捷而明确的方法和思路来处理事件。我方所说的搬家不是逃避，而是要选择一种适当的方式，让我们在解决困难时事半功倍。

在今天快节奏的社会生活中，我们只有通过搬家这种便捷高效的方式才能更轻松，不至于像愚公那么累。山不转，水要转；水不转了，人要转！面临两座大山，毫无疑问，愚公应该搬家。

如果你是受邀教师，你该如何做总结发言？

【拓展阅读】
辩论赛总结发言参考示例

■【练习提示】

这是一场辩论赛的总结发言，在发言时既需要关注所有辩手的核心观点和论据，以及他们在整场辩论中的表现，也需要在提炼已有观点的基础上提出自己对这次辩论赛观点、流程的看法，以达到在总结的基础上提升高度的效果。

## 【能力检测】

请对本堂课上同学们的表现进行一次总结发言。同伴间相互观摩，使用表 3-9 进行评析，并根据评析结果进一步提出优化改进策略。

表 3-9　活动总结能力评析表

| 指标（分数） | 准确概括已有观点（3分） | 合理归类合并观点（4分） | 精准提炼转换观点（3分） | 总评（10分） |
|---|---|---|---|---|
| 活动总结能力练习 1 | | | | |
| 活动总结能力练习 2 | | | | |
| …… | | | | |

【推荐资源】

1. 吕璞. 例谈工作总结写作的三重境界［J］. 秘书之友，2022（5）：22–25.

2. 陈霞. 打造余音袅袅，言犹未尽语文课堂的策略：浅谈巧妙设计课堂结束语［J］. 才智，2020（10）：148.

# 项目四

# 场景应变能力

诵《诗》三百，授之以政，不达；使于四方，不能专对；虽多，亦奚以为？

——《论语·子路》

教师在教学实践活动以及各种人际交往活动中，往往会面临很多突发状况。面对不同的场景，不同的对象，不同的突发状况，教师要根据临场需要，合理、得体地进行口语表达。

场景应变能力是指教师在面对不同的场景或突发状况时，能根据需要得体表达的能力。历史上，孔子一问多答，曹植七步成诗都是场景应变能力的反映。场景应对能力是教师专业能力的重要组成部分，能够反映教师的综合素质。场景应变能力强的教师能够根据不同的情况，进退有度、从容自如地进行各种口语表达，极富个人魅力，这样的教师往往更受学生和家长的欢迎。

场景应变能力有三个特征:机敏性强、针对性强、关联能力强。

本项目通过“快速应答”“有的放矢”“关联组合”三个任务，对场景应变能力进行专项训练，以期提升教师的临场口语表达能力，做到流畅迅速、有针对性且运用自如。其中，“快速应答”任务重在训练教师口语表达的及时性;“有的放矢”任务重在训练教师对不同场景和对象的判断力，做到更有针对性;“关联组合”任务重在训练教师即时口语表达的思维方式，提升关联能力。

【训练目标】

1. 能够掌握多种方法积累素材，并能将其运用于口语表达中。
2. 在有压力的心理状态下，能够快速、流畅地进行口语表达。
3. 能够判断不同的情境、对象和主题，并根据需要进行合理、得体的口语表达。
4. 学会求同求异、联想想象、发散聚敛等思维方式，辅助进行口语表达。

【重点提示】

1. 机敏性训练
2. 针对性表达
3. 关联思维训练

# 任务一 快速应答

【情境描述】

在语文课堂上，王老师正在讲授鲁迅的小说《祝福》。在提到祥林嫂之死时，同学们都深感同情，不愿看到这样悲剧的结局。于是有同学问，到底谁能拯救祥林嫂？应该怎样救祥林嫂？假设是我们，能不能救祥林嫂，又该如何拯救祥林嫂？这些问题都是在王老师教学计划之外的内容，但现在他必须对这些问题进行快速、及时地应答，以达到引导和教育学生的目的。那么王老师应该如何快速、从容地应答呢？

类似的课堂情境还有很多，都需要教师具备快速应答能力。

## 活动一 语言积累——“调兵遣将”

【能力解析】

语言积累是教师口语表达的前提，没有语言积累，就没有熟练的教师口语表达。孔子曾说：“不学《诗》，无以言。”（《论语·季氏篇第十六》）在春秋战国时期，《诗经》是贵族人际交往活动和口头表达的重要依据，如果没有对《诗经》的诵读与研究，根本没有办法在庄重的场合与他人从容地进行交谈。学习《诗经》的过程，就是一个语言积累的过程。然而语言积累是一项复杂、庞大的工程，它所需的时间较长，包含的内容较多，似乎很难进行针对性训练。但其实只要抓住重点，就可以以点带面，达到“四两拨千斤”的效果。

语言积累最重要的两个方面如下。

一是词语的积累。顾振彪先生曾经说过：“语汇是语言的基础，使用语言能力的高低，在相当大程度上决定于掌握语汇能力的高低。”[①] 从具体方法上来说，可以对词语进行分类积累，例如通过日常用语积累，增加语言表达的丰富性和生动性；通过专业用语积累，增加语言表达的准确性和科学性。

二是事例的积累。在课堂教学的口语表达中，教师常常需要援引各种事例来证明自己的观点。但有些教师在讲课时，往往捉襟见肘，找不到恰当的案例，只能进行抽象的讲解，这就是日常事例积累不够导致的。教师在讲课时要达到“信手拈来，纵横捭阖”的程度，就需要有意识地进行观察和阅读，同时分门别类地积累不同的事例，包括日常生活的各种现象，与所授学科相

① 顾振彪. 关于中学语言知识教材的反思与设想［J］. 课程·教材·教法，2013，33（1）：46-51.

关的名人学者案例、国外国内大事、典故趣闻等。

基于此，语言积累训练将会专注于词语和事例的积累，并希望借此培养教师的语言积累意识，构建完整的语言表达体系，为教师的口语表达打下坚实的基础。

【典型练习】

一、词语积累练习

1. 将全班学生分为两组，进行词语接龙练习，词语接龙多的一组胜出。
2. 请说出带“风”字的成语，说得越多越好。
3. 请说出 5 个与“努力上进”相关的成语，并且不可重复。

二、事物名称积累练习

请结合自己所学的专业，说出与本专业相关的 10 个专业术语。

■【练习提示】

1. 多认识事物，积累表示事物名称的词语。
2. 多观察事物，积累描绘事物的词语。
3. 多了解专业，积累本专业的专业术语。

【变式练习】

1. 请说出关于人的智慧的 5 条谚语、歇后语以及 5 句诗句等。
2. 请口头讲述一位本专业名人学者的故事，不能与他人重复。

■【练习提示】

1. 进行大量阅读，在阅读中积累事例。
2. 观看影像资料，在观影中积累事例。
3. 多与他人进行沟通交流，在日常生活中积累事例。

【拓展练习】

某位老师为了调动学生的积极性，准备讲一个勤奋学习的故事来激励同学，如果你是这名老师，你准备分享什么故事呢？

■【练习提示】

1. 在听他人讲述故事时，要注意及时记录，并进行积累和复习。

2. 复述他人所讲的故事是一种非常有效的学习和积累方式。

【能力检测】

请根据上述方法和提示，以小组为单位，说出三个与爱国相关的经典事例，运用表 4-1 进行语言积累能力的评析，并根据评析结果进一步提出优化改进策略。

表 4-1 语言积累能力评析表

| 指标（分数） | 词汇丰富（4 分） | 用语专业（2 分） | 表达生动（3 分） | 叙述流畅（1 分） | 总评（10 分） |
| --- | --- | --- | --- | --- | --- |
| 语言积累能力练习 1 | | | | | |
| 语言积累能力练习 2 | | | | | |
| …… | | | | | |

【推荐资源】

1. 夏云陶. 词语积累的多元价值［J］. 新世纪智能，2022（28）: 47.

2. 林莹莹. 新高考背景下语文教学中文言词语积累的研究［J］. 新教育，2021（2）: 17-18.

## 活动二 敏捷反应——“快问快答”

【能力解析】

教师在课前需要对课堂的教学内容、流程和时间进行安排设计。然而在以教育对话为主的教学实践中，往往会发生教学计划外的突发状况，使教师无法严格按照自己的教学计划进行，有时候突发状况甚至会完全脱离教学计划。这就要求教师不仅要有丰厚的学养，也要具备敏捷的反应能力，这些特殊的教学能力称为教育机智。

如何培养教师敏捷的反应能力呢？首先是心理上的建设，即在教育情境中，不管遇到什么样的问题，都不要慌乱，要保持冷静。其次是要进行有针对性的训练，在掌握思维技巧的同时，不断克服紧张感，达到在心理高压状态下也能自如且合理甚至有创造性地调动知识的效果，这也是敏捷反应训练的原理。本活动强调的是教师思维反应和口语表达的速度，所以要特别训练思维和语言的同步性，教师要在没有任何准备的情况下，能够不假思索，依据已有的思维路径形成条件反射，即时生成口语表达。

【典型练习】

1. 两人一组，每人在 3 秒之内按轮次说出一种动物的名字，互相之间不可重复。

■【练习提示】

教师要善于给自己积极的心理暗示，在进行即兴反应时，也不要慌乱，保持镇定。在思维上，教师可以对所要说的动物名字进行大致分类，例如飞禽类、猛兽类和水生类。之后按照顺序依次说出各个类别里的动物，这可以保持思维的有序性和逻辑性。在方法上，教师可以“见机行事”，当对方说出某种动物的名字时，能够迅速联想到其他相关的动物。例如“老鹰”“老虎”，都有“老”字；“老鹰”“小鸡”，可以联想到“老鹰捉小鸡”。

2. 以小组为单位，一位同学任意说出一个短句，另一位同学按照对偶要求接出下句，之后再说出新的句子，让下一位同学继续按要求进行接龙。每位同学限时 5 秒。

例如：

A 同学：老虎不能上树——

B 同学：鸭子可以下河，抓鱼要下水——

C 同学：伐木得上山，上学要起早——

D 同学：读书须用功，……

■【练习提示】

对偶训练可以训练教师的反应能力。进行本活动之前，首先要了解对偶的基本要求，例如句子的字数、词性等要一致；其次要善于根据前句进行引导性思考，运用知识储备，迅速展开联想。

3. 两个同学进行快问快答：一位快速提问，另一位立即回答。

例如：

（1）请问你认为做人最重要的品质是什么？

（2）为什么这种品质是最重要的？

（3）拥有这种品质的人都会有一些什么样的表现？

（4）你有什么样的缺点？

（5）面对这些缺点，你打算怎么做？

（6）你觉得金钱重要吗？

（7）为什么你觉得金钱重要 / 不重要？

……

■【练习提示】

在听到对方的问题后，要立刻做出回答，在第一时间给出答案，在刚开始训练时，不要害怕自己的答案是错误的。

养成一边表达一边思考的习惯，一边思考给出答案的理由，一边确立接下来要表达的重点。

在表达的过程中，要围绕重点，调动词语进行补充说明，语言尽量保持流畅。

## 【变式练习】

1. 请说出下列词语的反义词，限时 5 秒。

① 门庭若市——

② 唯我独尊——

③ 亦步亦趋——

④ 自由自在——

⑤ 惊涛骇浪——

⑥ 五谷丰登——

⑦ 繁荣昌盛——

■【练习提示】

要锻炼自身快速反向思维的能力，首先要快速理解词意。在此基础上，迅速在自己的记忆中进行搜索，找到与示例词意相反的成语。

2. 正话反答。请根据实际情况，快速给出与下列问题相反的答案。

① 一年中最冷的季节是哪个？

② 你是长头发还是短头发？

③ 你最喜欢的食物是什么？

■【练习提示】

反向思考要打破自己固有的思维习惯。首先，要提升自己的专注力，抓住对方问题的关键词；其次，在听到问题的同时要立即进行反向转化，例如“冷”对应“热”，“长”对应“短”，“喜欢”对应“讨厌”等；最后立即进行信息筛选，给出与问题完全相反的回答。

【拓展练习】

某中学现在需要招聘新教师，假设你作为一名应聘者，将如何立刻回答面试官的以下问题？

① 请简单地介绍一下你自己。

② 你有什么样的缺点？

③ 谈一谈你人生中的一次失败经历。

④ 在与学生意见不一致时，你会怎么处理？

⑤ 你认为自己为什么能成为一名优秀教师？

⑥ 对你来说，学习上最大的动力来自哪里？

■【练习提示】

在听到问题后，立马在脑海中形成答案的关键词；围绕这些关键词，调动语言，对关键词进行补充，形成合理表述；善用“首先”“其次”“然后”等顺序词作为提示，做到层次清晰，逻辑合理。

【能力检测】

给你 5 秒钟的思考时间，请针对下列问题向同学即兴发表自己的看法，运用表 4-2 进行敏捷反应能力的评析，并根据评析结果进一步提出优化改进策略。

1. 有人说教育是一种唤醒，你怎么看待这种观点？

2. “没有教不会的学生，只有不会教的老师。”你同意这样的说法吗？为什么？

表 4-2　敏捷反应能力评析表

| 指标（分数） | 反应敏捷（5 分） | 对答如流（2 分） | 表达得体（3 分） | 总评（10 分） |
| --- | --- | --- | --- | --- |
| 敏捷反应能力练习 1 | | | | |
| 敏捷反应能力练习 2 | | | | |
| …… | | | | |

【推荐资源】

1. 钟斌. 培养思维敏捷性的策略探索［J］. 中学语文，2020（15）：79-81.

2. 张桂侠. 语文教学与提升思维的敏捷性［J］. 中学语文教学参考，2021（24）：23-24.

## 活动三　即兴表达——“唇枪舌剑”

【能力解析】

由于教学实践的即时性和复杂性，教师在课堂上常会遭遇突发状况，例如学生的质疑和追问，或者遇到某些需要及时进行表扬或纠正的情形，这时就需要教师立即反应，通过即兴表达来解疑释惑，进行正确的引导。此外，在教学研讨会、家长会、教师座谈会等场合，教师往往也需要进行即兴口语表达，用来传递信息、分享经验、交流思想。

即兴表达，也称即席说话，是表达者事先未作准备，在临场中因时而发、因事而发、因景而发、因情而发的一种语言表达方式，也是难度最大、要求最高的一种语言表达方式。即兴表达是教师专业能力非常重要的组成部分，能够在很大程度上反映教师的专业素质和综合素养。

即兴口语表达可以分为主动即兴表达和被动即兴表达两类。主动即兴表达，是指教师有一定的想法和准备，选择主动进行口语表达，通常表现为“有感而发”。被动即兴表达，是指教师完全没有任何准备，又必须要进行的口语表达，例如学生、家长突然的提问，以及其他各种被随机选择的发言。

【拓展阅读】
提高即兴演讲能力的五大因素和策略

虽然即兴口语表达的运用场合多、能力要求高，但在教育教学实践中，教师易忽略对即兴表达能力的训练，认为这是一种“天生的”能力。实则不然，这仍然是后天教育实践的结果。即兴口语表达的重点在于教师的观点明确、逻辑清晰、表达流畅，通过即兴陈述、即兴演讲、即兴辩论等训练方式，可以有效提升教师的即兴口语表达能力。

【典型练习】

学生小王准备从一个两米的高台上跳下，因此引来了同学的围观，他认为这是一件很“勇敢”的事情。假如你是小王的老师，现在要对他进行教育，引导他思考什么是“真正的勇敢”，你会说些什么。

■【练习提示】

1. 明确题目要求，确定需要进行阐述的角度和主题。
2. 确定具体的阐述对象，迅速生成关键词，围绕关键词进行补充。
3. 尽量做到条理清晰，逻辑合理。

【变式练习】

学校举行青年教师即兴演讲比赛，假设你作为一名青年教师，抽到的演讲题目为“青春”。请你以“青春”为主题，进行三分钟的即兴演讲。

■【练习提示】

1. 首先明确主题，并细化演讲方向。以本次练习为例，主题明确为“青春”，演讲方向可以有“青春的美好”“青春的烦恼”“如何珍惜青春”等。

2. 根据演讲方向，确定主要论点。

3. 围绕论点进行材料补充，以作为证据支撑论点。

4. 注意演讲结构，可采取“总－分”或者“总－分－总”的形式，使演讲能够条理清晰，思维顺畅。

【拓展练习】

在学校举行的辩论赛中,你抽到了“金钱是不是万恶之源”这一辩题。请你与同学分别扮演辩论队的两方，一人持正方，一人持反方，就此辩题进行辩论。

■【练习提示】

1. 辩论首先要对辩题进行定义。以本次练习为例,首先要明确什么是“金钱”，以及什么是“万恶之源”。

2. 明晰了相关定义后，根据所持方的意见，确定分论点，并围绕分论点补充材料。

3. 站在对方的角度进行思考，考虑对方会如何确立他们的分论点，并提前做好反驳准备。

4. 在对方发言的过程中保持高度敏锐，善于发现对方逻辑上的漏洞。

【能力检测】

有同学认为“学习主要靠的是天赋”，但是你不同意这一观点，你会如何反驳？尝试向同学进行表述，运用表 4–3 进行即兴表达能力的评析，并根据评析结果进一步提出优化改进策略。

表 4-3　即兴表达能力评析表

| 指标（分数） | 观点明确（4分） | 逻辑清晰（4分） | 表达流畅（2分） | 总评（10分） |
|---|---|---|---|---|
| 即兴表达能力练习 1 | | | | |
| 即兴表达能力练习 2 | | | | |
| …… | | | | |

**【推荐资源】**


1. 于佳鑫，王晓. 试论即兴口语表达的语言核心素养［J］. 文教资料，2021（24）: 9–12.

2. 叔翼健. 即兴口语表达教学与训练体系思考［J］. 新闻研究导刊，2021，12（1）: 33–35.

# 任务二 有的放矢

【情境描述】

作为班主任，张老师在学校中总是需要处理不同的事务。在一次班主任会结束后，张老师需要向本班同学传达学校本周的教学安排，但是他发现，如果自己只是生硬地念出会议纪要，学生的注意力很快就会分散。因此根据学生的情况，教师需要采取相对应的表达方式，也就是说，在进行口语表达时，要“因人而异”，这样的表达才更加具有针对性，达到更好的效果。

那么张老师应该采用怎样的说话方式，去实现更好的沟通交流效果呢？下面让我们通过训练，来提高自己在口语表达时所需的针对性能力吧！

## 活动一 情境判断——“因地制宜”

【能力解析】

作为一种言语活动，教师口语表达直接受到时间、地点、场合等情境因素的影响，这些因素制约着教师口语表达的过程与效果。因此教师在表达之前需要对此进行思考判断，以适应不同情境下的口语交际需求。

教师在教育教学中所遇到的口语交际情境一般可以分为两类，一类是正式情境，例如课堂讲授、会议发言、全校演讲、事务谈判等，这类情境对于教师口语表达的精确性、流畅性提出了一定的要求；另一类是非正式情境，例如课后时间与学生的交流，这一类情境更为宽松随意，教师进行口语表达的方式自然也跟正式情境不尽相同。一个擅长口语表达的教师一定是一个善于判断自身所处情境的“阅读者”。如果教师在口语表达时没有关注到情境因素，就有可能达不到预想中的表达效果，甚至适得其反。在进行情境判断时，要注意以下四个方面：

1. 公众场合要把握分寸。也就是在公众场合进行口语表达时，要注意维护对方的自尊心，不要随便说出对方的不足之处，否则会让对方心理失衡，有意制造或加剧双方之间的矛盾。

2. 人多的场合要谨慎。每个人都会有自己不同的立场和角度，在进行口语表达时，所说的话越多，暴露的问题越多，引发的误会和偏见就可能越多。因此在进行口语表达时，要多加思考，发言要谨慎，同时要照顾在场的大多数人，不能搞“一言堂”，也要给他人进行口语表达的机会。

【拓展阅读】
说话看场合

3. 正式情境要得体。语言幽默可以活跃氛围，但在正式情境中就可能会显得随意无礼，所以要根据交际情境的正式程度进行口语表达，在正式场合下，用语要恰当。

4. 要注意情境的氛围。进行口语表达之前要观察所在场合的氛围，如果是喜庆愉悦的氛围，在口语表达时，选择喜闻乐见的话题，言语要令人轻松愉悦；如果处于悲伤难过的氛围中，在口语表达时就要话中带情，具有同理心。

【典型练习】

假设你是一名青年教师，请完成以下两个情境中的口语交际练习。

情境一：开学之际，学校希望你作为教师代表在开学典礼上进行简短的发言，围绕“新学期、新气象”的主题向全校师生表达你对于新学期的展望。

情境二：在下课休息时间，你将班里的一部分同学叫到办公室，准备询问他们是否有意愿担任班干部，并告诉他们担任班干部所需要的注意事项。

■【练习提示】

第一步，通过口语交际地点、口语交际对象及人数、口语交际意图等要素判断当前口语交际场景属于正式/非正式情境。例如，多人会议就是一种较为正式的情境，师生私下谈话则属于非正式情境。

第二步，根据不同的口语交际情境选择合适的表达方式，注意不同的情境下用词、语气等方面的区别。

【变式练习】

在下面三个不同的情境中（扫描二维码可阅读），你会如何讲述同一个故事，请进行模拟口语表达。

情境一：在年级例会上，在广播站上面向全年级师生进行播报。

情境二：在期中考试前的班会课上，鼓励同学们在考试中取得优异成绩。

情境三：在期中考试后的师生谈心时，安慰班级中考试成绩不太理想的同学。

【拓展阅读】
情境判断故事

■【练习提示】

第一步，在进行情境判断以及语体选择后，教师需要根据不同的情境来选择自己的口语表达风格以及口语表达方式。不同的情境中，社交氛围不同，口语表达风格以及表达方式也应该有所调整。在氛围较正式的情境中，教师的口语表达风格以及语气应当较为严肃，在非正式情境中，教师的口语表达风格以及语气则可以相对较轻松、明快。

第二步，缩短思考时间，在头脑中快速组织语言。

## 【拓展练习】

假设你作为一名班主任，需要在学校的教师会议、家长会、班会上解释班级的规章制度（如二维码所示），请选择合适的方式进行口语表达。

【拓展阅读】
高二（21）班班规

■【练习提示】

加强对情境的判断能力，明确自己口语交际的意图，如果是在较为正式的会议中，如学校的教师会议、家长会，需要注意口语表达时语气的严肃、用词的严谨；如果是在相对轻松的情境中，如班会课，需要注意语气的多变、句式的灵活。

## 【能力检测】

假设你是一名班主任，请你将下面一则新闻（如二维码所示）在班会课上讲述给学生（由同学扮演），提醒他们在娱乐时要防止沉迷，进行合理消费，运用表4-4进行情境判断能力的评析，并根据评析结果进一步提出优化改进策略。

【拓展阅读】
防止沉迷娱乐，
进行合理消费

表4-4　情境判断能力评析表

| 指标<br>（分数） | 情境判断准确性<br>（5分） | 语言表达适应性<br>（5分） | 总评<br>（10分） |
|---|---|---|---|
| 情境判断能力练习1 | | | |
| 情境判断能力练习2 | | | |
| …… | | | |

## 【推荐资源】

1. 张玥．“话语形式—请求交际意图”的得体对应模式建构［J］．语言与翻译，2021（3）：32-39.

2. 郭笑甜．意义·意图·言外之意：格莱斯意义理论简析［J］．现代语文，2019（5）：181-186.

## 活动二　对象判断——“看人说话”

【能力解析】

教师口语是一种听说沟通与双向反馈的交际活动，除了受到情境因素的影响外，还受到交际对象的制约。因人而异是教师口语表达中的一项重要原则，面对不同的对象，表达不同的话语，选择不同的表达方式，才能够灵活应对口语交际中遇到的问题，达到口语交际的目的。

教师所面对的往往不是固定的交际对象，而是众多性格不同、成长背景不一、身份存在差异的人，因此在充分了解交际对象的基础上，要学会在表达时因人而异，哪怕面对同一个年级甚至是同一个班级的学生，教师口语表达的方式、语气等也需要依据学生的不同个性呈现出变化，不能用相同的话语来应对所有的学生，在口语表达上也要“因材施教”，充分发挥语言的育人功能。

面对不同的口语交际对象，语言表达得体是第一要务。口语交际对象的年龄、身份影响着人们的表达方式。例如，面对年长的人，在表达时要谦逊，多用谦辞和敬语；与同龄人或者年轻人说话时，可以更加轻松随和、风趣幽默；与性格内向的学生交流时，语言要委婉，语气要亲切，语速适当放慢；与性格外向的学生交流时，表达要积极，可直截了当，简洁明快。

【典型练习】

假如你是某校高一年级的一位新手数学教师，在即将开启教育生涯时，你的内心有一些疑问与不安，因此，你希望向年长且经验丰富的教研组组长请教教学经验，你会如何表达自己的想法呢？

■【练习提示】

第一步，明确口语交际对象的特点，判断其年龄、身份、职位等。

第二步，思考面对此类交际对象时，应当使用什么样的语气、措辞等，用 2~3 分钟的时间在脑海里组织语言。

第三步，将其完整地表达出来。

【变式练习】

假如你是某班的英语老师，在新学期来临之际，为了提高学生学习英语的兴趣，你希望在校内举办一次英语话剧表演比赛，为此你需要做以下三件事情：将自己的想法告诉学校校长，征求其建议；通知班级学生，鼓励他们踊跃参加比赛；告知学生家长，邀请他们来校观摩。面对不同的对象，你将如何表达？

■【练习提示】

在与他人进行沟通交流的过程中，交际对象的理解能力、性格特点等因素都会影响教师的表达方式，因此除了在一开始要明确交际对象的年龄、地位、身份等外，还需要在交流过程中不断观察交际对象的特点，调整自己的表达方式。

第一步，分析和比较交谈对象的不同特点、理解力、心理诉求和注意力特征。

第二步，确定与不同交谈对象的交流目标、重点和方式。

第三步，选择恰当的时间和场合进行交流 。

## 【拓展练习】

假设你是某校某班的任课老师，在某一堂课结束后，班上有两位同学都向你提出了同一个问题，表示他们没有听懂本节课的内容，为此担心自己能否跟上教学进度，请求你为他们再讲解一遍。两位学生的情况不同，一位学生平时性格较为开朗、学习基础较好，另一位学生性格相对比较沉闷、学习基础较薄弱，那么你将如何与这两位同学进行交流?

■【练习提示】

作为一名教育者，教师一定要注意自身口语表达对于学生的影响。教师首先需要根据平时对两位学生的了解，判断其性格特征和学习能力等，再据此来确定表达方式。例如，面对学习基础较薄弱的同学，教师在回答问题时，应当选择更为平实、通俗的表达风格。

## 【能力检测】

假如你是一名教师，学校即将举办元旦晚会，请你打电话邀请来自其他学校的教师、学生家长等校外人士（由同学扮演）进校观看学生表演，提醒他们入校的注意事项，使用表 4-5 进行对象判断能力的评析，并根据评析结果进一步提出优化改进策略。

表 4-5　对象判断能力评析表

| 指标<br>（分数） | 对象身份判断准确<br>（4 分） | 自我角色定位清晰<br>（3 分） | 语言表达得体<br>（3 分） | 总评<br>（10 分） |
| --- | --- | --- | --- | --- |
| 对象判断能力练习 1 | | | | |
| 对象判断能力练习 2 | | | | |
| …… | | | | |

## 【推荐资源】

1. 樊怡. 浅析语用学中的言语交际原则［J］. 文教资料，2019（22）：25-26.
2. 曾文斯. 关于语用学中礼貌原则的思考［J］. 现代交际，2020（8）：62-63.

## 活动三　主题聚焦——“牛头马嘴”

【能力解析】

语言是思维的外壳，任何时候进行口语表达，都是为了实现某种交流目的，包括讲解知识、传递信息、交流情感、表扬批评等。为此，在口语表达时要有明确的主题，如果观点不清晰，主题不明确，只顾随心所欲地漫谈，表达内容之间的关联度不高，就会出现表达得越多，听者越觉得“不知所云”的情况。

教师要具备主题聚焦的能力，这是一种能够在口语表达中，时刻围绕自己所要传达的中心主题，厘清逻辑思路，选择表达内容，以实现交流目的的口语交际能力。这种能力要求教师首先要有明确清晰的目标，然后确定口语表达的主题。一旦主题确定，所有的表达内容就都要围绕主题展开，口语表达要选择最有特征和代表性的材料来说明、突出、烘托主题。

主题聚焦需要注意以下四个方面。

一是观点要明确。清楚自己要表达的内容，不能思维混乱，模糊不清。

二是表达的内容要有所筛选。对可能涉及的材料进行取舍，再精彩的内容，若离题万里也要舍去，否则会让人感到莫名其妙，不明就里。

三是语言要有指向性。口语表达的每一句话都要清晰地指向核心观点，并且能够说明或凸显主题，不能可有可无，更不能干扰和影响主题的表达。

四是方法具有多样性。在口语表达中，可以主题先行，然后再多角度、多层次地展开说明，使主题得到进一步的呈现。也可以“聚沙成塔”，有机地罗列分散的材料，最后再点明观点，揭示主题。

【典型练习】

请根据自身所处的环境，选择一个话题与同学进行交流，例如，我的家乡、我喜欢的季节、我熟悉的地方、社会公德、对环境保护的认识等，要求主题明确，内容完整，限时 3 分钟。

■【练习提示】

第一步，分析问题，快速明确自己想要表达的中心主题，用一句话说明本次表达的重点。

第二步，选择材料，辨别头脑中的语言素材是否适合本次表达的重点。在刚开始练习时，可以将自己想到的语言素材写下来，再对其逐一进行选择与思考。

第三步，组织内容，将自己已有的观点与材料按照清晰的逻辑思路组织起来。在进行表达前，可以列出书面提纲，采用层级罗列或思维导图等形式提示自己后续的表达内容。

【变式练习】

以 8~10 人为一个小组，让其中的 5 个人作为表达者，围绕“手机对于当代人的影响”这个话题展开阐述，表达自己的观点，另外的 5 个人可以在其中一个人表达结束之后提出干扰主题，例如“手机的功能”“手机的更新迭代”，下一位表达者需要从这个干扰项“绕”回到“手机对于当代人的影响”，以保证自己所要表达的内容不偏离主题。

■【练习提示】

通过抓住关键词、概括主要信息等方式，在头脑中快速思考当前话题的核心内容，并判断此内容是否偏离主题。当所表达的内容偏离主题时，应立即将其拉回到正题上，使之“言归正传”，防止跑题。

【拓展练习】

假设你是某班的班主任，学校运动会举办在即，你准备用 3 分钟的时间在课堂上进行演讲，激励学生积极参与学校的运动会。有两个主题供选择：一个主题是“勇于挑战自我”，另一个主题是“为他人喝彩”。

请问这两个主题的区别是什么？在口语表达时应分别表现哪些内容？运用哪些材料？请选择其中一个主题完成口语表达练习。

■【练习提示】

第一步，观点先行。明确自己表达的目的以及所要传达的中心观点，可以在演讲一开始时就提出自己的观点。

第二步，条分缕析。分段展开所要表达的内容，明确每段内容的分论点。可以在每段开头通过重复中心观点的方式提示自己所要表达的重点，排除头脑中可能产生的干扰。

【能力检测】

针对以下两个问题，在每个问题上选择其中一个立场，假定你是正/反方，向同学论述自己的观点及理由，运用表 4-6 进行主题聚焦能力的评析，并根据评析结果进一步提出优化改进策略。

1. 你认为在学习过程中天赋重要还是努力重要？

2. 你认为社交媒体让人与人之间的关系更加亲近还是更加疏远了？

表 4-6　主题聚焦能力评析表

| 指标（分数） | 主题明确（3分） | 重点突出（2分） | 结构均衡（2分） | 论据有力（3分） | 总评（10分） |
|---|---|---|---|---|---|
| 主题聚焦能力练习 1 | | | | | |
| 主题聚焦能力练习 2 | | | | | |
| …… | | | | | |

【推荐资源】

1. 钟晓霞. 学会更好地说话：谈谈“即兴口语表达”[J]. 西部广播电视，2018（13）：101−102.

2. 王洋. 口语表达技巧与声音训练[M]. 北京：清华大学出版社，2013.

# 任务三
# 关联组合

【情境描述】

李老师是一位有着多年教龄、在教学上擅长循循善诱的中学语文教师。一个周末的早上，李老师被“咚咚咚”的敲门声叫醒，原来是住在隔壁的琳琳，她是某中学的一名初三学生。琳琳的语文老师布置了一篇作文作为周末作业，题目是《有趣的奶奶》。琳琳问李老师：“李老师，您说我写点啥好呢？奶奶和我朝夕相处，我对她太过熟悉，而且作为一名七十多岁的老人家，她对新鲜事物一窍不通，我实在想不出有啥有趣的内容可写。”李老师灵机一动，问道：“我昨天看你带奶奶去楼下新修的公园散步了，回家后奶奶有没有说新公园怎么样？”琳琳突然捧腹大笑：“她不知道新公园墙上贴的是什么，我说叫‘马赛克’。她说：‘马儿多？墙上还能赛马啊？’”李老师说：“瞧，这就是很好的素材呀！你再想一下，奶奶还闹过什么笑话没有？”“有啊有啊，她闹过好多笑话呢！”接着，琳琳给李老师讲了好几个奶奶闹过的笑话……

由生活中的一个笑话，联想到另外几个笑话，这就叫关联。把所想到的几个笑话连接起来，就构成了主题明确的表达，这就是组合。口语表达如同写作，都需要随时展开“关联组合”。

## 活动一　求同与求异——“大同小异”

【能力解析】

求同与求异是指倾听者对表达者持有的观念进行快速比较，寻找出其表达的若干观点之间的相同之处与不同之处。教师与学生交流的过程中，在遇到矛盾、分歧时，要学会运用关联组合的思维认识问题，面对矛盾、分歧，通过“求同存异”的方式去思考分析，最终找到恰当的解决途径。

不管在什么情境下求同与求异，重点都是把握对方见解，深入理解对方意思，并寻找出其观点的有用信息和参考价值。在分析对方的想法时，也应快速寻找出其所表达的观点间的相同点和不同点。倘若不能准确地把握异同，就很难搭建思想交流的通道，在对话中容易产生障碍，出现“鸡同鸭讲”的状况。

如何提升求同与求异能力呢，主要有以下三点。

首先要提升理解力。俗话说“听鼓听音，听话听音”，有时人们所表达的并不一定是内心所想的，因此要能迅速解读话语的表层意义和深层含义，并从话语中分析对方表达的角度和思路，概括对方表达的总论点、分论点。

其次要善于比较，在听起来不同的表述中，可能包含着相近的意思；在较为近似的表达中，可能有着迥然不同的观点，这时可以采用“合并同类项”的方式去求同与求异。

最后要学会分析原因，异同是表象，要根据表象追根溯源，找到缘由才能更好地消除交流障碍，搭建通道。

【典型练习】

请根据以下材料，概括两位同学的观点，找出其中的异同点。

在某中学的地理课上，王老师说：“同学们，你们从小到大去过许多不同的城市，请和大家分享一下你最喜欢的城市，并说说为什么喜欢它。”

同学甲：我最喜欢的城市是重庆。重庆地处祖国的西南方，多山地，所以重庆很多道路都是弯弯曲曲的，上下而行，每次走在路上就像一次次小冒险，这种体验对于以前生活在中原地区的我而言，真是刺激而兴奋。重庆还有一个特点就是“热”！夏天最高气温可达 43.8℃，因此，重庆与武汉、南京并称长江流域的三大“火炉”；重庆人性格也很“热”——热情耿直，走路都带风。还有，重庆的火锅特别好吃，麻、辣、鲜、香，享誉全国。

同学乙：我最喜欢的城市是成都。成都是一座宜居之城，位于四川盆地的西南方向，一年四季气候湿润，有着天府之国的美誉。成都的生活节奏缓慢，是一座休闲之城，走在成都的大街小巷，茶馆无处不在，河边院坝、城市乡村，只要有人的地方就有茶馆。成都小吃众多，是一座美食之城，但是成都美食大多和“辣”有关，麻辣串串香、麻辣火锅、麻辣鱼、泡椒凤爪、红锅黄辣丁、辣汁泥肠、蕨根粉等，非常符合我的口味！

■【练习提示】

迅速提取话语中的主要内容，找到关键词，通过关键词归纳出异同点，并思考各自的表达角度。然后根据记录的关键词，用自己的语言表达出来，必要处可进行补充说明。

【变式练习】

在下面这个案例中，小强的本意是什么？教师的开导能促进二人之间的交流吗？你觉得师生之间应该如何交流，才能求同存异，最大程度地达成共识？

小强是语文课代表，他一下课就冲进班主任王老师的办公室，对他说：“我不想当语文课代表了！”“为什么？”王老师问。“我理解不了李老师的想法，他太随心所欲了，昨天说好要举行朗诵比赛，我好不容易在班里协调好全部同学，分好小组，同学们已经开始练习了。今天，李老师说要把朗诵比赛换成手抄报比赛。我不知道该怎么向同学们解释这件事，感觉自己没办法当语文课代表了！”小强抱怨地说。

“这不正是语文课代表应该做的事吗？我觉得你可以继续为同学们好好服务，如果你不知道如何向班里的同学讲，可以让李老师来帮助你。”王老师开导小强。

■【练习提示】

在任何一段话中，通常会包含表达者三个方面的意思：一是客观事实，二是主观认知，三是蕴含的情绪。客观事实即实际发生了什么；主观认知是表达者对客观事实的认识和看法，即其感受到的事实；蕴含的情绪是表达者在表达话语时所蕴含的感情。很多时候，表达者并不会用语言直接表达自己的情感，而是通过表情、语气、用词等流露出来。所以在找异同点时，还需要注意外在事实和内在情绪之间的关系，找到隐藏在情绪背后的表达者的本意，从而更准确地找到异同点，更好地搭建起双方交流的桥梁。

【拓展练习】

在下面的案例中，老师是如何把学生从对天气的关注转移到对课程的关注上来的？

某天下午，正好有两节作文课。张老师刚走进教室，窗外就下起了大雨，阵阵狂风夹杂着灰尘与纸屑漫天飞舞，在空中打着旋儿，学生顿时被窗外的景象吸引，当班长喊“起立”的时候，还有很多学生不自觉地望向窗外。

张老师此时控制住自己的情绪，发现当天的写作教学任务正好是描写。于是他对学生说：“稍息，立正，全体都向右看。”这个举动让学生大吃一惊。数秒钟后，他才让学生坐下，之后便大声地背诵：“云还没铺满了天，地上已经很黑，极亮极热的晴午忽然变成黑夜了似的。风带着雨星，像在地上寻找什么似的，东一头西一头地乱撞。北边远处一个红闪，像把黑云掀开一块，露出一大片血似的。风小了，可是利飕有劲，使人颤抖。一阵这样的风过去，一切都不知怎好似的，连柳树都惊疑不定地等着点什么……”[①] 学生吃惊地望着张老师，再没有人看向窗外，他们已经听出张老师背诵的这一段内容描写的是什么景象了。于是，张老师顺势问：“大家觉得老师背诵的这一段暴风雨写得好吗？是不是很形象地写出了你们刚

① 老舍. 骆驼祥子：插图本［M］. 2版. 北京：人民文学出版社，1962：263.

才所看到的情景？”学生们忙不迭地点头。“如果让你们描写，你们能写得这么形象吗？”张老师追问道。学生们听后摇了摇头。张老师接着说：“我刚刚朗诵的是著名的语言大师老舍先生在他的小说《骆驼祥子》中的一段描写，老舍先生为什么能把暴风雨来临时的情形描写得这样传神呢？这节课，我们就来学习一下环境描写的方法，如果学会了，大家也试着把今天的狂风景象描写一下，打开课本……”大家整齐划一地打开了课本。接下来，这节课没有一个学生再分神。

■【练习提示】

“关联组合”不仅可以发生在表达者之间，将彼此的观点进行异同联系，也可以发生在教学实践中，将场景和教学内容相互关联。如果一个教师善于利用外在环境或条件为自己的教学服务，就可以让教学内容得到延展，使其更具现场感、趣味性和生动性，这也是教师需要掌握的一种应变能力。

## 【能力检测】

找出下列两段话中的异同之处，运用表 4-7 进行求同与求异能力的评析，并根据评析结果进一步提出优化改进策略。

1. 在语文课堂上，罗老师问大家：“在中国古典诗歌中，‘雁’和‘鱼’的意象常常一起出现，例如杜荀鹤诗云‘垂纶雨结渔乡思，吹木风传雁夜魂’，又如晏殊词云‘鸿雁在云鱼在水’，中国成语中也有‘沉鱼落雁’，那么，为何在中国古典诗歌中，‘雁’和‘鱼’常常同时出现呢？”

2. 针对班上部分同学的偏科现象，假设你作为班主任，需要在班上发言，在比较自然学科与人文社会学科的相同和不同之处的基础上，告诉学生（由同学扮演）学好这两类学科的意义。

表 4-7　求同与求异能力评价表

| 指标（分数） | 准确提炼（2 分） | 完整归纳（2 分） | 清晰比较（6 分） | | 总分（10 分） |
|---|---|---|---|---|---|
| | | | 相同之处（3 分） | 不同之处（3 分） | |
| 求同与求异能力练习 1 | | | | | |
| 求同与求异能力练习 2 | | | | | |
| …… | | | | | |

## 【推荐资源】

1. 阮婉珠. 引导类比推理 培养自学能力［J］. 福建教育，2020（26）：45-46.

2. 赵会芳，芦惠君. 引导学生主动参与课堂教学的策略研究［J］. 新课程，2020（22）：6.

## 活动二　联想与想象——“浮想联翩”

【能力解析】

教师在进行口语表达时，如果有丰富的联想和想象能力，则可将不同的知识迅速联系起来，形成“聚合效应”，引发学生的关注，帮助学生理解，让学生可以“举一反三”，形成知识的迁移。同时富有想象力的语言，能激发学生的学习热情和对知识的兴趣，培养创造性思维和创新精神。

联想与想象是指教师根据已有的信息，快速地想到相关的人或者事物的一种思维能力。

联想需要“由此及彼”，即以对方所说的话为“触发点”，根据客观事物之间的联系，快速感知与思考与之相关的事物；想象则是由已有材料重组成新的形象和情境，这需要打破时间和空间的限制，具有创造能力。

如何才能提升口语表达时的联想与想象能力呢？

首先要打破惯性思维。惯性思维是一种定势思维，虽然能够让我们快速反应，但在形成了固化的模式之后，会制约思维的发散和延展，影响表达内容的创新和丰富。

其次要善于多角度地思考问题。认识和理解事物，可从多个角度进行，要突破思维时空的限制，让思维随时处在动态发展之中，不断发现事物之间的关联，尤其是其内在本质的联系，这可以让口语表达“多点开花”，闪现智慧的火花。

最后是不拘泥于形式，掌握联想和想象的不同方法。联想的方法有以下四种：接近联想，即从一个事物联想到同一个时空中与之相接近的事物，例如由春天联想到花朵；类似联想，即从一个事物联想到另一个有相同或相似特点的事物，例如从大海联想到天空；对比联想，即从一个事物联想到另一个与之有对立特点的事物，例如从美丽联想到丑陋；因果联想，即从事物的起因联想到结果，例如从努力联想到成功。想象的类型有以下两种：再造想象，即依据词语描述或图表描绘，在人脑中产生新形象的过程；创造想象，即不借助现成资料，人脑独立构成新表象的过程。不管什么类型的想象，都可运用推理、假设等方法，提高语言表达的丰富性。

【典型练习】

看到下列两组词语，你在头脑中分别想象出怎样的画面？请用语言将其描述出来。

1. 枯藤　昏鸦　古道
2. 五星红旗　山峰　中国

■【练习提示】

可以从词语的内涵、色彩、形态、性状等方面进行联想与想象，将词语所反映的事物在脑海中进行勾勒，再迅速找到这些词语和其他某些事物的关联，把所能想到的事物组合成由模糊到清晰的情景或画面，最后再用语言描述出来。

【变式练习】

请你展开联想与想象，根据自身所学专业回答水在现实生活中的作用，以及未来可能产生的作用。

■【练习提示】

首先回忆水在现实生活中的作用，这需要平时的观察和记忆，调动自身已有经验，对水在各个领域的作用分类进行描述。其次根据自身所学专业，思考可将水的哪些特性和其他事物的特性组合起来，使之产生新的作用，要想象出所应用的画面和场景。

【拓展练习】

教师常常需要引导学生对其未来的职业进行规划。请选择一个你熟悉的职业，对学生展开描述，例如：一个医生的一天，一个生物学家的一天，一个诗人的一天……

■【练习提示】

教师为学生进行职业规划，需要对职业本身有较为深入的了解，在这个基础上，再展开联想与想象，对这个职业所需要的知识，所要做的工作，所要解决的问题展开联想与想象性描述，描述要有画面感，追求的效果要绘声绘色，既要真实再现，也要富有想象力，才能引发学生对未来从事的职业和生涯目标做出合理的抉择。

【能力检测】

学习对每一位学生而言都是必要的，读书的重要性不言而喻，但“读书无用论”的思想却影响到了班上的个别学生，请你从正反两个方面的角度展开联想和论述，告诉学生（由同学扮演）如果不读书会出现什么问题；读书可以让我们过上什么样的生活，对社会和国家带来怎样的帮助。运用表 4-8 进行联想与想象能力的评析，并根据评析结果进一步提出优化改进策略。

表 4-8　联想与想象能力评析表

| 指标<br>（分数） | 丰富性<br>（4分） | 关联性<br>（4分） | 新颖度<br>（2分） | 总分<br>（10分） |
| --- | --- | --- | --- | --- |
| 联想与想象能力练习 1 | | | | |
| 联想与想象能力练习 2 | | | | |
| …… | | | | |

【推荐资源】

1. 林英. 如何在语文读写教学中培养联想和想象能力［J］. 试题与研究，2020（11）：105.

2. 王硕阳，林崇德，孙汉银. 创造性问题解决中的联想能力及其作用［J］. 心理与行为研究，2020，18（1）：8-16.

## 活动三　发散和辐合——“相辅相成”

【能力解析】

发散和辐合都是口语表达背后的思维支撑，强调的是在运用口语进行表达时，思维能迅速展开，也能及时聚合，最后在口语表达过程中紧紧围绕焦点展开论证。

发散性思维的本质是从“一点到多点”的辐散型思维，指表达思路能从一个目标或思维点出发，突破原有的知识圈，从不同角度、不同方向、不同关系中寻求各种问题解决的答案和方法的思维方式。表达者能够以自身的已有知识为基础，链接到其他知识进而形成知识网络。发散思维对于提升教师口语表达的反应力非常重要，能帮助教师迅速找到语言应对场景。

辐合思维的本质是从“多点到一点”的聚合型思维，它是一种求同性思维，是指将许多新的信息围绕中心进行分析、比较、选择、归纳和重新组合的思维方式。它能帮助教师依据过去的经验、知识抓住问题的核心和关键，一针见血地找到解决问题的答案。

如何提升口语表达的发散和辐合能力呢？

首先，在进行口语表达时要寻找思考的路线，可顺着问题的直接指向进行思考；也可从与问题相反的方向进行思考；还可通过联想把已知内容同其他内容联系起来思考……当有了多个思考路径后，语言的发散能力就会增强。

其次，要学会思考多起事件之间的相关性，找到其中的一致点，使多起事件最后形成归一，聚合于某一点。这就需要教师善于收集、掌握各种有关信息，并对信息进行抽象、概括、比较、归纳，当找到了事物之间的共同特性时，最后就能实事求是地得出科学的结论，语言的概括能力也会增强。

最后，发散思维和辐合思维二者是相互补充、相辅相成的辩证关系。在课堂上，教师设置了一个有价值的问题，学生就会进行发散思维，提出各种各样的答案，这时教师就要运用辐合思维，引导学生进行自主分析，从中选择最贴切的答案，最后帮助学生构建完整的知识框架，形成对知识的整合。

【典型练习】 请列举一根筷子有多少种用途，列举得越多越好。

■【练习提示】

训练发散思维，关键是要打破思维定式。这个题目需要运用发散思维，除了考虑筷子的功能作用外，还要把其审美作用、历史作用甚至发生形态变化后可能产生的临时作用纳入思考范围。例如，

1. 首饰作用：清朝时，人们在夏日会把辫子盘到头上，为起到固定和装饰的效果，会用一根筷子固定住。

2. 牙签作用：将一次性便利筷子从中心折断，它就可以成为简便有用的牙签。

3. 刑具作用：古时筷子曾用于刑具。

4. 兵器作用：古时有人踩着筷子练拳，还有人将筷子用于兵器制作。

5. 乐器作用：筷子是乐器的一部分，战国时代，有人会用筷子敲击瓦罐进行即兴演奏，也有后世音乐家用筷子敲击装满水的碗来演奏乐曲。

6. 安全作用：银制的筷子能够检测食物是否具有毒性。

7. 餐具作用：吃饭、夹菜时会使用筷子。

……

【变式练习】 以“多媒体教学资源如何在本学科中更好地使用”为题，在同专业的学生间开展同课异构训练，并综合所有同学的意见，最后形成一个共同的“展示课”。

■【练习提示】

在利用同课异构的方式设计课程时，每个同学可根据自身的不同情况进行发散，对教学目标、设计理念、教学目的、教学过程尽可能多地提出不同的思考和设计。最后将全部同学的教学经验进行归一，找到其中的共同点，最终形成相应课题。

【拓展练习】

请根据已给出的故事的开端和结尾，运用联想和想象补充故事的经过。注意既要根据故事开头的场景进行发散，又要最终能够聚合于故事的结尾。

唐僧师徒西天取经途经蜘蛛精的盘丝洞，洞中有七只蜘蛛精，她们听说吃一口唐僧肉可长生不老，于是便设计捉拿唐僧。无巧不成书，这日唐僧单独化斋被蜘蛛精掳了去。孙悟空寻找师傅时发现了盘丝洞，便混入盘丝洞躲在暗处观察，此时他看到唐僧正被绑在石柱上，七个妖精正在讨论如何吃唐僧肉。孙悟空禁不住怒火中烧，从耳朵上薅下两根猴毛……于是，悟空巧妙地救出了师傅唐僧。

■【练习提示】

根据开头进行合理的联想和想象，故事的进展和高潮可以分成两条线：一条是明线，一条是暗线。创作时，可根据人物的身份和性格进行合理的再创造，大胆设想故事情节，有悬念，有曲折，有高潮，但注意最终要落到故事的结尾上去。

【能力检测】

下列案例如何体现了思维的发散和辐合，请简要说明这给语言表达带来怎样的启示。运用表 4−9 进行发散和辐合能力的评析，并根据评析结果进一步提出优化改进建议。

1. 李老师在一节关于茶文化的课堂上讲到茶最早起源于中国南方山区的茶树，随着中原王朝的扩张向北方快速传播，在不断传播发展的过程中，逐渐形成绿茶、红茶、黄茶、黑茶、白茶、青茶六大茶类。绿茶颜色绿润，芽峰显出，汤色光亮；红茶则滋味纯正甘浓……各具特色。明代末期，在中国各类茶叶各方面发展成熟之后，经荷兰人之手一举传入西欧，首先饮茶最多的是英国，英国人原好喝酒，有了茶叶后，大量提倡饮茶，而且还由英国商人之手转销于美国各地，在 1678 年~1878 年，前后恰为 200 年，其间是中国茶叶独霸世界的时代。

2. 创新在生活中无处不在，请结合自己的所学专业和相关案例，和同学分享应该如何在生活中进行创新。

表 4-9 发散和辐合能力评析表

| 指标（分数） | 发散（4 分） | | 辐合（4 分） | | 交替结合性（2 分） | 总评（10 分） |
|---|---|---|---|---|---|---|
| | 多向性（2 分） | 合理性（2 分） | 涵盖性（2 分） | 集中性（2 分） | | |
| 发散和辐合能力练习 1 | | | | | | |
| 发散和辐合能力练习 2 | | | | | | |
| …… | | | | | | |

**【推荐资源】**

1. 王昌龙，周思言．“先收后发”让学生的发散性思维有的放矢［J］. 中国科技教育，2021（6）：64–65.

2. 严凤平．培养创造性思维有妙招［J］. 中小学心理健康教育，2022（4）：56–58.

# 项目五
# 修饰优化能力

炼辞得奇句，炼意得余味。

——邵雍

教师在完成表情达意的基础之上，还需进一步提升对语言修饰优化的能力，这是一种积极的语言行为。为了追求理想的表达效果，在运用语言材料、选择表达方式时，教师通过调整和优化语言，可以使自己的表达更加生动，例如语言更加动听，形式更加多样，情感更加充沛，并且在语境上更加适切，在效果上更具吸引力和召唤感。

正所谓“意与言会，言随意遣”，教师是根据一定的目的选择和运用语言的，因此在进行语言的修饰与优化时，同样需要考虑教育教学目标。精心选择语言材料，筛选恰当的语言风格，配合恰当的语音语调，采用得体的肢体语言等，都是为了选择适切的言谈对象，最终完成特定的教育教学任务。

修饰优化能力可以从修辞运用、情感表现和态势语辅助三个方面入手，进行相应的训练。修辞运用主要指通过选择语料、调整词句、变通创造、运用辞格、组合话语等方式进行生动、多样和幽默化的表达，以达到优化言语的能力。在此基础之上，教师还可以借助情感表现和态势语辅助提升语言的表达能力：在有声表达上，可以借助语音的轻重缓急、抑扬顿挫，将情感与语音完美结合，做到声情并茂；在副语言表达上，可以借助眼神、手势和表情等态势语进行辅助，使言语、情感和动作能够统一。

【训练目标】

1. 能对语言材料进行选择、加工、创造、构建，优化语言表达力；
2. 能恰当地使用停连、高低、轻重、语调等技巧，提升语言感染力；
3. 能适度地使用眼神、表情、手势等辅助性态势语，增强语言穿透力。

【重点提示】

1. 优化言辞
2. 声随情动
3. 动随意为

# 任务一
# 修辞运用

【情境描述】

某天下午，小陈老师正在教室中上课，突然看到一个学生捧着书正在座位上打瞌睡，班中不少同学也都显出困倦的样子，因此小陈老师中断了评讲。他停留了片刻，幽幽地说道："我忽然不想做老师了。"同学们听后全都一愣，顿时睡意全无，不知道小陈老师葫芦里卖的是什么药。"现代人饱受失眠的困扰，这其中有巨大的商机，我终于找到了一个能赚他们钱的好办法……"听到小陈老师的话，同学们顿时心领神会，课堂一片欢笑。

一句幽默的话语，既能够化解教师上课不能吸引学生的尴尬，也委婉地提醒了瞌睡的同学们，有效地缩短了教师与学生之间的心理距离，同时也保证了后面课程的顺畅进行。试想，如果小陈老师换一个办法：看到同学们瞌睡的情景后，顿时火冒三丈，大声呵斥，全班同学集体罚站……那么又会产生什么样的"效果"呢？

## 活动一　生动表达——"活灵活现"

【能力解析】

莫向斯基在《爱因斯坦的教育思想》一文中曾说："如果一个教师使自己周围充满了一片死气沉沉的气氛，那么一切都将在这种气氛中凋零、枯萎。谁能把教学搞得生动有趣，谁才是一个善于教学的人。"[①] 生动形象的语言最能吸引学生的注意力，唤起学生的求知欲，因此教师要学会生动表达。

怎样才能做到表达生动呢，可以从以下四个方面着手。

（1）把深奥的事理形象化，把抽象的事物具体化。教师可以通过举例子、打比方、讲故事等方式，帮助学生理解深奥和抽象的内容，使学生产生"如见其人""如闻其声""如睹其物"之感，为学生开辟一条理解的通道，架起双方之间由此及彼的"桥梁"。

（2）通过比喻、拟人、押韵、谐音、双关等修辞手法，以及引用俗语、歇后语、顺口溜、歌谣、谜语等方式增强口语表达的形象性，运用语言创造直观的形象，这样能够加深学生的理解。例如上文莫向斯基所说的"凋零""枯萎"两个词，就是经过精心锤炼的，属于词语修辞的范畴，它能够

① 傅惠钧. 教师口语艺术［M］. 杭州：浙江教育出版社，1999：43.

唤起我们对“花朵”的联想，富有形象性，从而让人对“死气沉沉的气氛”的危害性有了更深的理解。

（3）借用教具、手势等辅助手段，增强口语表达的生动性。教具、实验器材等器物，以及态势语等辅助手段和口语表达相配合，可以让教学变得生动有趣。例如下面这段话：“那天晚上我睡得正香呢，突然一阵电话铃声‘丁零零’地响起来，把我吓了一大跳。我差点没从床上翻下来。”文中的教师在讲述上面这段话的同时，如果能用声音模仿电话铃声，并做出“吓了一大跳”的动作，快速抖一下肩膀，再做出“从床上翻下来”的动作，就能做到声情并茂，显得活灵活现，富有画面感，让听者仿佛身临其境。

（4）通过抑扬顿挫的表达，可以使学生的心理处在兴奋状态，做到情动于内，形之于外。古人云“感人心者，莫先乎情”（白居易《与元九书》），教师可以增加口语表达中的感情因素，并根据表达内容的不同，注意语调的起伏：时而轻言细语，时而慷慨激昂，时而滔滔如激流，时而沙沙如春雨。这样不仅可以牢牢吸引学生的注意力，也能使得教师对教学内容的讲解显得更加生动、透彻，充满情趣。

**【典型练习】**

1. 在口语表达中，使用贴近生活的比喻，除了让人感觉形象以外，还能给人一种平易近人、生动有趣的印象。请按照样例的要求，使用比喻的表达方式，替换前面的成语。

样例：“躁动不安”——“心里好像长了草一样。”

“惭愧至极”——

“兴奋不已”——

“垂头丧气”——

“气急败坏”——

“足智多谋”——

2. 班级中的几位同学在和班主任畅谈友谊时，分别给出了不同的表达。请采用同样的修辞手法，将另外两句补充完整。

班主任老师说：友谊是一束心灵碰撞出的火花，能照亮生命的每一段路程。

化学课代表说：友谊是一种超强的催化剂，能让不可调和的物质融为一体。

语文课代表说：________________________________________。

数学课代表说：________________________________________。

■【练习提示】

首先要明确“比喻”的概念。比喻俗称“打比方”，也就是要抓住两种不同性质事物的相似点，用甲事物来喻指乙事物。尽管甲事物和乙事物的性质不同，但因为某种相似点，其中一种事物的特点得以凸显。其次要符合说话者的身份。这句话中的本体是友谊，选择的喻体应和语文、数学学科相关，这样才与说话者的课代表的角色相吻合。

【变式练习】 一些知识往往抽象、枯燥，不容易理解和记忆。借助编口诀或者顺口溜的方式，可以让教学变得生动有趣。请你结合一定的教学内容，编一组口诀或者顺口溜。

■【练习提示】

首先要对知识有深刻的了解，其次要让学生易于接受，最后要注意押韵。例如，有的老师为了让学生快速掌握“j、q、x 与 u 相拼，ü 上两点要去掉”的拼写规则，讲了一个故事，编写了一个口诀，收到了较好的教学效果：

从前小 ü 有三个姐姐，叫 j、q、x，都在很热的南方工作；两个哥哥叫 n 和 l，都在很冷的北方工作。小 ü 去姐姐家时因为太热就摘掉帽子，去哥哥家时因为太冷就戴上帽子，所以和 j、q、x 在一起时头上就没有两点，而和 n、l 在一起时头上就有两点。所以，我们要记住一个口诀：小 ü 遇到 j、q、x，去掉两点儿还念 ü。

【拓展练习】 从自己所学的学科中，选一个理论性知识进行讲解，要求用到比喻、拟人等修辞手法，力求表达生动形象。

■【练习提示】

可以综合使用前面讲过的一种或几种方法。有位数学教师在课堂上讲解有关平面几何“点的轨迹”时这样说：

首先我给大家介绍一个自然现象。千条线万条线，落到河里看不见，这是什么？（学生：雨）夏夜，繁星闪烁，忽然一道光自天而降，这又是什么？（学生：流星）为什么雨点和流星在降落时，给我们的印象是一条线？这是因为雨点和流星在降落时，受到一定条件的作用，它们都按照一定的轨道运动，所以都形成了一条弧线，这就是“点的轨迹”。

“点的轨迹”是一个较为抽象的数学概念，学生初次接触时，不易掌握。这位教师就从具体事物“雨点”和“流星”入手，运用直观形象的语言导入正题，使学生的认识由形象过渡到抽象，顺利地掌握这个概念。

【能力检测】

一位班主任在主题为“感恩父母”的班会课上进行了下面这样的开场白，班主任的口语表达是否具有感染力？如果你是班主任，将怎样讲述这个话题？请利用本活动的知识加以修改，让表达变得生动，运用表 5-1 进行生动表达能力的评析，并根据评析结果进一步提出优化改进策略。

师：人要学会感恩，特别是要感恩父母。父母为你们倾尽了心血，没有父母的无私付出，就没有今天的你们。可是，我发现班上有一小部分同学觉得父母做的一切都是他们应该做的，只索取不回报。因为他们缺乏一颗感恩的心，今天我们要上一堂主题为“感恩父母”的班会课，我希望能够唤醒同学们那颗尘封的感恩之心。

表 5-1　生动表达能力评析表

| 指标（分数） | 例子鲜活（3 分） | 语言形象（4 分） | 辅助手段有效（3 分） | 总评（10 分） |
|---|---|---|---|---|
| 生动表达能力练习 1 | | | | |
| 生动表达能力练习 2 | | | | |
| …… | | | | |

【推荐资源】

1. 许萌. 教师专业发展视域下教师口语课程优化建设［J］. 陕西教育（高教），2020（11）：79–80.

2. 章易程，高广军，李蔚，等. 互动体验模式及其教师课堂口语的主导性［J］. 教育教学论坛，2020（42）：228–229.

## 活动二　多样表达——“一句话百样说”

【能力解析】

“一句话百样说”，即同一个意思，可以用多种语言形式来表达。“小明同学解出了这道题”“小明同学把这道题解出来了”“这道题被小明同学解出来了”“这道题，是小明同学解出来的”“解出这道题的，是小明同学”“小明同学解出的是这道题”，这是“一句话百样说”的鲜活案例。

由此可见，任何一个“意思”的表达，都可以有多种多样的语言形式，也就是说存在着“多选择性”。“一句话百样说”，就是面对不同的语言形式，作出某种选择的过程。不同语言形式表达态度的强弱、情感的浓淡等都是有所不同的，正如朱光潜先生在《咬文嚼字》一文中所言：“咬文嚼字，在表面上像只是斟酌文字的分量，在实际上就是调整思想和情感。从来没有一句话换一个说法而意味仍完全不变。”①

① 朱光潜. 谈美［M］. 桂林：广西师范大学出版社，2020：218.

教师运用口语进行交际和表达，可以依据表达题旨、交际对象和语境的不同，选择不同的语言形式，以求达到最佳的表达效果。教师对意思相同或接近的各种语言形式进行不同选择，从而做出多样表达，这在本质上属于同义修辞的范畴。

怎样才能提高多样表达的能力呢？根据同义修辞的相关内容，要注意以下三个方面。

（1）积累一定数量的同义词语，这是多样表达的基础。例如，同是表达“喜爱”的意思，可以有非常多的词语：喜欢、欣赏、仰慕、爱慕、爱戴、倾心、稀罕、中意……在这其中，各个词语之间存在语体色彩、语义轻重、适用对象等方面的不同，只有积累丰厚，教师在进行口语交际时，才能根据表达题旨需要，随时进行调取。例如：革命年代，无数先烈为了国家和民族英勇就义，他们杀身成仁，死得其所！这样的表达就显得爱憎分明。

（2）根据需要调整句子的句法结构。汉语中有许多句法结构可以构成同义形式，例如状中结构（“在中间站着”）和动补结构（“站在中间”），定中结构（“新星系的发现”）和动宾结构（“发现新星系”），定中结构（“两张桌子”）和补语结构（“桌子两张”），等等。从一种结构变成同义的另一种结构，这就是多样化表达常用的句式变换，包括常式句和变式句的变换、主动句和被动句的变换、长句和短句的变换、整句和散句的变换等。

（3）根据语气需要选择调整句式。除了因结构的差异而形成的句型、句式差异外，还有因语气功能的差异形成的同义句式。例如陈述句和反问句、肯定句和否定句等。教师进行口语表达和交际的时候，可以根据具体情况选择不同的表达。例如：

“在平凡的岗位上默默无闻、奉献一生，这样的人有很多。”

可以换成：

“在平凡的岗位上默默无闻、奉献一生，这样的人难道少吗？”

后一句更能体现教师表达的重心，有利于情感的抒发。当然，教师选择什么样的语言形式，最重要的是要依据所想表达的题旨以及所要达到的话语目的。

**【典型练习】**

1. 请尽可能多地写出下列词语的同义词（短语）或者近义词（短语）。

（1）爱　（2）赞美　（3）努力　（4）愁苦

2. 请把下列常式句改为变式句。

（1）你今天的回答棒极了。

（2）老师背着一个塞得满满的书包走进教室。

（3）你今天的表现，我认为并不能令我满意。

（4）因为你们付出了这么多心血，所以取得这样的结果是理所当然的。

■【练习提示】

变式句是指句子成分打破一般次序，排列次序较为特殊的句子。常见的变式句有以下两类：一类是单句成分次序排列特殊的句子，例如主谓倒装句、定语后置句、状语后置句、宾语前置句等；一类是复句中分句次序排列特殊的句子，例如因果倒置句、转折倒置句、条件倒置句、假设倒置句等。句式变化，就是把句子中的相应成分或者分句进行前置或后置，例如（1）“你今天的回答棒极了”可以变为“棒极了，你今天的回答”。

【变式练习】

1. 在中学政治课上，教师讲了如下一段话：

同学们，如果现在不在这个伟大的时代，抓住机会提升自己各方面的才能你就很难在实现中华民族的伟大复兴这一任务中有所贡献。

这个句子对于口语交际而言过于冗长，学生很难抓住重点，请你保留原意，变换一下说法，让学生更容易理解。

■【练习提示】

教师口语表达要多使用短句。长句变短句一般采用“拨枝见干法”，即首先找出长句的主干部分，把长句的主语、谓语和宾语提取出来；其次，分析句子中作为“枝叶”的附加成分，在这些“枝叶”中寻找可以作为主干成分的谓语动词；最后根据要求合理排列顺序。

原句是一个因果关系复句，成分复杂，但是仔细分析就会发现，“在这个伟大的时代”“在实现中华民族伟大复兴这一任务中”两句作为状语，可以单独成句；“抓住机会提升自己各方面的才能”是这个句子要表达的核心内容，可以把它们提出来前置加以强调，然后通过填补主语来衔接句子，理顺句子之间的关系。

2.“我们能不为冬奥会运动员的精彩表现喝彩吗？”

上面这个句子，请保留原来的意思不变，用不同的句式加以表达。

■【练习提示】

上述例句是反问句，可以改成肯定句、双重否定句，或用“是……的”句式表达，还可以用倒装句、倒装的反问句、倒装的双重否定句……不同句式表达的意思虽然基本相同，但其情态的直婉、强调的轻重、语气的强弱都有细微差异，具体选择哪一个句式，要结合语境和表达题旨加以确定。

例如，如果我们要为冬奥会运动员的精彩表现喝彩，可以用双重否定句：我们不能不为冬奥会运动员的精彩表现喝彩；可以用“是……的”句式表达：我们是要为冬奥会运动员的精彩表现喝彩的；还可以把长句改成短句：冬奥会运动员的表现如此精彩，我们能不为他们喝彩吗？

**【拓展练习】** 想要表示对他人意见的赞成，可以有许多种表达方法，请根据括号内的提示，完成下列语句中的相关内容。

（1）绝对没有问题 / 举双手赞成……（干脆利落，意愿强烈）
（2）________________（反问语气加强情感表达）
（3）________________（双重否定加强情感表达）
（4）________________（宾语前置加强情感表达）
（5）________________（表达赞成的同时，拉近两者的关系）
（6）________________（表达有限的赞成，持有保留意见）
（7）________________（教师对学生意见表示赞同）
（8）________________（学生对教师的意见表示赞同）

■【练习提示】

本练习不仅要用到上面有关句式变换的知识，还需要结合具体语境，考虑所想要表达的题旨。例如第（4）句，在班会课上，教师向大家征求改进班级管理的意见，一个同学提出的建议中肯而可行，引发了全班热烈的掌声，于是教师采用这种表述形式来表达对该生的欣赏和鼓励：你所说的每一条建议，我都举双手赞成！

**【能力检测】** 结合你所在学科的内容，选择一个知识点进行讲解，运用本活动中所学的知识，设计三种以上表达方法，运用表 5-2 进行多样表达能力的评析，并根据评析结果进一步提出优化改进策略。

表 5-2 多样表达能力评析表

| 指标（分数） | 用词多样（3分） | 句式多样（4分） | 对象适宜（2分） | 场景合宜（2分） | 总评（10分） |
|---|---|---|---|---|---|
| 多样表达能力练习 1 | | | | | |
| 多样表达能力练习 2 | | | | | |
| …… | | | | | |

【推荐资源】

1. 周政. 在口语表达训练中发展思维能力［J］. 上海教育，2022（11）：16-17.

2. 陈红. 核心素养下的口语表达训练浅尝［J］. 高考，2019（13）：120.

## 活动三　幽默表达——“脱口秀”

【能力解析】

苏联教育家斯维特洛夫指出：“教育家最主要的，也是第一位的助手是幽默。”① 幽默感应是一个优秀教师应该具备的素质之一。教师幽默的口语表达可以含而不露地启发学生联想，出神入化地推动学生领悟，在良好的教学气氛中引起强烈的心理共鸣，从而顺利地达到教育目的。幽默是教育教学语言的“调味剂”，有了它，教师就会更加具有人格魅力，教学内容就会更加具有教育性、启发性，学生也就更加乐于学习。

当然，幽默不是耍贫嘴、现活宝、出洋相，它是一种高尚的情趣，是一种对事物矛盾性的机敏反应，是一种把普通现象进行喜剧化的处理方式。例如在讲解“周长的认识”时，就如何测量圆的周长，学生们展开了思考。有的学生说用直尺不好测量，于是就有同学提议用软尺进行测量，这时老师幽默地说了一句：“硬的不行就来软的嘛。”瞬间活跃了课堂氛围。当然，教师在课堂教学中的幽默表达，也要注意分寸，适应不同对象的情况，应情趣健康、和善坦诚，不要为了幽默而幽默，更不要滥用幽默，以致滑向无聊庸俗，那样反而妨碍教学的顺利进行。

教师的幽默表达需要多重条件：主体先天的幽默基因和后天的自我修养，不受羁绊的心灵自由度，机敏的逻辑思辨能力以及广博的学识，等等。具体而言，可以通过语言描绘人物、事件和情境本身产生幽默感，有“漫画夸张法”“自我调侃式”“趣闻轶事法”“故意曲解法”等；也可以通过语言要素的变异出奇产生幽默感，有“歇后语法”“正话反说法”“言外埋意法”“谐音转换法”“大词小用法”等。上述所有这些有关幽默表达的方法离不开夸张、比喻、双关等修辞方法以及偷换概念、自相矛盾等逻辑学知识的支持。

【典型练习】

请阅读《口吐莲花：幽默自我训练 50 法》一书②，然后依据自身的经验或者观察，总结能让表达变得幽默的方法，按照示例完成表 5-3。

---

① 陈学安. 教师语言的幽默哪里来［J］. 云南教育，2002（34）：16.

② 参见：孙绍振. 口吐莲花：幽默自我训练 50 法［M］. 天津：百花文艺出版社，2011.

表 5-3　幽默表达的方法及示例

| 类型 | 示例 |
| --- | --- |
| 故意曲解法 | 欲贬虚褒　巧说反语<br>例如某老师在跟学生第一次见面做自我介绍的时候如是说：我长得是着急了点，但是我觉得你们并不会因为这个而不喜欢我，俗话说，每一个人都是从天而降的天使——虽然我的脸着急了点，先着的地…… |
| | |
| | |
| | |
| | |

【变式练习】

1. 依照康德的“心理预期失落”理论，幽默一般由四个环节组成：悬念——渲染——反转——突变。请据此分析下面这则幽默故事，指出其中构成幽默表达的四个环节。

有位教师这样批评学生在游泳池中吐痰的不良行为：“大家请看，清清的池水上面飘荡着几块黄黄的浓痰。你说吐痰的人不讲卫生？我看他很讲个人卫生。你看他把那口痰推开，让它飘远点，飘到别人身上。不过我又觉得他还是不讲卫生，因为他习惯在大痰盂里游泳……”

2. 请结合本活动中学习的相关知识，针对学生在课间大声喧哗的情况，设计一个完整的、包含四个环节的幽默表达。

■【练习提示】

悬念，是指以设置疑问的方式或者通过故事情节的叙述和交代，使读者（听众）产生好奇心和紧张感。渲染，是指对悬念进行多方面的铺陈和烘托，牵引着读者（听众）的好奇心，从而步步向前。反转，是指在渲染的基础上笔锋突转，似乎能够使结果真相大白。突变，是指打破读者（听众）心理预期，出人意料。请看下面这个例子。

语文老师在元宵节后的语文活动课上问学生：“谁能猜出我们今天这堂课要讲什么内容？”有学生回答：“评讲试卷。”老师摇头。又有学生回答：“自由阅读！”老师还是摇摇头，然后在黑板上写下了一副对联的上联：

黑不是，白不是，红黄更不是，和狐狼猫狗仿佛，既非家畜，又非野兽；

“原来是对对子！”学生们全都跃跃欲试，想要对出下联，2 分钟过去了，没有一个同学对出来。“老师，太难了，公布答案吧。”老师不作声，挥笔在黑板上写出下联：

诗也有，词也有，《论语》上也有，对东西南北模糊，虽为短品，却是妙文。

“太难了，太难了！”同学们纷纷表示。“可我并没有让大家对对子呀！”老师故作神秘地说：“这副对联上联打一个字，下联打一个字，能猜出来吗？”学生们思考片刻后，纷纷给出答案，老师一直微笑摇头！老师提示：“黑、白、红、黄都是颜色，对吗？狐、狼、猫、狗这几个字有什么相同点？”“我猜出来了！”张小雨把手高高举起。“嘘——”老师示意她先不要说出答案。“老师，你让她说嘛……”“她已经把答案说出来了呀！”“对，我已经说出来了。”张小雨也神秘地说。“知道了，知道了！”过了一会儿，同学们一个个才恍然大悟。

“那么下联那个字就是——”“谜！”同学们异口同声地说。

“对！今天我们语文活动课的主要内容就是‘猜谜’，其实，一开始我们就已经进行猜谜活动了……”掌声、笑声在班上响起。

这个教学环节由悬念、渲染、反转、突变几个环节组成，具有幽默感，富有启发作用。老师首先问“这堂课要讲什么内容”，这是悬念的制造；其次学生给出的答案接连被老师否定，这是渲染；再次，老师给出对联，大家以为是对对联，结果老师让大家猜字谜，这是反转。学生不断给答案，老师不断地否定学生的答案，又加上过程渲染，吊足了大家的胃口；老师说“已经给出答案了”又是悬念和反转；最后，老师说“今天语文活动课的主要内容就是猜谜”回答了上课开始时的疑问，让学生一下子明白，原来谜底就是语文活动课的主题，而且从老师的提问到猜对联和字谜的过程，就已经是在进行上课的内容了，这十分出乎学生的意料，可以说是突变。

**【拓展练习】**

1. 歇后语幽默形象，比喻生动，又常出人意料，在口语表达中适当加以运用，可以增加诙谐感。请说出下列歇后语的后半部分。

周瑜打黄盖——

丈二的和尚——

石缝里塞棉花——

猪鼻子插大葱——

飞机上抬头望——

疯牛钻进死胡同——

百家姓少了第二姓——

小鸡吃黄豆——

孔夫子搬家——

秀才遇到兵——

冰窖里打哈哈——

百灵鸟碰到鹦鹉——

扁担吹火——

鼻梁上摆摊子——

2. 请结合你所在的学科内容，选择一个知识点加以讲解，注意利用歇后语达到幽默表达的效果。

**【练习提示】**

变异是幽默的“发酵剂”。如前所述，语言变异可使用多种方法，而歇后语是比较常见也是比较容易掌握的一种，在教学实践的口语表达中应用广泛。例如，一位历史教师在讲完“秦赵长平之战”的知识点后，慢悠悠地说：“赵括纸上谈兵，惨败长平，真是‘腰里别着死耗子——冒充打猎的’。”这就给学生勾画了一幅滑稽幽默的图画，无情地讽刺了像赵括那样没有真本事却冒充有本事的人，令人发笑，引人深思。

## 【能力检测】

当教师出现在讲台上的时候，虽然与学生之间只有很短的距离，但有时心理距离要远远超过空间距离。师生之间的心理距离越大，教师与学生的交流越困难，这时候幽默表达就能派上用场。综合运用本任务所学的内容，请以新教师的身份做一个幽默的自我介绍，缩短和学生之间的心理距离。运用表 5-4 进行幽默表达能力的评析，并根据评析结果进一步提出优化改进策略。

表 5-4　幽默表达能力评析表

| 指标<br>（分数） | 语言诙谐<br>（5 分） | 气氛融洽<br>（5 分） | 总评<br>（10 分） |
| --- | --- | --- | --- |
| 幽默表达能力练习 1 | | | |
| 幽默表达能力练习 2 | | | |
| …… | | | |

## 【推荐资源】

1. 张佳丽. 教师教学幽默的生成研究［D］. 重庆：西南大学，2020.

2. 李庆林. 课堂教学中教师教学幽默的生成与应用［J］. 中小学教材教学，2019（4）：36-39.

# 任务二
# 情感表现

【情境描述】

小王老师在大学毕业后，踏上三尺讲台，成为一名新教师。上课时他总是照本宣科，语调单一，平铺直叙，毫无感情。尽管小王老师讲得十分认真，但同学们却听不下去，觉得课堂上毫无波澜和互动，缺少感染力和吸引力，听一会儿就令人昏昏欲睡。

教师在教学中要如何表达，才能让课堂变得像交响乐一般波澜起伏？教师要如何做，才能让自己的有声语言具有轻重缓急、抑扬顿挫的艺术感，富有声情并茂、声声入耳的感染力呢？

## 活动一　轻重缓急——“声入人心”

【能力解析】

语言的轻重缓急是指发声时气流强弱的变化引起了语音轻重的不同，发声时音长的长短变化造成了语速快慢的不同。语言的轻重缓急变化，其实体现了教师内在的情感表现。为了准确地表达语意和思想感情，教师的有声语言就需要有轻重缓急的变化和对比，这会使语言中的某些信息得到凸显，某些理解得到加强，教师的情感也得到呈现。教师口语表达的变化对比不仅能体现语言的艺术，更重要的是能引发学生内心的情感波澜，增强课堂的吸引力。

在口语表达中，重音的作用主要体现在以下两个方面。首先，重音使语意的表达更加明确。例如，有的教师对学生说：“一切平凡的人都可以获得不平凡的人生。”在这个例子中，教师想要表达的意思是，为了使学生更好地理解语句目的，可以运用重音的技巧，把重音放在“都”字上，强调所有人都可以建功立业，从而更好地突出每个人都具有各自的价值，这就使学生更容易理解这句话的含义，抓住其中的重点。

其次，在口语表达中，重音的使用可以更好地表达思想感情。重音能辅助教师表达自身的思想感情，从而更好地感染学生。例如，一位数学教师说：“高斯说过，数学，科学的女皇。”若将“女皇”一词进行重音处理，就更加能够突出数学的理论基础地位，表达出饱满的热情。重音技巧能使语言更加生动、富于表现力和感染力。

在口语表达中，缓急是指教师对语言节奏的把握和处理。语言的节奏影响着教学的逻辑性、流畅性、冲击力和感染力。教师口语表达中缓急的变化不仅可以渲染情绪、展现风格、制造效果，同时也可以创造美感。缓急的节奏由口语表达的内容决定。一般来说，具有热烈、欢快、兴奋、紧张情绪的内容，在口语表达时，速度需快一些；具有平静、庄重、悲伤、沉重、追忆情绪的内容，在口语表达时，速度需慢一些。就一堂课而言，起始阶段的语言，宜新颖、有趣、简明并舒缓徐进；分析阶段的语言，宜准确、深邃、犀利且波澜起伏；高潮阶段的语言，宜神采飞扬且渐趋昂奋；结束阶段的语言，宜概括重述。

**【典型练习】**

1. 请分析下面两段话，指出其中的哪些字词应该读成重音，尝试表达出来。

A. 什么事情都可以浮躁，唯教育不可以……教育的目的就是为天地立心，为生民立命，为往圣继绝学，为万世开太平！

B. 你们在干一件无与伦比的伟大事业。世界将通过你们的努力变成另一番模样，历史将为你们树立一座丰碑，上面写着：你们是迄今最伟大的军人！这是世界上从未有过的壮举，将要由你们来完成。你们最终将成为英雄回到家里，同你们的亲人团聚。

■【练习提示】

重音可分为语法重音和强调重音。语法重音是指在不表示特殊思想和感情的情况下，根据不同的语法特点，把句子的某些部分读成重音。语法重音的位置比较固定，常见的规律有如下五点：一般短句里的谓语部分常重读；动词或形容词前的状语常重读；动词后面由形容词、动词及部分词组充当的补语常重读；名词前的定语常重读；某些代词也常重读。如果一句话里的成分较多，重读就不止一处，往往需要优先重读定语、状语、补语等句子中的连带成分。

2. 将加“·”的字重读，体会重音不同，表达的意思有何不同。

A. 这所大学建立于20世纪50年代。

B. 这所大学建立于20世纪50年代。

C. 这所大学建立于20世纪50年代。

D. 这所大学建立于20世纪50年代。

E. 这所大学建立于20世纪50年代。

**【练习提示】**

强调重音又叫逻辑重音，是指为了表示某种特殊感情或强调某种特殊意义而将句子中的某些字词重读，目的在于引起听者的注意。在句子的哪些地方该用强调重音是受口语表达的环境、内容和感情支配的。

同一句话，强调重音不同，表达的意思也往往不同。A句重读“这所”强调的是“哪所大学”；B句重读“大学”，强调的是“大学”这个单位，而不是其他的单位；C句重读“建于”，突出了大学的建立；D句重读“20”，突出时间是20世纪而不是本世纪；E句重读“50”，突出了年代背景。

3. 请阅读下面这些文段，分析教师在口语表达时应该采用怎样的语速。

A. 同学们，我真的羡慕你们拥有的青春，青春是五月的花海绚丽无比，青春是海边的浪花永不停息，青春是仲夏的骄阳激情似火。

B. 同学们，我今天要向大家介绍一位中学教师。在烂漫的山花中，我们发现，自然击她以风雪，她报之以歌唱。命运置她于危崖，她馈人间以芬芳。不惧碾作尘，无意苦争春，以怒放的生命，向世界表达倔强。她是崖畔的桂，雪中的梅。她就是张桂梅。

C. 秋天，一笔一画皆是情；秋景，一字一句皆是意。秋日步履匆匆，伴随飘落满地的、金黄的叶悄悄流逝。同学们是否也留下了一些属于秋天的痕迹？闲看花开花落，慢观云卷云舒。让我们一起在深秋的校园里发现秋天之美，用心灵感悟生活中的小美好。

D. 这是勇敢的海燕，在怒吼的大海上，在闪电中间，高傲地飞翔；这是胜利的预言家在叫喊：

——让暴风雨来得更猛烈些吧！

**【练习提示】**

A句应采用轻快型语速。这种语速较快，多扬少抑，多轻少重，声轻不着力，词语密度大，有时有跳跃感，常用来描绘欢快、诙谐的情志。

B 句应采用沉稳型语速。这种语速语势沉缓，多抑少扬，多重少轻，音强而着力，词语密度疏，常用来表现庄重、肃穆的气氛和悲痛、抑郁等情感。

C 句应采用舒缓型语速。这种语速较缓，语势较平稳，声音轻柔而不着力，常用来描绘幽静的场面和美丽的景色，也可以表现舒展的情怀。

D 句应采用强疾型语速。这种语速较快，多扬少抑，声音强劲而有力，常用来表现紧张急迫的情形，抒发激越的情怀。

以上四种语速只是大致分类，其中每一种还可以再细分小类。在口语表达中，不能自始至终采用同一种速度，要注意变化，根据感情的起伏，随时调整自己的表达速度。同时要注意，语速较快时，要特别注意吐字清晰，不能含混不清，出现“吃字”的情况；语速较慢时，要特别注意声音明朗实在，不能显得疲疲沓沓，松松垮垮。教师在进行口语表达时，要做到“快而不乱”“慢而不拖”。

## 【变式练习】

一、请使用加强音量提高音高的方法，处理下列句子中的重音。

1. 植物是不是也会有睡眠呢？

2. 夕阳无限好，只是近黄昏。（李商隐《登乐游原》）

### 【练习提示】

重音的表达可以采用欲抑先扬的方法，如果想要加强语气去强调某个重音，就要把非重音的部分减弱或降低，同时有意识地把某些词语读得更重一些，使其响亮起来，音量增强，才能显现出强调的效果，这种方法就是高低强弱法。

二、请使用拉长音节的方法，处理下列句子中的重音。

1. 他是中国航天事业的奠基人，“两弹一星”元勋，他就是——钱学森！

2. 葬我于高山之上兮，望我大陆；大陆不可见兮，只有痛哭！葬我于高山之上兮，望我故乡；故乡不可见兮，永不能忘！天苍苍，野茫茫，山之上，国有殇！

### 【练习提示】

拖长音节，即有意将句子中的某些音节拖长一些，用延长音节的办法突出重音。一般对于非重音或次重音的地方，要加快语速，而在处理重音时，要放慢语速、延长音节。

三、请使用重音轻读的方法，处理下列句子中的重音。

1. 强烈的阳光与乳白色的云雾交织在一起，数步之隔，这边是阳光，那边是云雾，真是神妙莫测。（刘白羽《长江三峡》）

2. 寒冷的早晨，这个小女孩坐在墙角，两腮通红，嘴上带着微笑。她死了，在旧年的大年夜冻死了。（安徒生《卖火柴的小女孩》）

■【练习提示】

表现重音，不能全都使用增加音量的方法，有时需要减轻音量，即将重音低沉地轻轻吐出，效果反而会更好。为了表情达意的需要，有些句中的词语不能重读，而是要适当减弱音势，减小音量，读得轻柔一些，这就是重音轻读。重音轻读可以表达深沉凝重、含蓄委婉的细腻感情，也可以用来传达陶醉、敬仰、赞叹、沉痛等极为复杂而细腻的感情。

四、下面是一位教师对应试教育的批判，请尝试用沉稳舒缓的语速表达其中的情感。

应试教育是填鸭式教学，教师没有掌握科学、先进的教育教学理念，不尊重教育规律，不了解学生真正学习的过程，不懂得真正以学生为中心，只会让学生死记硬背，一味地将所谓的知识点硬塞给学生，不会引导学生自主学习，课堂中采用满堂灌的方式，死板硬套教参，照本宣科，自身对教学内容没有深度理解与热爱，课堂没有设计，学生的学习效率低下，教师没有品位，课程没有美感，学生在学习时味同嚼蜡，了无生趣。

■【练习提示】

表示慷慨激昂的强烈感情，通常语速渐快，语句的停顿间歇时间短。但有时也可以采用稍缓的语速表达强烈的情感，形成强烈的反差，让人印象深刻。

## 【拓展练习】

请根据语意和情感表达的需要，对下面数学教师的这段导入语进行轻重缓急的处理。

在数学王国里，有很多的数字，其中有一对兄弟俩长得非常相似（板书：257.6，25.76），你能分辨出它们的大小吗？如果兄弟俩能相互团结、和睦相处，那该多好呀！可是257.6依仗自己大，对25.76不仅不爱护，反而经常欺负它。小数点知道了这件事后，决定要为25.76“讨回公道”。机会终于来了，这天257.6又在耍威风，那神气劲儿别提了！就在它得意扬扬的时候，小数点悄悄从“7”的右下角来到了“2”的右下角，这样257.6就变成了2.576。

大家看它还能神气吗？为什么呢？你们发现小数点的位置移动能使数字的大小发生变化，对吗？那么，到底会发生怎样的变化呢？今天，我们就来探究这个问题。

■【练习提示】

教师只有把握适当的快慢节奏、恰当的轻重对比，才能把语言背后的情感信息传递出来，使学生感受到教师的情感律动，感受到教学语言的内在生命活力，从而使课堂教学语言更有表现力和感染力。

【能力检测】

根据轻重缓急的情感表达要领，对下列名言进行口语表达练习，运用表 5-5 对自己的口语表达进行评析，并根据评析结果进一步提出优化改进策略。

1. 要想学生好学，必须先生好学。惟有学而不厌的先生才能教出学而不厌的学生。—— 陶行知

2. 如果把学生的热情激发出来，那么学校所规定的功课就会被当作一种礼物来领受。—— 爱因斯坦

3. 学校应当成为学生和老师最向往的地方，使学生对老师尊重的唯一源泉，在于教师的德和才。—— 爱因斯坦

4. 什么是教育？教育就是帮助学生学会自己思考，作出独立的判断，并作为一个负责的公民参加工作。—— 赫钦斯

5. 只有能够激发学生去进行自我教育的教育，才是真正的教育。—— 苏霍姆林斯基

表 5-5　轻重缓急能力评析表

| 指标<br>（分数） | 轻重对比恰当<br>（5 分） | 语速快慢合适<br>（5 分） | 总评<br>（10 分） |
|---|---|---|---|
| 轻重缓急能力练习 1 | | | |
| 轻重缓急能力练习 2 | | | |
| …… | | | |

【推荐资源】

1. 罗军. 基于语言交际能力培养的句子重音教学探索［J］. 成都师范学院学报，2016，32（6）：57-61.

2. 赵爽. 播音专业语言表达技巧中重音的实践教学研究［J］. 新闻研究导刊，2020，11（18）：196-197.

## 活动二　抑扬顿挫——“朗诵者”

【能力解析】

抑扬顿挫，是指在口语表达过程中声音的高低起伏和停顿转折。就教师的教学工作而言，它是指在口语表达过程中，语调的高低变化和词句段落之

【拓展阅读】
八种停顿方式

【拓展阅读】
教学中的语调变化

间休止、中断、停顿的运用。抑扬顿挫的口语表达技巧是教师必须掌握的基本功之一。教师要真正把抑扬顿挫运用自如，运用得恰到好处，声情并茂地进行教学，做到抑如平湖秋水、扬若天女散花、顿似金戈铁马、挫像雷霆万钧，还需要下一番功夫。

停顿是为语句的准确达意服务的，停顿处理不当会造成表意不准，导致原本完整的语句支离破碎，破坏了教学内容的传播，使学生不能完全理解教学内容。总的来说，停顿是为了把口语表达的层次表现得更清楚，使句与句、段与段之间的关系更明确。恰当运用停顿，可以增强语言的感染力。根据表达功能的不同，停顿可以分为以下八种：区分性停连、呼应性停连、并列性停连、强调性停连、判断性停连、转换性停连、生理性停连、回味性停连。在教学中要想充分发挥学生的主体作用，可以适当地做些减法。例如有意识地停顿——留给学生一些自由思考的时间和空间，控制好课堂教学节奏，有时能收到意想不到的效果。

## 【典型练习】

一、请用“^”符号在下面的句子中标出需要停顿的地方，并说一说不同地方的停顿所表达的意思有什么不同之处。

1. 改正错误的意见。
2. 他赞成我不赞成。
3. 下雨天留客天留我不留。
4. 无鸡鸭亦可无鱼肉亦可白菜豆腐不能少。
5. 脚不大好头发没有麻子。

### 【练习提示】

上面所列出的五个句子，可在不同的地方进行停顿，但其表达的意思不尽相同，甚至完全相反。所以在口语表达中，可以通过停顿进行语义区分，以准确达意，避免产生歧义。

二、请分析判断下面的句子，应分别使用什么语调进行朗读。

1. 在我的家里，珍藏着一件白色的的确良衬衫。(《一件珍贵的衬衫》)
2. 共产主义是不可战胜的！（杨沫《坚强的战士》）
3. 然后他呆在那儿，头靠着墙壁，话也不说，只向我们做了一个手势：“散学了，你们走吧。”（都德《最后一课》）
4. 好个友邦人士！（鲁迅《“友邦惊诧”论》）

■【练习提示】

形成语调的因素是多方面的，但起决定作用的是口语表达的思想内容和感情态度。叙述性的句子，多用平调；表示疑问、反问、惊异、号召、申诉等感情时，多用升调；表示肯定、坚决、赞美、自信等感情时，多用降调；表示讽刺、惊讶、怀疑、厌恶、双关等复杂感情时，多用曲调。

【变式练习】

一、请用不同的语调朗读句子“请你到这里来”，以表达下面五种不同的情感和态度。

1. 表示习以为常
2. 表示怀疑
3. 表示惊讶
4. 表示喜悦
5. 表示后悔

■【练习提示】

苏联教育家马卡连柯说“只有在学会用十五种至二十种声调来说‘到这里来！’的时候，只有学会在脸色、姿态和声音的运用上能够作出二十种风格韵调的时候，我就变成了一个真正有技巧的人了”①。

语调是指说话的腔调，就是一句话里语音高低轻重快慢的配置，表示一定的语气和情感。② 在汉语口语表达中，一句话的词汇意义加上语调意义才能算作是句子的完全意义。同样的句子，语调不同，所表达的意义完全不同。语调的运用对于情感和态度的表现具有很大的作用，教师巧妙运用语调，可表达出不同的主题意义和情感意图。在课堂教学当中，语言是教师进行教学的载体，语调是口语表达中的一种高级形式。

课堂中的教学语调是教师在课堂教学中所用的音高变化及抑扬高低的声音旋律。在课堂教学中，语调的运用可以为学生创造情境，提高教师的口语表达能力，还能够增强教师的亲和力，反映教师良好的精神面貌。

二、请分析在下列教育教学场景中，教师的停顿是否恰当。

1. 预备铃响起时，化学教师走进了教室。由于上节英语课刚下课不久，教室内一片乱哄哄的样子，有的学生匆匆忙忙上厕所回来，有的学生还来不及拿出化学课本。此时化学老师说完“同学们”后，就停顿下来，用冷峻的目光看着所有的学生，教室里顿时安静了下来。

---

① 何国华，燕国材. 马卡连柯教育思想研究［M］. 长沙：湖南教育出版社，1986：240.

② 中国社会科学院语言研究所词典编辑室. 现代汉语词典［M］. 7版. 北京：商务印书馆，2016：1601.

■【练习提示】

此时无声胜有声，化学教师在口语表达的动静之间让学生知道要准备上课了，明白现在该干些什么。当学生的情绪稳定下来后，化学教师再开始课堂教学，这样可以使学生的注意力放在课堂上，和教师一起进入教学情境中。

2. 生物课上，教师在讲解“细胞呼吸”一课，主要内容是在有氧条件下，细胞中的有机物会彻底氧化分解成为无机物，并释放出全部的能量。在分析有氧呼吸的三个阶段时，教师讲述完每个阶段后都会稍作停顿。

■【练习提示】

教师讲述完每个阶段后都稍作停顿，可以让学生对前一阶段的内容进行归纳、总结，并调整思路，使自己的思维进入下一阶段的学习状态。

3. 在生物课上，教师在讲述“DNA 分子的结构”一课时，选择以科学家富兰克林的故事来结课。当学生听闻“沃森和克里克未经她的许可使用了这张照片，但她并不在意，反而为他们的发现感到高兴，还在《自然》杂志上发表了一篇证实 DNA 为双螺旋结构的文章”时大受感动。教师接着说：“这个故事的结局有些伤感。当 1962 年沃森、克里克和威尔金斯获得诺贝尔生理学或医学奖的时候，富兰克林已经在 4 年前因为卵巢癌而去世。按照惯例，诺贝尔奖不授予已经去世的人。假如富兰克林活着，她会得奖吗？”说完这个问句后，教师作了较长时间的停顿。

■【练习提示】

问句后的停顿给学生留足思考时间，教师在教会学生知识的同时，也很好地进行了情感态度和价值观教育，使学生留下难忘的回忆，激起他们对故事的反思。在课堂教学中进行适当的停顿，把握好教学节奏，具有促进教学的积极作用。

【拓展练习】

下面是一位班主任的班会开场白，请使用抑扬顿挫的口语表达技巧进行练习。

本次班会的主题为什么是“陪伴”？其实每次班会主题的选择都是非常慎重的。

我想原因是“陪伴”听起来具有温暖的感觉，它意味着在这个世界上有人愿意把最美好的东西给你，那就是时间。“陪伴”听上去是一个很平常的词，日复一日，年复一年，到最后陪伴就成了一种习惯，例如夫妻之间的陪伴，父母对孩子的陪伴。

在某个节目中，我认识了杨乃斌，一个在八个月大的时候失去了听力的孩子，为了能够让他和健全的孩子一样成长，他的母亲从他进入小学的第一天开始就成了他的同班同学。

我觉得陪伴也是一种力量。在这个世界上没有一个人是孤岛，失去了陪伴，也就失去了生存的意义，所以希望这一期以“陪伴”为主题的班会，也能带给大家一段美好的陪伴。

■【练习提示】

首先通读开场白，了解这段话的大意。

其次分析其中每句话的意义，确定需要停顿的地方，并设计语调的变化，在文段中标注出停顿和语调的变化。

最后按照标注进行朗诵，做到表意准确，生动传情。

【能力检测】

请选择一首自己喜欢的诗歌进行朗诵，注意情感表达的抑扬顿挫，然后进行练习，运用表 5-6 对自己的表现给予评析，并根据评析结果进一步提出优化改进策略。

表 5-6　抑扬顿挫能力评析表

| 指标<br>（分数） | 停顿表意准确<br>（5分） | 语调生动传情<br>（5分） | 总评<br>（10分） |
|---|---|---|---|
| 抑扬顿挫能力练习 1 | | | |
| 抑扬顿挫能力练习 2 | | | |
| …… | | | |

【推荐资源】

1. 孙丽萍. 抑扬顿挫　让播音更鲜活［J］. 新闻前哨，2012（11）：55-56.

2. 严昌东，王克亮. 在停顿中蓄势　在等待中迸发：一个关于“教学留白”的主题研讨纪要［J］. 数学通讯，2012（2）：1-3.

## 活动三　声情并茂——“超级演说家”

【能力解析】

声情并茂是指在口语表达过程中，声音与情感的高度结合。声音只是情感表达的一种形式与手段，教师口语表达的过程就是根据所讲授的内容进行理解，产生具体的感受并外化成相应声音形式的过程。心中之“情”体现于口中之“声”，口中之“声”又能表现心中之“情”。只有声情并茂，声情交融，声情相依，才能达到教师口语表达的最高境界。

为什么有的教师在讲课时，学生提不起兴趣？这可能并不是教师讲授内容的问题，而是其声音缺少情感所致。教师在讲课时，情感的流动和声音强度变化之间的协调统一，会构成一种有温度的声音，这是声音的“灵魂”。反之，再动听的声音、再标准的语音，没有情感的温度，也会索然无味。

教师在进行口语表达时，如何才能做到声情并茂呢？主要依靠声音和气息的控制来进行情感的表达。声、气、情三者协调，“情”以“声”和“气”为手段，“声”和“气”以“情”为依托，气随情动，声随情变。在口语表达中，随着喜、怒、哀、乐、厌、惧等各种情感情绪的变化，表达者对自己声音气息的控制也要有所不同。对声音气息的控制造成气流强度的不同，即音强的不同，从而表达出不同的情感。

【典型练习】

请大声朗读下列句子，通过控制声音和气息，表达其中所传递的情感。

1. 我爱你，我的祖国！（深爱）
2. 卑鄙是卑鄙者的通行证。（憎恶）
3. 十年生死两茫茫，不思量，自难忘。千里孤坟，无处话凄凉。（悲恸）
4. 却看妻子愁何在，漫卷诗书喜欲狂。（狂喜）
5. 残灯无焰影幢幢，此夕闻君谪九江。垂死病中惊坐起，暗风吹雨入寒窗。（惊恐）
6. 怒发冲冠，凭栏处、潇潇雨歇。（愤怒）

■【练习提示】

声音气息的强弱不同，表达的情感也就有所不同。由此可见，在口语表达过程中，声音和气息的状态至关重要，不同的声音和气息能够表达不同的思想感情。教师必须借助恰当的声音和气息，才能将思想感情准确无误地传递出来。声音、气息、听感与情感的关系如表 5-7 所示。

表 5-7 声音、气息、听感与情感的关系

| 声音状态 | 气息状态 | 听感 | 所表达的情感 |
|---|---|---|---|
| 声硬 | 气促 | 挤压的感觉 | 憎恶 |
| 声缓 | 气沉 | 迟滞的感觉 | 悲伤 |
| 声高 | 气满 | 跳跃的感觉 | 喜悦 |
| 声凝 | 气提 | 紧缩的感觉 | 恐惧 |
| 声重 | 气粗 | 震动的感觉 | 愤怒 |
| 声柔 | 气徐 | 温和的感觉 | 开心 |

【变式练习】

下面是程民生教授在河南大学 2021 届本科生毕业典礼暨学位授予仪式上的演讲稿，请尝试采用不同的声音状态和情感气息进行演讲练习，看看哪种处理最能打动人心。

各位毕业的青年才俊，各位辛勤的老师：

今天是个喜庆的日子，阳光灿烂，天人感应。现在，我要送君送到南大门外，有句话儿要交代。

我在开学典礼上讲过话，那场合的心情是收获的兴高采烈。毕业送行是什么心情呢？十分复杂，百感交集。如同送女儿出嫁，有各得其所的欣慰、依依不舍的亲情；还有学生出师的如释重负，有儿行千里的母担忧，还有开闸放水的畅快、送部队出征的激昂。总之，悲悲喜喜那都是老师们的事，诸君只管满怀豪情地出发吧！

走出校门，海阔天空，有千千万万的门等你。有写字楼门，工厂门，机关门，军营门，国门……都是敞开的。一切刚刚开始，一切都有可能。

社会是比较复杂的，必须勇敢面对。如同从温室里移到大田，风吹雨打日晒，躲不过去，谁也替不了你。就业、创业是一个新世界，很有挑战性。当然也很累，累了可以躺平歇会，可不敢一直躺平啊！躺得了初一，躺不到十五！我相信各位同学是不会躺平的，刚刚开闸放出的水，正是新一波的后浪。

社会是比较复杂的，建议简单应对。简单不是单纯，“以不变应万变”就是简单，“有所为有所不为”就是简单，“不忘初心”就是简单，“一根筋”就是简单。“天下本无事，庸人自扰之”，我们当然不是庸人。我喜欢把复杂的事情简单化，结果，许多复杂的事情真的就简单了。长期以来我业余自费琢磨两个问题，一是长寿的秘诀，二是成功的秘诀。我破解了，其实很简单。长寿秘诀就是生活规律，你自己的生活规律；成功秘诀就是坚持不懈……成功有时不需要精明，更依赖坚持。在浮躁的社会，沉着冷静就是胜利，稳重坚守就是成功。

……因为刚才发了学位证书了，是学士了，您就是士人了，就是知识分子了；因为，在八朝古都、百年老校受过高等教育，您有了人文情怀，或者说应当有人文情怀。什么叫人文情怀？有畏惧心，有羞耻感，有良知，有天下情怀，能够承担社会的责任和痛苦，有独立思考能力。无论作为知识分子还是老板，千万不要泯灭与生俱来的善良，不要丢掉藏在心底的纯真，因为，那是作为人的基因和理由。纯真辟油腻，善良辟什么呢？善良能辟邪！

■【练习提示】

以情为主，以声为辅，这样的演讲十分强调真情的感染作用。声音和情感并不是简单的糅合或并列组合，而是要有主次之分。在发音中赋予更多的情，以声传情，以情动心，以心感人。有情之声，犹如珠落玉盘，莺语婉转，能达到“以情动人”的良好效果；无情之声，就好比是无本之木，无源之水，故作姿态，无法动心、感人。如果教师在演讲中，用见字发声、见句平念的方式进行演讲，即使有优美的音色、流畅的语言，也会像空中楼阁，没有根基，言之无情。在演讲时，要有饱满的热情、丰富的想象力和理解能力，使语言艺术与演讲的思想内涵达到和谐统一的理想效果。情取其高，声取其中，气取其沉，要苦练“声”和“情”的内功，这样才能让演讲真正实现声情并茂。

【拓展练习】

请阅读复旦大学教师熊浩的演讲《万世师表》，体味其中的演讲技巧，然后进行模拟练习，注意声情并茂。

**万世师表**

小时候父母带我去孔庙，跟着人群，走过那个叫学海的小池塘，跨过礼学门的牌坊，进入大成殿。只见正前面站着一个合手而立的夫子，他的前面有龛台，龛台上有牌位，牌位上有一行小字。我透过人群仔细看，那上头的字是“万世师表”。我长大了，我明白，这四个字对中华民族无比隆重，它用来专门修饰那些我们这个文明的人格典范和精神导师。

坦率说，当我拿到这个题目的时候，我突然想到现实。我们所占据的这个现实社会，天下熙熙皆为利来，天下攘攘皆为利往。“导师”这个词多少恐怕也受其污染了吧。什么人都敢称导师，教人唱歌、教人理财、教人成功、教人创业，所有人都称导师。我不是说这样的称呼错了，我是说有一点不甘。你会不会有的时候有一点迟疑，就是这世上除了那些教人成功的人，还会不会有一种不一样的人。他以他的生命质量，重新撑起“导师”这两个字的隆重分量；他以他自己的生命光亮，重新点亮“导师”这两个字的生命光华。如果有，他是谁？他是何等模样？

我大学时代到安徽支教，从上海出发，火车转汽车然后步行，最终到达了大别山深处的安徽金寨的一所小学。第二天一早，我们和太阳一起起身，来到学校当中。推开教室的门，发现孩子的眼睛，被阳光照得无比澈亮。我们拿半截粉笔，开始在黑板上书写语文、数学、英语，下课的时候，我们这帮大孩子，和山里的娃一起在红旗下嬉戏，那个声音放肆得要命，传出好远好远，引得那些村里面的孩子家长都好奇地往里望。

我拿到“导师”这个题目，进入我头脑的便是那大别山深处的琅琅书声，便是孩子们的眼睛，便是求知的精神，以及在那个小小的校园当中的白墙上，一句让我难以忘怀的话。它说教育为公，以达天下为公。我们问校长这是谁说的，校长说，我们安徽老乡陶行知。

陶行知，安徽歙县人，1891 年生，1946 年逝。他先后在南京汇文书院、金陵大学和美国伊里诺伊大学、哥伦比亚大学求学，主修教育。陶行知 1917 年回国，先后在南京高等师范学院和国立东南大学任教。1917 年，一个成功的中国知识分子留学回国了，他那个时候并没有梦想着享受成功，而是要重新定义何为成功，他要让自己和祖国建立起关联。

1917 年，先生目之所及之中华，全是面目疮痍，国家贫困到难以想象的程度，陶行知说这病根乃在教育。中国那时候有两亿文盲，有七千万儿童没有任何机会接受教育。那时的陶行知，以他之所知，本可以转身而为人上之人；那时的陶行知，以他之所学，本可以谈笑于鸿儒之间。而他却把目光死死盯住中国的最底层社会。陶行知振聋发聩地说，这个国家以农立国，人们十之八九生活在乡下，所以中国的教育就是到农村去的教育，就是到乡下去的教育，因为农村如果没有改观，国家就没有希望。

他这么说，然后就这么做。陶行知脱下西装，辞掉自己大学教授的优渥待遇，推行平民教育。这是什么概念？各位，陶行知在当时一个月的收入是四百个现大洋，那个时候若在北京要想买整一套四合院，不过花费他三个月的薪水。而这一切，陶行知统统不要了。他移居到南京郊外的晓庄，这是一个极为落后贫困的中国普通村落，他住到牛棚当中。他和老乡们相识，他渐渐有一个看上去不可实现的愿望，那就是为中国培养一百万农村教师。

在晓庄，陶行知带领学生们自己耕作、自己劳动、自己修建校舍。他说流自己的汗，才能吃自己的饭，自己的事，你得自己干。陶行知不是要培养高高在上的知识分子，而是那些在人民之中的老师。他邀请自己的朋友、学者到晓庄授课，传播新的知识和观念。渐渐地，这个在晓庄极不起眼的大学堂，从几十人发展到数百人众。陶行知行走在世俗乡里之间，行走在街头巷议之内，他要帮助那些最普通的中国人，那些年迈的爷爷奶奶、那些富人家里面的佣人、那些财主家的帮工、那些街头的打杂者、那些货场的脚力、那些拉洋包车的师傅们，都识字。

他一个人在努力着，他的这个梦想的芽破土而出，我们眼见繁花就要开到树上。是的，有陶行知所在的地方，就有平民教育的希望。在武汉、在重庆、在上海、在南京，他为中国教育的崛起一直在路上，而最后，先生死在路上。

1946年7月25日，陶行知因积劳成疾，突发脑溢血在上海逝世，那年他55岁。12月1日，先生的灵柩回到南京，南京城里的老百姓自发为先生扶灵。他们要送这个人，送他回他的晓庄。沿路上的人们唱着哭着：你去了，我们穷孩子的保姆，我们的朋友，人民的导师。挽联在飘，上面写着“行知先生千古”。而旁边是宋庆龄亲笔题写的四个苍劲大字“万世师表”。

先生说，我带一颗心来，不带半根草去；先生说，我就是中国一介平民，几十年的学校教育往我把西方贵族的方向渐渐拉近，而经过一番彻悟，我就像黄河决了堤，向中国平民的道路上奔涌回来了。

我们回头看我们当代的社会，“导师”这个名词，多少开始变得廉价了。教人理财，教人成功，渐渐地我们忘记人格。在今天，“导师”这个名词变得愈发功利了，我们更多地把师生之谊看成一种雇员与雇主的经济关系。我们称导师为老板，渐渐地，我们忘记了先生。我们今天讨论陶行知，我们今天演说陶行知，我们今天缅怀陶行知，便是想凌空从先生那借来那浩然之气，让它如火，让它如光，让它重新照亮每一个为师者心中，那种知行合一的实践精神以及对祖国的赤子热爱。

2014年，我进入复旦大学任教。初为人师，想必经时光之洗练，我也会成为学生们的导师。只希望到那一天，多少能够延续先生的光，把它变成隽永的亮。云山苍苍，江水泱泱，先生之风山高水长。

你会问，你会问在今天全是发财的师父，全是教人营生的导师，可还真有那样一种人，用他自己的生命质量，让“导师”这二字有不一样的分量？可还真有那样一种人，用他自己的光亮，让“导师”这两个字有那种灿烂的光华？你现在应该有答案了，因为就在不远处，因为就在不久前，真有这样的人。他就站在这里，他用他的一生温润过中华。他是陶行知，他是人民的导师，他的一辈子给我们讲一件事，就是，为人师者还可以活成这样一般大写的模样。

■【练习提示】

第一，要准确恰当地调控感情，努力保持演讲时所高涨起来的感情，做到饱满、充沛、真挚、自然、爱憎分明，要用理智分清感情的浓、淡，主、次，起、伏，做到情真而又能自持。

第二，恰当处理好语音、语调、节奏、语气等朗读技巧，以求真切、自然地表达文章的思想感情，以声传情，使之“声断情不断”。

【能力检测】

请以“我心中的教育”为主题，进行5分钟的主题演讲，运用表5-8对自己的演讲进行评析，并根据评析结果进一步提出优化改进策略。

表5-8 声情并茂能力评析表

| 指标（分数） | 情、声、气协调（5分） | 真情实感（5分） | 总评（10分） |
|---|---|---|---|
| 声情并茂能力练习1 | | | |
| 声情并茂能力练习2 | | | |
| …… | | | |

【推荐资源】

1. 饶敏莉. 谈朗诵艺术中“以情带声、声情并茂”的重要性及教学对策［J］. 戏剧之家，2021（10）: 193−194.

2. 周康平. 情与理：演讲稿中的情感处理［J］. 语文教学通讯，2021（Z1）: 129−130.

# 任务三
# 态势辅助

【情境描述】

第一次走上讲台的小王老师，内心的紧张不言而喻。她走上讲台后，轻轻地放下课本，抬起头看到台下坐着这么多学生，顿时心跳加速，手足无措，手脚不知该往哪儿放，眼睛也不知该看向哪里，在喊出一声“上课！”之后，她跟学生互相问好。但接着她的大脑一片空白，眼睛一会儿看向天花板，一会儿看向窗外，不敢和学生进行目光交流。在上课时，她始终面向演示文稿，背对学生讲课，脸上的表情僵硬，手势变形，眼神游离，额头上也冒出了豆大的汗珠。一节课结束，她感到汗流浃背，整个人十分狼狈。面对自己失败的上课经历，小王老师感到很沮丧。

其实在教师口语交际中除了有声语言之外，还有伴随性、辅助性的态势语，教师在课堂上如何用眼神、表情和手势等态势语与学生交流，才能在表达中显得自然、大方、文雅、得体呢？下面让我们一起走进教师态势语的训练。

## 活动一　练就眼神——“顾盼生辉”

【能力解析】

泰戈尔说：“学会用眼睛语言是十分必要的，它在表情上是无穷无尽的。”眼神是眼睛的动态神情，是人们表达内心情感的一种方式。教师与学生的眼神接触就是一种无声的交流，双方丰富的内心情感可以通过眼神进行巧妙的传递和表达。

正确应用眼神，对教育教学的效果具有直接影响。一名出色的教师，其教学灵气往往可以通过眼神的应用体现出来。教师如果能在教学中恰当地应用眼神，表情达意，辅助教学，调控学生行为，反馈教学信息，用鼓励的眼神增强学生的信心，提高学生的学习兴趣，用严厉的眼神约束学生养成习惯，建立教师威信，用信任的眼神融洽师生关系，促进学生健康成长，其教育教学的有效性自然会提高。

通常来讲，教师刚走上讲台时，第一，应停顿片刻，用目光环视教室四周和全体同学，这样有利于使课间的吵闹变得平静，吸引学生的注意力。第二，不论讲课、提问、解答问题，教师都要注意环视前后左右，尤其是后排的左右两个角落，要给予特别的关注。第三，在倾听学生回答时，教师的眼神应当注视作答的学生，以表示在认真倾听。教师要灵活地根据不同的教学环境选择目光接触方式，为的是表达一定的信息内容和感情，绝不可漫无目的。教师一般要均衡分布自己的视线，即把视线均衡分布在班中的每一个学生身上，对学生一视同仁，不要只照顾部分学生，影响课堂公平。合理分配眼神视线，这是每一位有智慧的、具有高超教学艺术的教师所应具备的能力。

【典型练习】

下面是一位历史老师在教授唐朝“贞观遗风”时的开场白，在这段教学语言中，教师可采用哪种眼神传情达意？

中国历史上唯一正统的女皇帝，也是即位年龄最大、寿命最长的皇帝之一。她重视延揽人才，首创科举考试的“殿试”制度，而且知人善任，能重用狄仁杰、张柬之、姚崇等中兴名臣。国家政策稳当、兵略妥善、文化复兴、百姓富裕，亦为其孙唐玄宗的“开元之治”打下了长治久安的基础，对历史做出了巨大的贡献。郭沫若评价她“政启开元，治宏贞观”，她，就是改唐为周的女皇——武则天。

■【练习提示】

教师眼神的运用方法主要有以下三个。（1）环视法，又叫扫视法，是指视线在较大范围内（一般是向前）作有意识的环状扫描或搜索，把学生的活动情况尽收眼底，以起到“一言未发先有意”的作用。但值得注意的是，教师在环视时，一定要照顾全局，不可忽视班级中左右角落的学生。（2）注视法，是指教师的目光较长时间固定于某人或某物上，包括授课注视和亲密注视。授课注视可激发学生的思考，促进学生认真听讲。亲密注视多用于组织教学和制止不良行为等。（3）虚视法，指教师的眼神似乎盯住了某处，给学生一种定点透视的感觉，但实际上却并非如此。新教师初登讲台时，常常会有胆怯之感，不敢注视学生，此时，为了与学生进行目光交流，可采用虚视法。

【变式练习】

一、上课时，班级中某个学生不认真听讲，总和同桌低声讲话，教师盯着这个同学足足超过 20 秒，这样的眼神表达了何种意义呢？这位教师在眼神表达上有什么不妥之处吗？

■【练习提示】

苏霍姆林斯基说："教育技巧的全部奥秘也就在于如何热爱儿童。"[①] 运用眼神艺术的基础是教师对学生的深切感情。学生上课不认真听讲，教师若加以无视，这名学生有可能会不知收敛；如果教师在这时点名批评，则可能引发这名学生的抵触和不配合。在这种情况下，教师只需注视这名学生 3 秒以上的时间，那么几乎班中所有其他学生的目光都会随教师的目光指向这名学生。当学生感受到班中其他同学的目光带来的压力时，自然会收敛自己的言行。此时无声胜有声，眼神胜过千言万语。但是教师需要注意，注视时间不能过长，否则就会让学生产生抵触心理，因此要注意分寸。

二、上课铃响过后，教室里依然有些吵闹，同学们还没有安静下来。王老师站在教室门口没有出声，他只是用目光默默地注视着全班同学，很快教室里就安静下来了。王老师又快速地环视了教室一周，看到同学们都抬头挺胸，满怀期待地看着王老师。请问王老师的两次眼神各自表达了什么含义？

■【练习提示】

王老师的两次眼神都抓住了适当的时机，第一次是在"教室里依然有些吵闹"的时候，他"默默的目光"里流露的是"提醒"和"期待"；第二次是"王老师快速地环视了教室一周"，表达的是"询问"，即："同学们做好上课的准备了吗？"情境发生了变化，眼神的意义也完全不同。学生能在与教师的对视中读懂其含义，也有了相应的行为表现，由此可见，教师和学生之间建立起了"合作原则"，彼此能通过"眼神"进行交流。

【拓展练习】

下面是一位物理教师关于"平抛运动"的导入语，请使用环视法、虚视法和注视法等眼神技巧，进行导入语的练习。

有人曾驾驶汽车飞跃黄河壶口瀑布，汽车起跳的速度是如何计算的，你们知道吗？学习完这节课的内容，你也能计算。只要会开车，汽车能开到这样快的速度，就能飞跃壶口瀑布。飞跃壶口瀑布需要巨大的勇气，但更重要的是，物理定律保护了这个人。好的，同学们，让我们一起进入今天的学习 —— 平抛运动。

---

① 况平和. 教师的爱是打开儿童心扉的钥匙：读苏霍姆林斯基《要相信孩子》[ J ]. 外国教育动态，1981（6）：42-43.

■【练习提示】

首先熟悉导入语案例。

然后在设计导入语时，也要思考在何处使用何种眼神。在教学的过程中，教师可以把实眼与虚眼进行交替使用。环视法与注视法使用的是实眼，即看得非常实在、清楚；虚眼，即虚视法，似看非看，甚至什么也没看，只是一种神态。

【能力检测】

请根据自己所学的专业，设计一堂课的开场白，注意将眼神的运用与所讲的内容结合起来，运用表 5-9 对自己的表现进行评析，并根据评析结果进一步提出优化改进策略。

表 5-9 眼神评价能力评析表

| 指标<br>（分数） | 眼神准确自然<br>（5分） | 眼神富于变化<br>（5分） | 总评<br>（10分） |
| --- | --- | --- | --- |
| 眼神评价能力练习 1 | | | |
| 眼神评价能力练习 2 | | | |
| …… | | | |

【推荐资源】

1. 王岩. 浅谈眼神沟通在教育中的应用［J］. 厦门科技，2020（3）: 37-38.

2. 刘爱春. 教师眼神在新时代教改中的应用探析［J］. 大学教育，2019（12）: 173-176.

## 活动二 善用手势——“举手投足”

【能力解析】

在教学态势语中，手势是活动范围最广、活动幅度最大的部位，它包括从肩膀到手指的活动，还有手肘、手腕、手指、手掌等各部位的协同动作。教师的手势可以用来补充说明教师讲授内容的信息以及教师的思想、情感与感受。手势使有声语言显得生动、活泼且自然，能够增强口语表达的感染力。

作为教师，首先要免除对使用双手的恐惧。改善讲课僵硬呆板的最快方式，就是把双手从口袋里拿出来。其次，在“势力圈”内使用手势。“势力圈”，就是从眼睛上方到双手大张，到肚脐，再回到眼睛的一个圆圈。手势要控制在这个区域里，并在腰部以上运用。若比肚脐低，手势不但缺乏动力，而且会使整个人看起来没有自信。在腰线以上使用手势，会给听众留下自信满满的印象，无论是“挥、握、切、抬”还是“啄、抚、摊、赞”的动作，都能传递出明确的信息，丰富有声表达的内容，增强情感表现的力量。再次，教师要自如、得体、适度地使用手势，避免使用刻板的手势，或者频繁重复手势，使之成为无意义的动作。最后，教师要注意在课堂讲解中不要刻意去想该用什么手势，应该让讲授内容主动引出它们，做到动随意为。

**【典型练习】**

一、请按要求进行手指手势的练习。

1. 2022 年北京冬残奥会的两个吉祥物分别是“冰墩墩”和“雪容融”。（用手指表数目）

2. 大家一定要相信：思路决定出路！（用食指表强调）

3. 俱往矣，数风流人物，还看今朝。（用大拇指表示赞叹）

二、请按要求进行手掌手势的练习。

1. 我们中国不惹事，也从来不怕事。（用推掌表示坚决）

2. 来吧！来乡村吧！用你们的眼睛来见证乡村奇迹，美丽、诗意、文明，不仅仅在城市，这些也正发生在乡村。现在，当乡村振兴的号角吹响，我想，这里也成了年轻人实现梦想的地方。乡村，正等着你们的到来！（用掌心向上的伸手表示邀约）

3. 永远不要在背后批评别人，尤其不能批评你的朋友无知、刻薄和无能。（用摆手表示否定）

三、请按要求进行拳头手势的练习。

1. 那时我们可以自豪地说：我们是中国的主人！（用拳头表示自豪）

2. 我从不和气生财，我只是咆哮生财。狮子从来不和气，和气就吃不到食物。（用拳头表示力量）

■【练习提示】

弗洛伊德认为“指尖会说话”，手势是辅助性交际工具：胸有成竹时，就拍拍胸脯；高兴时，就拍拍大腿；后悔时，就拍拍脑门；为难时，就搓搓手；愤怒时，就拍拍桌子；精神紧张时，双手会紧绞在一起；悲痛欲绝时，就捶捶胸；竖大拇指表示赞许；竖小拇指表示蔑视等。教师在使用手势时，一定要根据语意进行相应设计，恰如其分地表达自己的态度和情绪。

**【变式练习】**

请根据图 5-1 至图 5-4 中教师所表达的内容和手势，判断该手势语的类属，选择对应的类属填入括号。

A. 指令示意类　　B. 象形解释类

C. 情意伴随类　　D. 指示引导类

图 5-1　同学们，我真的很失望！（　　）

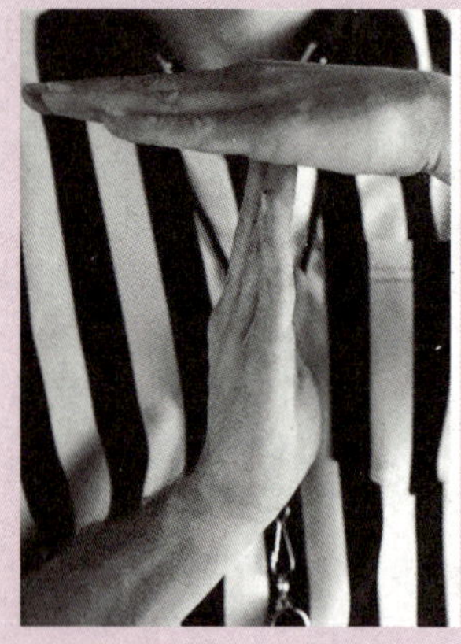

图 5-2　同学们，请停止讨论。（　　）

图 5-3　同学们，让我们的爱把世界照亮。（　　）

图 5-4　同学们请看，这是粉尘过滤器——“榆树”。（　　）

■【练习提示】

指令示意类手势是用手势给学生发出指令，例如起立、坐下、安静等；象形解释类手势是用手势动作来演示教学内容，使之形象化、生动化；情意伴随类手势是通过手势表达强烈的感情色彩，使内心的情感得到流露；指示引导类手势是用双手或教具指示不同位置以吸引学生的注意。教师可以根据课堂教学内容选择具有不同功能的手势。

【拓展练习】

下面是某中学举行 2021 年高考百日誓师大会上的教师寄语，请大家结合眼神、手势等技巧的运用进行口语练习，表达出对高三学子的鼓励和祝福。

眼前的你们，每个人都有着亮晶晶的眼睛和对未来最美的憧憬。但，每一个优秀的你，都不是一蹴而就地来到今天的。今天所取得的成绩，凝聚着你们十二年求学生涯的艰辛不易，最好的珍惜，就是在离高考最近的这 100 天，勇往直前，全力以赴，奋不顾身，坚持到底！

有期待，但不恐惧；有兴奋，但不紧张；有自信，但不骄傲；有理性客观，但不灰心泄气；偶有焦虑，但绝不患得患失，徘徊犹疑。十二年艰苦卓绝的学习成果，全看这 100 天的边际效应！

当这无比珍贵的 100 天扑面而来，请你一定要紧紧地抓住它，珍惜它，用好它，让这 100 天更长、更高效、更优质，让这 100 天在你的生命中绽放最伟大的价值。因为：有了时间，我们就有了一切；有了时间，一切就有了可能，甚至包括你想要的幸运或者是奇迹的出现。

时间的伟大价值，还将表现在，这 100 天将留给我们一生中最难忘的、同生活搏斗的经历。这段和同学及老师携手共同奋斗的岁月与记忆，将会使你未来的人生获得巨大的收益。今天的你们，各自奋斗，守望相助。高中毕业后的 10 年、20 年、30 年，当你们成长为各行各业的中坚力量之时，当你们日后相聚分享彼此的奋斗所得与成功带来的光芒之时，这 100 天的奋斗将在时间的长河中展现非凡的意义。

……

高三的各类考试频繁，成绩的起伏，总会让人的心态不够稳定，这时候，你要对自己说：在生活的大江大河里，除了能乘风破浪外，还要沉得住气。沉住气，稳住阵脚，才是学习和考试的硬道理，它能让你收获一切你想要的成绩。

对于所有的同学，老师想对大家说，高考，这是你们第一次有权利也有能力去选择、去追求想要的未来，请千万不要错过这宝贵的人生契机！高考，值得每一位同学倾注自己所有的热爱与深情，值得你毫无保留地付出！这段不可逆的生命旅程，你绝不能空手走过！你必须用自己亲自跨过的难关，战胜了的困难，克服了的挑战，用自己不被他人裹挟，用自己哪怕不能很快抵达也要努力接近的坚定信念，去见证和书写你的人生无悔。

世界上从来没有不劳而获，也没有随随便便的成功。在这奋力冲刺的100天，愿大家虔诚且执着地付出，也愿在座的每一位同学，都有好运的眷顾！

■【练习提示】

在进行口语练习时，要结合具体情境运用眼神、手势等相关技巧，在表达鼓励的情感时，眼神要坚定、有力，可搭配拳头等手势；在表达祝福的情感时，眼神要温暖、柔和，可搭配手心向上等手势。在运用不同眼神、手势的同时，还要将其与口语表达的重心相联系，手、口呼应，这样也可使所要表达的感情更加真挚。

【能力检测】

请阅读演讲《后浪》全文，为这篇演讲设计手势动作，要求自然大方，表意明确，运用表5-10进行评析，并根据评析结果进一步提出优化改进策略。

**后　浪**

那些口口声声一代不如一代的人，应该看看你们，像我一样。

我看着你们，满怀羡慕。人类积攒了几千年的财富，所有的知识、见识、智慧和艺术，像是专门为你们准备的礼物。

科技繁荣、文化繁茂、城市繁华，现代文明的成果被层层打开，你们可以尽情地享用，自由学习一门语言，学习一门手艺，欣赏一部电影，去遥远的地方旅行。很多人从小就在自由探索自己的兴趣；很多人在童年就进入了不惑之年，不惑于自己喜欢什么，不喜欢什么。

人与人之间的壁垒被打破，你们只凭相同的爱好就能结交千万个值得干杯的朋友，你们拥有了我们曾经梦寐以求的权利——选择的权利。你所热爱的就是你的生活，你们有幸遇见这样的时代，但是时代更有幸遇见这样的你们。

我看着你们，满怀敬意，向你们的专业态度致敬，你们正在把传统的变成现代的，把经典的变成流行的，把学术的变成大众的，把民族的变成世界的。

你们把自己的热爱变成了一个和成千上万的人分享快乐的事业，向你们的自信致敬，弱小的人才习惯嘲讽与否定，内心强大的人从不吝啬赞美与鼓励；向你们的大气致敬，小人同而不和，君子美美与共，和而不同。

更年轻的身体，容得下更多元的文化、审美和价值观。有一天我终于发现，不只是我们在教你们如何生活，你们也在启发我们怎样去更好地生活。那些抱怨“一代不如一代”的人，应该看看你们，就像我一样。

我看着你们，满怀感激。因为你们，这个世界会更喜欢中国，因为一个国家最好看的风景，就是这个国家的年轻人！

因为你们，这世上的小说、音乐、电影所表现的青春就不再是忧伤、迷茫，而是善良、勇敢、无私、无所畏惧；是心里有火，眼里有光！

不用活成我们想象中的样子，我们这一代人的想象力不足以想象你们的未来！如果你们依然需要我们的祝福，那么，奔涌吧，后浪！我们在同一条奔涌的河流。

表 5-10　善用手势能力评析表

| 指标<br>（分数） | 手势自然大方<br>（5 分） | 手势表意明确<br>（5 分） | 总评<br>（10 分） |
| --- | --- | --- | --- |
| 善用手势能力练习 1 | | | |
| 善用手势能力练习 2 | | | |
| …… | | | |

【推荐资源】


1. 毕帝. 手能看穿一切：手势心理学的前沿探索［M］. 华莉，译. 北京：人民邮电出版社，2018.

2. 许莎莎. 主持人手势语研究初探［J］. 新闻研究导刊，2020，11（08）：116-117.


## 活动三　丰富表情——“神采飞扬”

【能力解析】

人们有愤怒、惊讶、满意、愉快、喜悦、厌恶、悲哀等情绪，而这些情绪往往可以通过眼、眉、嘴以及面部肌肉的变化等表现出来而成为表情。表情是人们心灵的屏幕，可以辅助有声语言传递信息，沟通感情。

教师的天职是教书育人，其面部表情与教育教学工作的关系十分密切。马卡连科说：“做教师的决不能没有表情，不善于运用表情的人不可能做好教师。”教育教学的过程，本就是一种师生情感的交流过程，而面部表情正是师生情感交流的媒介。教师不仅可以通过语言向学生传递知识信息，也可以凭借面部表情向学生传递思想信息，表达教育意图。同时，学生也能透过教师表情的变化，获得教师对自己表现的反馈和评价，以此觉察、领悟和反省自己的言行。

所以，富有经验的教师，总是能够充分地利用面部表情，表达出丰富的思想感情，用以吸引学生、影响学生、感染学生。那么，教师应该如何控制自己的面部表情呢？主要有以下三点。

首先，真诚而不威严。

真诚是对表情最基本的要求。教师无论表现何种情意，或喜或悲，或爱或憎，或敬仰或鄙视，或紧张或安详……都应当真诚，完全发自内心，诚恳待人，不加躲闪，不弄虚作假，不虚张声势。有些初上讲台的教师为了树立威信，总是呈现出一幅冷若冰霜、不可冒犯的面孔。这样单调乏味的面部表情往往会形成情绪辐射，难以有效地调节课堂气氛。时间长了，教师就会失去学生的信任，这样的面部表情也会干扰学生对教学内容的接纳。

其次，自然而不夸张。

教师的表情要自然亲切，内心有什么样的思想情感，外在就怎么自然表露，无须多加修饰，表情应该是情感的真实呈现。一般来说，亲切随和的表情能拉近教师和学生之间的距离。但注意不能模仿夸张的舞台表情，既不能表现得死板机械，也不能矫情做作。有些教师没有控制好面部肌肉，使之不够协调，表情夸张矫饰，这只会引起学生的反感。

最后，丰富而不过度。

丰富是指教师的面部表情应该在真诚自然的基调下富于变化，教师随时把握课堂教授内容的不同，恰当地运用多种面部表情，激发学生的兴趣。但是表情变化不能过度，要恰如其分，注意分寸，做到嬉笑而不失态，哀痛而不失声，过分流于脸谱化的表情，往往会使学生对教师所表达的信息产生怀疑。

## 【典型练习】

一、你做我猜

两人一组，一个同学根据成语做出相应的表情，另一个同学根据其表情猜测相应成语。例如：

1. 眉开眼笑
2. 愁眉苦脸
3. 目瞪口呆
4. 横眉怒视
5. 心急如焚
6. 垂头丧气
7. 自鸣得意
8. 战战兢兢
9. 金刚怒目
10. 面面相觑

### 【练习提示】

面部表情可通过眼、眉、嘴以及面部肌肉的变化等表现出来。

眉间的肌肉皱纹能够充分表达人的情感变化。柳眉倒竖表示愤怒，横眉冷对表示敌意，挤眉弄眼表示戏谑，低眉顺眼表示服从，扬眉吐气表示畅快，眉头舒展表示宽慰，喜上眉梢表示愉悦。

嘴部对心情的表示主要体现在口形变化上。伤心时嘴角下撇，欢快时嘴角提升，委屈时撅起嘴巴，惊讶时张口结舌，愤恨时咬牙切齿，忍耐痛苦时咬住下唇。

鼻子的变化也可体现心情。厌恶时耸起鼻子，轻蔑时嗤之以鼻，愤怒时鼻孔张大、鼻翕抖动，紧张时鼻腔收缩、屏息敛气。

面部肌肉松弛，表明心情愉快、轻松、舒畅；面部肌肉紧张，表明情绪痛苦、严峻、严肃。

二、请一边朗读下面的段落，一边展开联想，激发自己真实的表情。

1. 好雨知时节，当春乃发生。随风潜入夜，润物细无声（杜甫《春夜喜雨》）。

2. 开我东阁门，坐我西阁床，脱我战时袍，著我旧时裳。当窗理云鬓，对镜贴花黄（《木兰诗》）。

3. 曾经沧海难为水，除却巫山不是云（元稹《离思五首》）。

4. 剪不断，理还乱，是离愁。别是一番滋味，在心头（李煜《相见欢》）。

5. 春风得意马蹄疾，一日看尽长安花（孟郊《登科后》）。

6. 长风破浪会有时，直挂云帆济沧海（李白《行路难三首》）。

7. 人生自古谁无死，留取丹心照汗青（文天祥《过零丁洋》）。

■【练习提示】

了解每个诗句的意思，并分析其表达的情感。然后，由此在心里产生相应的情绪，在内心情绪的引导下，伴随朗读的声音，呈现出相应的表情。

注意先后顺序：想到—看到—表情到—声音到。

【变式练习】

请仔细阅读下面两段话，分析其内在情感，然后采用无表情或与所讲内容相反的表情加以表达，并思考如果采用这样的表情讲话，会制造出怎样的效果。

1. 一位语文老师在讲解马克·吐温的《竞选州长》时，用下列故事进行导入：马克·吐温发表了《竞选州长》后，一次偶然的机会，遇到了纽约州州长霍夫曼。霍夫曼在见到马克·吐温后，便恶意攻击说："马克·吐温，你知道世界上什么东西最坚固、最尖锐吗？我告诉你，我的防弹车的钢板最坚固，我手枪里的子弹最尖锐。"马克·吐温听后，笑着说："我以为世界上最坚固的是你的脸皮，而最尖锐的是你的胡须。"

2. 在《母鸡》（义务教育标准实验教科书·四年级·上册·《语文》）一文中，作者描写母鸡的讨厌之处时这样写道："更可恶的是遇到另一只母鸡时它会下毒手，趁其不备，狠狠地咬一口，咬下一撮儿毛来。”学生将该句子有感情地齐读完毕后，教师便抓住时机以气愤的语气说道：“要是当时你们老师我在场，非把这只母鸡抓到家禽法庭，请求白鹅法官判它犯故意伤害罪不可，将它关入黑笼七七四十九天，并赔偿被伤害母鸡误工损失双黄蛋八八六十四个，精神损失费九九八十一家禽元！”

■【练习提示】

无表情和反表情也是一种表情，通过内容和意义的反差，打破常规，在教学中可以达到出其不意、意想不到的效果。在第一个案例中，马克·吐温用不动声色的表情还击对方，更容易表现出辛辣的讽刺；在第二个案例中，教师用生气的表情讲述课文，更具有幽默的效果。

## 【拓展练习】

下面是一位语文教师对《背影》一课的说课内容，请结合眼神、手势、表情等态势语辅助的技巧要领，进行说课模拟练习。

我自己花了20年的时间才略微把《背影》读明白了些，一堂课只有40分钟，孩子们能够走多远呢？而且，我带的两个班的学生，简直像从两个星球来的，他们的性格、功底都相差甚远，教《背影》这种比较难的文本，怎么样保证尽可能让更多的学生有所悟、有所得呢？最后我决定，边教边观察，两个班可能也要使用不同的办法才好。

第一堂课在六班。这个班的学生，整体上基本功好一些，考试分数高，但班级的集体氛围比较内敛，上课敢于积极举手发言的学生不多，相对比较“闷”，课堂推进也慢。但他们的思维能力还是有的。我想，那就不要期盼课堂的“热闹”了，顺着这个班学生的天性而为，注重思维方式的教学吧。

首先听录音朗诵，这大概就花掉了9分钟。为了这个环节，我也颇踌躇了一阵，最后还是决定一定要让学生听。《背影》的文字很朴素，如果听一听诵读，学生的感觉会很不一样。朗读和听朗读，都是最为简省和有效的教学方法。所以，在课堂上，不要怕在朗读上花费时间。

听完朗读后，我让学生在黑板上用一个词语板书他们的初读感受。结果讲台上来了十来个同学，大部分写的是“父亲的爱”，也有部分同学写的不一样，会写如“父子之爱”“年少轻狂”“依恋”“隔膜”等。我请几个孩子站在讲台上发言，阐述自己为什么要这么写，原因在哪里。我着重追问了“父亲的爱”和“父子之爱”的不同，还有写“年少轻狂”的同学的理解。这是自由发言的阶段，事实上也是老师摸底的阶段。在这个时间段，我确定了这节课的教学重点。

接下来，我说，写有关“父亲的爱”的同学很多，看来这个层面我们不需要讲了。课文中也有比较详细的批注，同学们可以自己去看。我们现在要研究的是大家的分歧，为什么有的同学只感受到了“父亲的爱”，而有的同学却感受到了“父子之爱”呢？而且，甚至，还有同学感受到的是相反的东西——“隔膜”呢？矛盾出现了，课堂的难点也就出现了。今天老师要教给大家一种重要的读书方法，叫作“矛盾分析法”。什么是矛盾？就是文本中不符合逻辑的地方，不符合常理的地方，和作者的写作习惯相悖的地方。我们去琢磨这些地方，往往就会走到文本深处去。

我选出了三个句子，引导学生们细细琢磨。我说，这些句子中都有矛盾，看你们能不能够发现。

我与父亲不相见已二年余了，我最不能忘记的是他的背影。

唉！我不知何时再能与他相见！

我身体平安，惟膀子疼痛厉害，举箸提笔，诸多不便，大约大去之期不远矣。

学生们很快发现：父亲的信写得“颠三倒四”，逻辑不清，表达混乱，也不符合中国家长的表达方式。“不知何时再能与他相见”更是离谱，事实上如果想见，父子也是完全能够见的。而如果把“不相见”表达成为“分别”会更加简洁……这就是文本中呈现的“矛盾”之处。在对话的过程中，教师的点拨和引导异常重要。教师要唤醒学生，要适时把生活的源头活水引进课堂中，对文本进行补充……这就是课堂张力产生的过程。

分析矛盾会把学生引进“矛盾”之中，这便是“愤悱状态了”。这个时候，我出示了《背影》的写作背景——朱自清和他父亲的“斗争故事”。教师不出声讲解，只让学生静静阅读，让教室保持安静，绝对安静。读完后，教师让学生再次朗读“父亲买橘”部分的文字，然后观看一段简短但非常动人的视频，主题是父亲爬月台和分别之后的父亲来信。做这些，当然是为了酝酿感情，一定要酝酿得够够的，足足的。

接着，我让学生们继续到讲台上发言，谈自己对文本的再次理解。可想而知，他们这次就谈得深刻多了。

我抓住矛盾，继续追问：难道《背影》仅仅是写“父亲的爱”吗？

我让学生做了一个语言训练，给下边的句子加上关联词，把作者的感情凸显出来。

近几年来，父亲和我都是东奔西走，家中光景是一日不如一日。他少年出外谋生，独力支持，做了许多大事。哪知老境却如此颓唐！

这样融入了思想情怀的训练是语文课最需要的训练。我们说工具性和人文性不能分离，就体现在这些方面。

这个训练做完，课堂境界大开。

■【练习提示】

在口语表达的过程中，眼神、手势、表情等态势语与口语表达相结合，能够更加准确地反映表达者对于文本的理解和掌握情况。对《背影》的说课内容进行模拟练习时，在关于课文的重点、难点和学生不容易理解的地方，要着重加以表达，可配合相关态势语阅读课文中的原文，让学生先自己体会，之后再用口语表达说课的重点之处。

【能力检测】

下面是毕业典礼上一段教师的致辞，请结合眼神、动作和表情的技巧要领进行演说练习，运用表5-11进行丰富能力的评析，并根据评析结果进一步提出优化改进策略。

在这里，我还要向大家真诚地道歉——因为你们曾经居住的宿舍，不美丽，但很“冻”人；有的生活和学习场所，找卫生间基本靠闻；外卖小哥的“生死时速”，一直在“上演”；食堂的饭菜，要么便宜不可口，要么可口不便宜。

同学们，我们食堂有一句名言，外卖天天有，食堂只三年，且吃且珍惜！学校为大家提供的送行饺子请务必品尝一下。饺子顿顿都相似，今天这顿总不同。

表5-11 丰富表情能力评析表

| 指标（分数） | 表情自然不做作（3.5分） | 表情自然不呆板（3.5分） | 表情丰富不过度（3分） | 总评（10分） |
|---|---|---|---|---|
| 丰富表情能力练习1 | | | | |
| 丰富表情能力练习2 | | | | |
| …… | | | | |

【推荐资源】

1. 埃文斯. 表情包密码：笑脸、爱心和点赞如何改变沟通方式［M］. 翁习文，译. 北京：北京大学出版社，2021.

2. 卡西亚，帕特里克. 微表情密码［M］. 陈天然，译. 成都：四川文艺出版社，2019.

# 项目六
# 口语综合运用能力

我的语言的界限意味着我的世界的界限。[1]

——维特根斯坦

① 维特根斯坦. 逻辑哲学论［M］. 贺绍甲，译. 北京：商务印书馆，2009：85.

教师口语表达水平不仅是教师运用口头语言能力的直接体现，也是教师思维品质、知识水平、内涵修养等的综合体现。海德格尔认为：“在思中，在成为语言。语言是存在的家。”[①] 如果没有语言，思想就是一片混沌。语言不仅是传达信息、表达思想的工具，同时语言还生成思想。这意味着，思维品质和语言品质相互影响，相互促进。教师运用口语进行教学的过程，就是将自身的“心语”（思考的过程和内容）转化为可被学生接受并理解的“口语”（表达的形式和意义）的过程。教师的“心语”能成功转化为“口语”，以及转化完成后的“口语”与“心语”匹配一致，对保障教育教学的质量和效果至关重要。

与日常口语和其他行业的口语相比，教育教学口语具有自身的特殊性，不仅要求表达规范、准确，具有科学性，还要求悦耳悦心，春风化雨，富有艺术性。学科教学还要求教师具有将 PCK[②] 知识与口语表达技艺紧密结合起来的能力，只有实现口语表达的“PCK化”，才能创设优质、高效的课堂。

在教育教学过程中，教师不只用口头语言去传达信息，教师的一举一动、神态表情，都有可能包含教育教学信息，具有教育意义。教师口语和教师体态语之间应配合协调，共同助力教育教学信息的传递与交流。教学口语表达还需要与板书演示、教具使用等相协调，以便更好地帮助学生进入学习的场域，从而实现教育教学目标。

在教育教学实践中，教师需要综合调用多方面的相关技能，来满足各类教育教学活动的语言表达需要。所以，教师必须不断打磨自己的语言，以更好地讲解知识、传递信息，激发学生兴趣、点燃学生热情，与学生进行有效的情感交流和思想沟通；不仅要让学生感受语言的魅力，更要让他们获得知识的增长、思维的启迪和人格的成长。

---

① 郜元宝. 人，诗意地栖居：超译海德格尔［M］. 北京：北京时代华文书局，2017：36.

② 学科教学知识（Pedagogical Content Knowledge，简称 PCK），最早由美国教育学者舒尔曼提出，指的是教师在教学过程中特有的知识，它是教师学科知识、教学知识、学生知识和学习情境的整合。华东师范大学陈杰琦等人从操作的角度将“学科教学知识”（PCK）定义为三个维度的有机结合：教什么——教学内容知识；怎样教——教学方法知识；教谁——教育对象知识。

【训练目标】

1. 能够掌握言思转化与协同的训练方法，实现言思合一；
2. 能将学科知识进行教学转化，并能准确、生动、艺术地予以表达；
3. 能恰当地将口语、体态语表达与板书演示、教具使用等交流方式相配合，形成立体的信息交流通道。

【重点提示】

1. 言思的转化与协同
2. 口语表达与学科教学知识的结合
3. 口语表达与板书演示的协同
4. 口语表达与教具使用的协同

## 任务一
# 言思同构训练

【情境描述】

刚走上工作岗位的李老师向其带教老师提出了以下困惑：首先，在备课时，我认为自己的思维已经很清楚了，但到了课堂上，却表达得不太清楚，好像很难把自己脑海中想的东西给学生讲明白；其次，在讲课时，我认为自己讲清楚了，学生却说没有听懂；最后，也是让我觉得最困难的情况，那就是在课堂上，我很难向学生提出问题，总想着要把自己准备的内容全部讲给学生听，甚至可以说，我有点害怕向学生提出问题，因为我不知道他们会怎样回答，在他们回答之后我又应该怎样回应，可以让交流变得更加有效。

李老师的问题应该是每一位老师在教育教学实践中都碰到过的，这些问题出现的背后有何原因？又该如何解决呢？

## 活动一　言思转化——“出声思维”

【能力解析】

【拓展阅读】北碚人，北碚的守护神

语言是思维的载体，语言也在形塑思维。一个语言表达准确、流畅的人，往往拥有优良的思维品质。不过，具备了优良的思维品质未必就能表达顺畅、出口成章；一个人的语言水平也不直接等于其思维能力。因为从脑海中的思维到口语表达之间，存在一个加工和转化的过程。只有加工转化顺利，语言和思维才能协调，所言才能反映所思。言思转化训练能帮助教师的语言输出过程更加迅捷，使语言对思维的反映更加准确。

“出声思维”本是认知心理学的研究方法，它要求发言者（被试）在完成任务的过程中，可以借用“出声思维”不断表达出脑海中的想法。发言者只需要集中在任务本身，在当前状态下进行思考，同时做出口语表达，不需要对当前的思考进行解释。在进行口语表达训练时，可以借鉴这个方法，将内部的思维过程通过语言外显化，清楚表达自身的思考过程，同时通过修改、调整、润色，使口语表达更加完善、准确，思路清晰，主线明朗，层次清楚。

与心理学研究方法不同的是，教师在通过口语表达将思维过程外显化，促进“言思转化”时，可以对当前的思考作出解释，以便让学生更好地理解其想法和思路。诚如列夫·维果茨基所言：“思维不是在言语中表现出来的，而是在言语中实现出来的。”[①] 教师用口语表达出自身的思维过程，思维才能真正成形。言思转化训练一方面可以使教师将注意力从问题本身转向解决问题时的思维过程及方法，通过对口语表达的评析，重新审视自己解决问题的过程；另一方面也可以帮助教师从注重口语表达的形式技巧，转向同时注重口语表达形式背后的思维实质及内容意义，最终实现可“意会”又可“言传”，达至“有思即能言”“所言即所思”的目的。

**【典型练习】**

请选择你所在学科的某个难点题目，尝试为学生讲解审题及分步骤解题的思维过程及思维方法。请先写出讲稿（或教案），再进行实际操作。

■【练习提示】

学习的最终目的就是运用知识解决问题。审题、分步骤解题是解决问题的基本过程。如果期待学生拥有自主解决问题的能力，教师自己首先要能捋清解决问题的思路，并将自己的思维过程、思维策略用口语明确地表达出来，学生才能真正理解并学会此种思维策略。这其实就是教会思考、教会认知、教会学习的过程。

具体而言，教师在撰写讲稿（或教案）时，应先明确自己的思维策略，例如发散、集聚、逆向思维等，再理清自己的思路。教师可以运用思维导图，明确思维的起点、分叉点和终点，再将思维导图转化为讲稿，讲稿内容应包括思考的全过程及学生如何使用此种思维策略等，最终的目的是使教师的教学思维与学生的学习思维同步。

例如，在审读某道题时，教师应该要讲清楚题型、题目的特点、题中条件、涉及的学科知识、可用的方法策略等；解题时，说出解题过程、过程中的重难点、最后的结论。除此之外，教师还可以给学生讲明解答此类题目时经常出现的错误，分析出错的原因等。

**【变式练习】**

请用口语表达出【典型练习】中所撰写讲稿的思路，理出讲稿的思维过程及思维策略。需要注意的是，讲稿讲述的是解题思路，此练习需要陈述的是讲稿的思维过程及思维策略。

---

① 维果茨基. 思维与语言［M］. 李维，译. 北京：北京大学出版社，2010：13.

■【练习提示】

梳理讲稿的思路与梳理文章的思路类似。在梳理讲稿时，应该先抓住讲稿（文章）的主线，由此分清层次，再明确不同层次之间的关系，各个层次与整体主旨之间的联系，等等；并由此反思讲稿内容是否完整、讲稿思路是否清晰，自身的表达是否符合学生的认知逻辑，是否使用了准确的关联词来表明不同内容之间的关系，等等。

梳理讲稿的思维过程及思维策略，最终目的是发现自己在写作讲稿过程中思维和语言的问题，以及语言和思维的一致性问题。即，解决问题，修改讲稿，优化教学设计，让思维和语言不断相互转化、检验，最终实现相互印证。

【拓展练习】

针对【典型练习】中所选的学科难点题目的讲稿（或教案），开展“说课”活动。与同伴相互观摩，提出讲稿（或教案）的修改意见。

■【练习提示】

“说课”是教师教学实践中极为常见的教研、比赛项目，也是打磨教师教学思维与口语表达能力的重要训练方式。说课的实质就是向听者说明自己的教学过程、教学思路、教学策略。

在评价说课时，主要是看教师针对教学内容及学生学情是否采用了合理的教学思路及策略，其设计的教学思路是否清晰流畅，教学策略方法是否合理有效等。

【能力检测】

针对【拓展练习】中已经优化过的讲稿（或教案）进行教学实作，同伴间相互观摩，运用表 6-1 进行评析，并根据评析结果进一步提出优化改进策略。

表 6-1 言思转化能力评析表

| 指标（分数） | 思—语转化（6 分） | | 语—思分析（4 分） | | | 总评（10 分） |
|---|---|---|---|---|---|---|
| | 思路清晰（3 分） | 表达清楚（3 分） | 抓住主线（2 分） | 分清层次（1 分） | 找准问题（1 分） | |
| 言思转化能力练习 1 | | | | | | |
| 言思转化能力练习 2 | | | | | | |
| …… | | | | | | |

【推荐资源】

1. 杜威. 我们如何思维［M］. 王文印，译. 成都：天地出版社，2019.

2. 秦红斌. 思维导图：走向高效的教与学［M］. 北京：电子工业出版社，2019.

## 活动二 言思协同——“心口如一”

【能力解析】

当一个人的语言能够准确地表达其思维，听者能够理解其表达的意思时，在此基础上，双方可以展开有效的沟通交流。此时，可以说，这个人做到了思维和口语表达的协同，即心口如一。

从生活沟通交流的实际中，我们也能清晰地体认到，受个人加工、转化能力所限，以及受信息传递过程中信息损耗、流失的影响，“所言非所思”，甚至“所言背离所思”的现象经常出现，常常使我们陷入语言无法准确表达思维的困境中。

一般来说，当语言与思维协同时，表达者往往能用相对准确的词语，有序且完整地表达出自己的想法。此时，常常因为首先有了清晰的思路，并能够使用语言外显化思维，表达者最终能明确主线、理清层次，准确地表达出自己想说的话。

当语言与思维不协同时，表达者往往表现为总是容易忘记接下来要表达些什么，表达结束之后又会忘记之前所表达的内容。当这样的口语表达状态呈现在学生面前时，学生体会到的是一片混乱，这种混乱由口语表达中不准确的词语、语法错乱的词句、前后不连贯的句段构成。这种情况的出现，往往是因为教师没有整理好自己的思路，不能将思维向言语进行有效转化。教师还是要尽力锻炼言思转化协同能力，准确表达自己的想法，让语言交流更加有效、顺畅。

那么，如何实现言思协同呢？

首先，教师可将心中所想具体化地转写为文字，将内容之间的逻辑关系用准确的关联词连接起来。维果茨基曾说：“我已经忘掉了想要说的话，而我的思维，由于没有具体化，回到了隐蔽的王国。”① 如果教师只是在头脑中思考，不细化思维过程中的各个环节，那么其思维就会变得躲闪，难于捕捉。

其次，教师要为自己的思维选择合适的口语表达形式。当教师在说明观点、构造论证时，需要使用理性议论的语言表达；当教师在描述情境时，需要使用准确而生动的语言表达；当教师在讲述严肃的内容时，应该运用严谨庄重的语言表达。不同的思维内容，都有相应的口语表达形式及语言风

① 维果茨基. 思维与语言［M］. 李维，译. 北京：北京大学出版社，2010：351.

格……形式对内容具有制约性，有时甚至可以起决定作用。

最后，教师要用书写、检视、修正、再书写的方式，来减少口语表达内容中的多余部分或干扰部分。书写是梳理思维的最好方法，在书写的过程中，教师可以不断修剪自己思维的“树杈”，调整笔头表达，再将书写的内容念出来，根据口语表达的顺畅与否进行调整，直到口语表达流畅清晰为止。

**【典型练习】**

就活动一【拓展练习】中修改过的讲稿（教案），表达出自己的教学思路。再根据讲稿（或教案）讲课，与同伴相互观摩，并评价教学思路与教学表达的一致性。

■【练习提示】

讲课的过程，就是在课堂上运用教学语言“呈现”教学思维、实现教学意图的过程，就是教学思路的具体开展过程及教学目标达成的过程。教学语言是否能够准确反映思维，可以通过课堂教学的口语表达与说课时的教学思路是否一致来加以审视和判断。

因此，在与同伴相互观摩时，要注意说课思路与讲课思路的一致性，注意讲课时的口语表达是否准确反映了说课时的学情分析、教学思路与策略的解说、教学目标与内容设计的说明等。

在审辨评析时，有以下三种情况需要注意：表达者觉得自己讲得很清楚，但听者认为这样的讲述不够清晰；虽有较明确的教学思路，但在具体解说表达时的用词、用句不够准确；教学思路与教学内容相对匹配，但口语表达方式不够恰当，如用抒情的语言讲述公理等。

**【变式练习】**

在完成【典型练习】的基础上，就教学思路与讲课时的教学语言表达不一致的问题进行改进优化。

■【练习提示】

“同课异构”是教研中常采用的方法。一般来讲，需要聚焦课堂主题或目标，立足现实设计有针对性的教学路径。针对【典型练习】中发现的问题，可以尝试用“同课异构”的方法加以优化。

运用“同课异构”的方法，根据教学思路，在讲稿内容与教学思路不一致的地方，进行反复推敲，比较不同的词语、句子以及不同的口语表达方式，按照最符合教学思路的要求，选择最恰当的教学语言，修改原来的样稿。

【拓展练习】 请分析自身的口语表达中，语言与思维不协同问题产生的原因，并有条理地说出解决策略。

■【练习提示】

言思协同是言思转化的成功表现。

实现语言与思维的协同，可以按照以下三个步骤及方法进行：分析自己的思维策略；用思维导图等思维工具梳理自己的思路；将思维导图转化为口语表达的讲稿、审视讲稿并加以修改。

为使得思维向语言的转化更加顺畅，还需要掌握一些学科思维策略和思维方法。

【能力检测】 用活动一【拓展练习】中修改后的讲稿（或教案）讲课，同伴间相互观摩，运用表 6-2 进行言思协同能力的评析，并根据评析结果进一步提出优化改进策略。

表 6-2 言思协同能力评析表

| 指标（分数） | 表达内容与思考内容统一（5 分） | 表达方式与思维方式协调（5 分） | 总评（10 分） |
|---|---|---|---|
| 言思协同能力练习 1 | | | |
| 言思协同能力练习 2 | | | |
| …… | | | |

【推荐资源】

1. 袁长林，赵枫，卞红，等. 新时代同课异构教研方式的继承与创新［J］. 基础教育课程，2020（13）：53-58.

2. 倪文锦. 群文阅读中的思维策略［J］. 课程·教材·教法，2020，40（2）：72-76.

3. 赵国庆，杨宣洋，熊雅雯. 论思维可视化工具教学应用的原则和着力点［J］. 电化教育研究，2019，40（9）：59-66.

## 活动三 以言启思——“循循善诱”

【能力解析】

《论语·述而》中说：“不愤不启，不悱不发。”启、发是教学中极为重要的方法，二者都有“打开”的意思。它们提醒教师，要打开学生思维的空间，当学生在思考过程中碰到问题时，为他们打开深入分析的道路。在课堂上，设问诱导式讲解是启发性教学、主动探究性学习的基本方法，而直言传授式的“一言堂”往往会导致被动式学习、接受性学习的不良课堂状态。

实施启发性教学的关键，是教师要善于设问，以高质量的问题有效激发学生的思考，并以追问的方式引导学生进一步思考，循循善诱，步步深入，促进学生实现深度学习，这样学生才能真正提升学习质量，并逐步形成主动学习、善于思考的能力。

追问一般有两种提问方式：一是发散式提问，一是聚合式提问。发散式提问的问题往往不是封闭的，而是可能具有多种答案，或是有多种思考路径的。聚合式提问是指在发散式提问的基础上，引导学生围绕主题进行归纳、概括，从而探究出基本的结论。教师循循追问，学生步步探寻，有如《桃花源记》里渔人寻见桃花源的历程——“山有小口，仿佛若有光”，不断进入之后发现“别有洞天”，从而“豁然开朗”。

好的问题一般来自生活情境，或是与学生的生活实际相关。无论采用发散式提问还是采用聚合式提问，问题一般宜设置在学科知识与学生惯常认识相矛盾、有出入之处，以利用“认知冲突”来激发学生的探究欲望；或是设置在学生可能有疑惑的地方，进而引导学生解惑释疑；也可设置在需要提升、拓展的关键处，以提升思维，开阔视野；当然，问题也可能出现在学生学习过程中容易忽略但却十分重要的地方，以起到查漏补缺的作用。

有效追问基于对学生首发问题回答的分析，从学生的回答中合理推测学生的认知状态及思维方式，找到其中可以深入询问之处，以关联问题方式激发学生进一步解释、辩驳、深入探究的欲望，最终让学生通过思考，一步步达至学习目标。如果学生懂得“深化”“细化”知识，便可以不断地进行学习，且越学越深入，教师所要做的，就是用追问的方式助推学生的学习更加精深化。

还需要注意的是，教师设置的问题要有一定的难度，只有让学生感觉不易回答时，当学生抽象的回答被具体化、形象化时，当问题和学生自身息息相关时，他们才会把学到的东西记得更牢固，也才更能主动、深入地思考问题。

当然，要想做到以言启思，还需要教师的耐心和变通。有时，一句话无法启发学生，可以尝试用多句话或从多个角度来启发。由于学生的理解能力有差异，教师对不同的学生需要使用不同的启发方法，可以根据学生的情况适时地做出调整。

【典型练习】 从活动一【拓展练习】中使用的讲稿（或教案）中选择一个重点知识，针对此知识点设计提问，引导学生开展探究学习。

■【练习提示】

首先，提问要适应学情（学生已有的相关知识基础及学习能力水平）。教师需提前了解学生对已学过的相关内容的掌握情况，以及这一阶段学生的学习心理特点及发展水平。提问不能超过学生现有的知识水平，而是要紧扣“最近发展区”，让问题的答案成为学生“跳一跳可以摘到的果子”。

其次，提问要紧扣主题。有的问题看似有趣，但与教学主题无关，就应该避免，否则会引导学生走向与本节内容无关的方向。

最后，为了更好地激发学生的思考兴趣，提问宜具体、与学生的生活情境相关，便于学生找准思考的切入点。

【变式练习】 在完成【典型练习】的基础上，围绕知识点的突破、深入或与其他知识点的关联，设计追问，引导学生深度探究学习。

■【练习提示】

学习思路进程的推进，是通过追问来实现的。教师要通过多种追问技巧设置问题，以发散、开放式提问，或聚合式（定向思维引导）提问，来帮助学生发现自己的认知偏差或认知还不够深入的地方。

总的来说，追问必须围绕教学主线展开。教师可以在学生给出答案后，复述并细化学生的回答，确认其是否为学生想要表达的意思，推测其此时处于怎样的认知状态；接下来，再用“为什么”的方式追问，也可以用“如果……会怎样”的方式追问。例如，学生在寻找实验操作失误的原因时，回答“酒精灯不能用嘴吹灭”，教师可以直接提问“为什么酒精灯不能直接用嘴吹灭呢？”，也可以问

“如果我们用嘴吹灭酒精灯，会发生怎样的情况？”来引发学生对现象背后原理的追究。

学生的回答可以显示其在认知过程中遇到的困难，教师的追问应该就学生回答中的模糊、矛盾、片面、无效循环、绝对之处，有针对性地提出问题。

【拓展练习】

请给出学情分析，针对讲稿（或教案）中的课题知识点的学习，列出在这个过程中学生可能遇到的问题，并预设其作答方式。

■【练习提示】

首先明确该知识点在学科知识系统中的位置；其次要明确学习此学科知识时学生的学段、心理状态、认知模式等；最后根据学情分析，列出学生可能会遇到的学习问题。

对列出的提问预设回答，需要考虑学生可能遇到的难点、疑点，围绕难点、疑点来预设作答及相关的追问，引导学生进一步延伸学习和深入探究。

【能力检测】

请运用【拓展练习】中优化设计后的提问与追问的讲稿（或教案）进行教学实作，同伴间相互观摩，运用表 6-3 进行以言启思能力的评析，并根据评析结果进一步提出优化改进策略。

表 6-3　以言启思能力评析表

| 指标（分数） | 设问有质（4 分） | 引导有方（4 分） | 推测有理（2 分） | 总评（10 分） |
| --- | --- | --- | --- | --- |
| 以言启思能力练习 1 | | | | |
| 以言启思能力练习 2 | | | | |
| …… | | | | |

【推荐资源】

1. 李媛媛，潘亚峰. 为何要循循善诱？教学策略影响师生脑间同步［J］. 大众心理学，2022（7）：30.

2 倪中华. 循循善诱：浅谈小学语文课堂教学的提问艺术［J］. 新课程（中），2019（6）：78.

# 任务二
# 口语“三性融合”训练

【情境描述】

张老师毕业于名牌大学，具有丰富的专业知识和较高的专业水平，但是学生在上张老师的课时，却总觉得“云山雾罩”，仿佛听懂了，又仿佛没完全懂。张老师参加学校组织的“教师考试比赛”“教师出题大赛”时，总能得到很好的名次。然而一旦在课堂上讲解相关题目，学生就会觉得课堂有些干瘪寡淡，缺少吸引力。

皮老师获得过奥林匹克竞赛的奖项，但每次给学生进行奥赛辅导时，总觉得有些词穷，很多重难点之处只能告诉学生：“就是这样的，你感觉一下。”学生感到非常苦恼，他也觉得十分困惑。

实际上，发生上述两种现象除了前一节谈到的教师言思不协同之外的原因外，还可能有教师只重学科专业知识，缺少教育教学知识的原因。在教育教学实践中，教师不能只是学科专家，更应该是学科教育专家，还应该是语言艺术家，只有这样，才能创设优质高效、轻松愉悦的精彩课堂，在自己优秀精彩的同时，也能够把课堂变得优秀精彩，最终培养出优秀精彩的学生。

## 活动一　科学化——“科学家说”

【能力解析】

学习从根本上讲是对自然界、人类社会科学规律的认识过程。教育的基本职能之一，就是要把人类积累下来的科学文化知识传承下去。教育的目的之一，是教会学生认识世界的科学方法。教师在引导学生探究世界奥秘、掌握科学规律、学习学科知识的教育教学工作中，必须注意语言的科学性，并以语言的科学性，确保知识的科学性。从这个意义上讲，教师的职业角色，具有一重“科学家”的身份；教师的教学口语，也就具有了“科学家说”的意味。

语言科学性的基本要求是口语表达要规范、标准，知识传递要精准、专业。教师语言的科学化，就是让口语表达更加规范、标准，所教知识更加准确、深刻、系统的过程。

口语表达规范、标准，即要求教师使用国家通用的语言文字开展教育教学工作，做到语音标准，语法、用词规范。

所教知识准确，意味着教师教给学生的知识内容必须来自公认的学科专业，不能道听途说，也不是毫无根据的无厘头。在教学过程中，与学科知识相关的专业内容尽量不用“听说”“据说”等没有可靠依据的表达，以及“可能是”“或许是”等模棱两可的判断，用词和表达要尽量准确，教给学生精准的知识。

所教知识深刻，要求教师对学科知识的认识和理解十分透彻，具有本学科独有的学科思维，且能看到繁杂知识表象背后的本质，这样才能促进学生对知识的深刻理解。

所教知识系统，要求教师的教学口语表达及其阐释的内容都应该是完整的、系统的。教师尽量不要把话说一半，或者把知识传递一半，而是要主动地将知识内容、语言表达系统化，注意不同知识点之间的联系，注意部分和整体之间的关系，能够从一个知识点观照到相关知识系统背景甚至整个学科图景，尽量在系统整体背景之下来认识和把握具体的知识点。

当然，科学性并不意味着教师需要做一个不会出错的人。在即时互动教学过程中，偶尔的口误在所难免，但不能出现知识性的错误。教师要时刻自我监督，及时修正口误。

为使教师语言科学化，教师应该不断加强学科专业知识的学习；课前认真查阅资料，精心设计教案、准备讲稿，教给学生专业化的科学知识；同时不断积累优质的语料，锤炼自己的语言。教师在口语表达中，要注意逻辑的顺畅，可以用“因为……所以”的论证格式检视自己的口语表达，避免出现只有结论、没有论证的情况；同时要对生活中常见的逻辑谬误（如滑坡谬误、虚假两难、诉诸大众等）有所了解，对此保持敏感，在自己的口语表达中，不出现相应的逻辑错误。

**【典型练习】**

请修改曾在任务一活动三【拓展练习】中使用过的讲稿（或教案），提高讲稿（或教案）的科学化水平。

**【练习提示】**

首先，请注意讲稿（或教案）本身的科学化标准。例如，讲稿（或教案）的构成是否完整？是否基于精准的学情分析？是否具有明确的、合理的教学目标设定？教学的各个环节是否循序渐进、环环相扣？教法的选择是否合理？

其次，请注意讲稿（或教案）中的语言表达是否科学合理，以规范、准确为底线来审视自己的讲稿（或教案）用语。

最后，请注意扩充知识，预设学情。虽然在与学生互动交流时，可能会有临时生成的内容，但这些生成性的内容越是基于充分的预设准备和日常积累，就越能够做到精准、科学，即“从心所欲而不逾矩”（《论语·为政篇》）。在专业知识和语言表达上都要提前准备好科学的应对预案。

【变式练习】

请针对讲稿（或教案）中相对较艰深、难以理解的内容，将其转化为通俗浅易的讲解语言。

■【练习提示】

纯粹科学性的表达，有时也会因过于专业而显得艰深，所以，教师在进行口语表达时，需要将艰深的专业知识讲授变得简单浅白，通俗易懂。

按照费曼技巧[①]的说法，验证学习者是否真正掌握了某个知识，就是要看学习者自身能否用直白浅显的语言把复杂深奥的问题和知识讲清楚。教师也是如此，只有教师自己能用直白浅显的语言讲清楚学科知识，学生才有可能用自己理解易懂的语言复述相应的知识。

教师可以采取分解的方法，将复杂、深奥的知识分解成一个个简单、浅显的知识点，再分别用浅易的、通俗的语言来解释方法，从而化繁为简；也可以抓住关键点，用通俗易懂的语言解释、说明关键点，从而化难为易。但请注意，在转化过程中不要损害语句及知识各个层次之间的逻辑关系。

如果无法直接替换为浅易通俗的语言，可以在把握知识背后的原理后，用举例、类比的方式帮助学生理解知识，借助生活情境中的事物帮助学生去理解生涩、抽象的专业内容，做到在教学上深入浅出。

【拓展练习】

思考讲稿（或教案）内容是否符合科学逻辑，对讲稿（或教案）语言及内容的科学性作出全面评价。

■【练习提示】

从言思转化及其协同来看，语言的科学化背后是思维的科学化，思维方式、思考策略及步骤要符合科学逻辑和客观实际，只有这样，语言才能符合科学逻辑和客观实际。

所以，需要进一步优化自己的教学思路，使之更加清晰合理。衡量教学思路合理的核心指标，就是其既要符合学科的知识逻辑，又要符合学生的认知逻辑，除此之外，还要符合知识逻辑与认知逻辑相统一的教学规律，以及循序渐进的基本原则，例如由易到难、由表及里、由浅入深，从简单到复杂、先分解再整合等教学法则。

---

① 费曼技巧是一种以教为学的学习方式，能够帮助提高知识的吸收效率，真正理解并学会运用知识。

【能力检测】

根据讲稿（或教案）进行实际操作，对口语表达的科学化能力作出评价，运用表 6-4 进行评析，并根据评析结果进一步提出优化改进策略。

表 6-4 口语表达科学化能力评析表

| 指标（分数） | 表达规范（4分） | | | 知识专业（4分） | | | 浅白易懂（2分） | 总评（10分） |
|---|---|---|---|---|---|---|---|---|
| | 语音规范（1分） | 用词规范（2分） | 语法规范（1分） | 准确（2分） | 深刻（1分） | 系统（1分） | | |
| 口语表达科学化能力练习 1 | | | | | | | | |
| 口语表达科学化能力练习 2 | | | | | | | | |
| …… | | | | | | | | |

【推荐资源】

1. 杨凡. 逻辑、情感、道德：教育表达语言的三重结构［J］. 教育理论与实践，2021，41（13）：3-8.

2. 高洁. 立德树人背景下教师教学语言的育人功能研究［J］. 新课程导学，2022（11）：7-9.

## 活动二 “学科教学知识化”——“教育家说”

【能力解析】

“学科教学知识”概念有助于我们理解教师如何将学科知识转化为教学实践知识，如何以适合学生的方式组织课堂，开展相关教学活动，使学生获得本学科的专业知识。

在我国的师范教育中，学科专业知识的学习和教育教学知识的学习是分别开展的，它们分属于学科专业类课程和教育专业类课程。学科专业知识、教育教学知识整合起来的过程，叫作“学科教学知识化”。尽管各师范专业都开设有“××”学科教学法（或“××”学科教育学）这样的专门学习学科教学知识、促进“学科教学知识化”的课程，但是，如果仔细考察教师的教学实践，很多新手教师仍然没有很好地完成此项整合，只是把两方面内容生硬地“堆积”在头脑里，形成了“两张皮”的状态。有的教师学科专业能力强，也较系统地学习过教育教学专业知识，但却仍然无法成为本学科的教学能手，更不用说成为本学科的教育专家，其原因就在于此。

教师语言应该走向“学科教学知识化”，例如文科教师应更加注重口语表达的人文性，使教学语言具有较高的文化品位及审美情趣，思维方式上更多地运用形象思维、直观思维，注重口语表达的细腻、动人，符合情感逻辑；理科教师应更加注重口语表达的准确、科学、简洁、严密，同时还要有较强的抽象思维能力。具体细分到各个学科，在符合基本语言规范的基础上，教师口语表达还应体现各学科的个性及特殊性。总之，“学科教学知识化”的教师口语表达，既要符合学科知识逻辑，具有学科特征；又要遵循教育教学逻辑，切合学情实际，具有教育属性。因此，教师的教学言说，不仅应具有“科学家说”的意味，也应具有“教育家说”的意味。

那么，如何让教师语言“学科教学知识化”呢?

首先，要在掌握本学科主要内容、知识结构的基础上，归纳本学科教学内容的特点。教师要掌握相应学科的知识体系，理解学科的基本性质，学习与学科紧密相关的基础理论，在此前提下，把握学科教学内容的特点。例如，数学学科具有高度的抽象性、严密的逻辑性、结论的确定性等特点。相应地，数学学科的教学语言就会更加抽象，教师也更加追求口语表达的严密和精确。

其次，要掌握本学科常用的专业术语、专有名词以及特殊提法等，并能准确且容易地理解及阐释此类语词或提法的含义。同一语词在不同的学科中可能会有不同的含义及理解方式。教师在讲授本学科的教学内容或与学生进行互动时，要准确、适切地使用学科专业词汇；同时，也要注意相关学科中的类似提法、“同名异义”或“异名同义”现象。对此，教师应当在教学过程中特别加以提示，以免产生知识之间的“学科干涉”现象。例如，汉语和英语语法体系里都有“副词”和“形容词”，其对应名称一样，但汉语与英语里的副词、形容词并不完全对应等同：英语中修饰动词的是副词，但汉语中修饰动词的是（被称为）形容词。英语与汉语之间的副词与形容词发生了转换，英语老师和语文老师若不对此加以提示，在学生头脑里就有可能发生学科间的“认知干扰”，影响其对学科知识的掌握质量及学科能力的生成。

最后，要将生活情境、生活常识与学科知识紧密结合。在日常生活及与学生的课下交流中，教师要尝试用学科知识解释生活现实，并在具体生活情境中帮助学生理解学科知识。这样会使日常表达自觉地与本学科关联起来，促进学科教学知识的生成与整合。

**【典型练习】** 从学科专业知识与教育教学规律相结合的角度出发，对任务一活动三【拓展练习】中的讲稿（或教案）进行再度审视、评析，并做进一步的修改。

■【练习提示】

首先，注意自己的讲稿（或教案）内容是否符合学科知识本身的规律，即是否符合学科的知识逻辑。其次，要注意自己的讲稿（或教案）内容是否符合教育教学规律或者学生的学习认知逻辑。只有既符合学科规律，又符合教育教学规律，才能让学生在学习知识时，学习效率高，并取得良好的效果；反之，则有可能绕远路，甚至可能学不到应该掌握的知识。

教师要善于把学科专业知识转化为学科教学知识，将学习规律和学生的学情作为转化的依据，以让学生听懂学会相关知识。

**【变式练习】** 同伴间进行相互交流和探讨，发现自己的讲稿（或教案）中没有整合学科知识与教育教学知识之处，分析原因，并提出解决对策。

**■【练习提示】**

教师要了解基本的教育教学规律，也要了解学科知识本身的构成规律及发展规律，还要了解学生的相关知识基础、学习能力水平及学段年龄特征。

事实上，学科发展进程序（科学史）与个体认知学习序是一致的。例如，在认知事物时，一般从简单到复杂，所以越简单的知识越应该放在前面进行学习。知识掌握本身的规律也是如此，越简单的知识，是人类越早期认识到的知识，所以也应该放到学习进程的前段。例如，学生在认知事物时，记忆是基础。但是，如果只是采取勾画、反复背诵的机械记忆方式，知识是很难有效进入长时记忆系统的。教师要善于通过有效讲解，对知识进行认知精加工，引导学生通过理解记忆的方式，让有意义的学习真正发生，从而有效形成长时记忆。例如，在讲解一个新知识时，教师需要借助学生已知的相关知识，将新旧知识信息联系起来，这有助于促进学生对新知识的理解。

在学科知识构成规律与学生认知学习规律的指导下，把知识与学生的学情真正整合起来，教师就能循序渐进地开展教学，不会再为教学内容的先后顺序安排而发愁了。

**【拓展练习】** 从教育教学规律和学科知识构成规律相统一的角度出发，同伴间进行相互研讨，对讲稿（或教案）及其教学思路进行评析，着重评析教育教学规律与学科知识构成规律的整合性。

**■【练习提示】**

在教育教学过程中，教师可以教给学生一些脑科学知识及学习方法，并培养学生的元认知、元学习能力，帮助学生认知自己的思维及学习过程。

教师不仅要审视自己对教学内容的安排是否符合本学科的学科规律，还要审视自己是否向学生讲清楚了学科思维方法，并教给他们迁移策略；还可以思考是否教会了学生如何学习，如何根据自身的情况合理设定学习目标、制订学习计划等。在学科教学过程中，教师要善于将知识讲解、教学与学法指导、思维训练结合起来，让学生在掌握知识的同时，学会思维，学会认知，学会学习。

**【能力检测】**

运用在【典型活动】中修改完善的讲稿（或教案）进行教学实际操作，同伴间相互观摩，运用表6-5进行口语表达“学科教学知识化”的评析，并根据评析结果进一步提出优化改进策略。

表6-5　口语表达“学科教学知识化”能力评析表

| 指标（分数） | 符合学科规律（2分） | 遵循认知逻辑（3分） | 切合学情实际（2分） | 三者整合协同（3分） | 总评（10分） |
|---|---|---|---|---|---|
| 口语“学科教学知识化”练习1 | | | | | |
| 口语“学科教学知识化”练习2 | | | | | |
| …… | | | | | |

**【推荐资源】**

1. 闫引堂. 学科教学知识研究进展及其现实意义［J］. 教师教育学报，2022，9（3）：137-144.

2. 赖特. 洞见：从科学到哲学，打开人类的认知真相［M］. 宋伟，译. 北京：北京联合出版公司，2020.

## 活动三　艺术化——“艺术家说”

**【能力解析】**

于漪老师曾经说过：“语言不是蜜，但能黏住学生。”① 有时，教师的一句话就能成为点燃学生心中力量的火种。语言艺术水平较高的教师，更容易让学生对其课堂充满期待，积极主动地投入学习。艺术化的口语表达不但能吸引学生的注意力，激发学生的学习兴趣，营造良好的课堂氛围，最终让课堂成为师生愉快合作、共同学习的舞台；也能有效促进学生对知识的优质理解，提升学习质量；还能起到春风化雨、立德树人的教育效果。

艺术化的教师口语表达应有如下五个主要特点：一是抑扬顿挫、声情并茂、感染力强；二是生动形象、丰富多样、吸引力强；三是幽默风趣、灵动机敏、应变力强；四是言简意赅、深入浅出、讲解力强；五是愤悱启发、循

① 陈小英，于漪. 于漪与语文教育［M］. 北京：国际文化出版公司，2003：113.

循善诱、教导力强。当然，艺术化离不开个性化，成熟的教师艺术化口语表达与其个性化的教学风格是分不开的，这需要时间的打磨与岁月的沉淀。艺术化的口语表达使教师的教学言说在“科学家说”“教育家说”意味的基础上，又增加了一层“艺术家说”的意味。“科学家说”“教育家说”“艺术家说”三种意味的交融和合，是教师口语表达艺术的应然特质。

教师应该如何做到口语表达的艺术化呢？主要有以下四点。

首先，教师要加强口语表达的基础训练，注重语言积累，不断提高口语的表达力和表现力；表达时不要平铺直叙，要恰当地运用轻重缓急、起伏高低、抑扬停连等技巧，语气富于变化，富有感染性。“亲其师则信其道”，教师口语表达要亲切自然，具有亲和力。

其次，教师要注意根据谈话对象和谈话目的创设语言交流的氛围。何时何处应严厉、何时何处应温和，何时何处应春风化雨，何时何处应幽默风趣，需要教师提前对口语交流的情境进行分析，有针对性地精准“拿捏”。否则可能会让学生抓不住学习的重点，失去吸引力，使得教育效果减弱。

再次，艺术化的语言需要教师仔细观察，把握恰当的时机、选择适合的场所，“因时因地”制宜，进行口语表达。艺术化口语表达需要在合适的场所中才能彰显完美，而学生与教师艺术化口语表达的遇合，也需要恰当的时机。在学生需要的时候，在学生不自知但无形中融入恰当的情境之中时，教师的口语表达才能起到最大化的作用。

新教师可以通过模仿成熟教师、专家教师的语言来提升自己的口语表达能力，也可以通过读书、思考来使自己的语言更具艺术魅力。在备课撰写讲稿或教案时，要反复推敲、斟酌、打磨，精心修改、调整、润色，提高教学口语表达的艺术性。在教学实践中，新教师也可以记录自己的语言，并通过反思、矫正、补充、完善，为下次同类情境下的艺术化口语表达做准备。

最后，必须要注意，艺术化与科学化之间可能会存在一定的矛盾。为实现艺术化而采取的口语表达技巧可能会影响语言的科学性，从而折损教师语言的教育性价值。因此，教师要注意，在口语表达艺术化的过程中不可损害语言的科学化，科学化是教师教学口语表达的基石。科学化、艺术化和教育化的高度统一与完美结合，是教师口语表达的最高境界。

**【典型练习】**

在完成活动二【典型练习】的基础上，请对讲稿（或教案）中设计的教学口语表达进行艺术化调整，以使教学口语表达更加出彩。

■【练习提示】

首先，要注意分析讲稿（或教案）使用的场合，新授课还是讲评课，面对的是哪个学段的学生，他们具有怎样的心理特点等，并根据场合的需要来选择适宜的口语表达方式。

其次，加入对语言的修饰，标注口语表达的轻重缓急、抑扬顿挫，还可以在需要投入情感的地方作出标记。同时注意要将一些较为平淡的表达转化为生动的表达，可适当使用比喻、夸张等修辞方法。

最后，在适当的地方加入幽默的元素。幽默产生的关键在于“反转”，教师可以创设一些“意料之外”的情境，让学生既有知识的获得，也能得到情绪的舒展。

【变式练习】 通盘考虑讲稿（或教案）的科学化与艺术化，让自己的教学语言既科学又出彩。

■【练习提示】

艺术化与科学化在一定程度上可能会有相冲突之处，有时甚至以牺牲对方为代价。例如“夸张”是口语表达艺术化过程中的常用手法，但如果使用不当，就有可能损害学科知识的准确性。

教学目的是让学生更好地掌握科学知识，语言的艺术化是手段不是目的，因此，教师需要在教学内容中作出分辨，哪些内容可以进行艺术化处理，哪些内容必须要科学化优先。无论怎样的教学口语表达内容，科学化都是不能舍弃的。

【拓展练习】 对整个讲稿（或教案）从教学艺术的角度进行优化。注意：不只是教学语言，还包括教学方法的使用、教学内容的安排等。

■【练习提示】

教学艺术有多方面的表现，其中就包含教师口语艺术。教师的口语表达要让学生能够感受到学科之美、学习之美，这是教师语言艺术化的典型体现。

除了口语表达之外，教学过程中的体态辅助、板书演示与教具使用，以及教学各环节的循序推进等，教师都应通盘考虑，只有对教学活动整体中的各个因素进行全面艺术化处理，才能创设富有审美价值的课堂教学艺术。

**【能力检测】**

请根据修改好的讲稿（或教案）进行实际操作，同伴间相互观摩，运用表 6-6 进行口语表达艺术化能力的评析，并根据评析结果进一步提出优化改进策略。

表 6-6　口语表达艺术化能力评析表

| 指标<br>（分数） | 艺术性<br>（2分） | 科学性<br>（3分） | 教育性<br>（2分） | “三性”融合<br>（3分） | 总评<br>（10分） |
|---|---|---|---|---|---|
| 口语表达艺术化能力练习 1 | | | | | |
| 口语表达艺术化能力练习 2 | | | | | |
| …… | | | | | |

**【推荐资源】**

1. 程培元. 教师口语教程［M］. 3 版. 北京：高等教育出版社，2019.

2. 王金凤. 教师口语的表达艺术［J］. 佳木斯教育学院学报，2014（5）：280-281.

# 任务三
# 言体协合训练

【情境描述】

学生们都很喜欢听汪老师的课，他们说，汪老师上课时，总是配合自己的口语表达做出非常生动甚至夸张的表情。有一次，一位同学忍不住问汪老师：汪老师，您是在哪里学过表演吗？为什么会有这么丰富的表情呢？

梁老师和汪老师不太一样，梁老师在讲课过程中，很少在教室里走动，也没有幅度较大的动作，但在请学生回答问题时，他会伸出手，做出一个“请”的手势，也会在为学生加油打气时，用手轻轻拍拍学生的肩。在讲到得意之处时，梁老师总会眯缝着眼，仿佛在感受知识的无穷乐趣。

汪老师说，上课时，教师不要只把自己当作一台输出知识的机器，而应借助一切力量放大口语表达的作用。梁老师说，语言本身足够有力量的话，神态与动作都只是辅助而已。

那么，上述两位老师的观点，哪个更正确呢？教师应该是一个表演者还是一个讲述者呢？

## 活动一　口语与体态语辅助配合——“言行一致”

【能力解析】

苏霍姆林斯基曾说：“任何时候都不能忘记，在帮助人认识周围世界的时候，在他的头脑和心灵中，我们本身就是周围世界的一个最重要因素。”① 肢体动作、神态表情，这些在日常生活中看似寻常的东西，在教育教学活动中，会变得富有意味。

肢体动作、神态表情，在教育教学中也是一种信息传递工具，被称作“体态语”。体态语通过生动直接的视觉形象，将信息呈现在对方面前。由于言语刺激需要通过对方的心理机制转换为意义实体，因此体态语比言语更为直观，更能反映人们内心世界的微妙变化。

在教育教学活动中，当教师通过眼神、手势、面部表情、身体姿态等体态语与口语配合发出信息时，可以将单纯的听觉通道拓展为听觉、视觉双重通道，不但更能吸引学生的注意力，也能辅助增强口语的表达力和表现力，使信息传达更为有效。同时，学生在回忆所学知识时，教师的体态语也可以

---

① 苏霍姆林斯基. 给教师的建议［M］. 赵聪，译. 长沙：湖南人民出版社，2021：411.

成为重要的提取线索。体态语与口语相配合，可以源源不断地发出信息，形成一个独特的心理“场”，学生一旦进入“场”内，就更容易与教师产生心理共鸣，更容易激发学习的主动性。

教师运用体态语进行辅助表达时，必须注意口语表达与体态行为的同步、协调与统合，做到“言行一致”。大多数时候，体态语是口语的辅助。教师在进行口语表达时，不需要多么复杂的动作，否则反而会损害口语的简洁、干净、直接，体态语只需配合、协同口语，不必追求夸张，自然地辅助口语表达即可。例如，无论说什么，如果教师总是抱着手臂、板着脸、沉重地叹息或是翻白眼，就很难让学生获得积极的体验。为了使口语与体态语相协调，产生“1+1>2”的效果，教师要做到以下三点。

首先，在身体姿态方面，教师在进行口语表达时，应该自然站立、端庄大方、行走从容、行止有度。例如，可以适当走近发言的学生，侧身倾听他们的回答。

其次，教师要重视眼神的使用。在教学体态语中，使用最多的是眼神。教师要善于用敏锐的目光，观察学生的需求；用鼓励的目光，期待学生的表现；用欣赏的目光，倾听学生的回答；用平和的目光，看待学生的失误。在上课的过程中，教师要尽量用眼神注意到每一位学生，关注全体学生的动态。教师的目光对学生来讲如同追光灯，当学生被关注时，就能感到自己被重视，被期待，仿佛站到了舞台中央。当然，面部表情也同样重要。微笑是师生都能明白的语言，其中体现的友好、亲近能够迅速拉近彼此间的距离。在正式开始上课之前，教师用微笑向同学们致意，会让接下来的讲授变得更受欢迎、更加自然。

最后，手部的动作也非常重要。配合口语表达，教师的手势具有指示、演示、传情、达意等丰富的信息传达和交流功能。一些简单的手势往往能传递教师当时的情绪。双手迅捷的动作与流畅的语言表达相配合，会给人以干练、可靠之感。教师可以在走进课堂之前有意识地训练自己的手势，例如，伸出手邀请学生回答；用称赞的话语加上点赞的手势，对发言学生表示肯定；等等。

**【典型练习】** 为你的讲稿（或教案）设计基本的体态辅助语言。

**【练习提示】**

基本的体态语讲求的是规范、自然，切忌做作，体态语是对口语的辅助表达，因此要围绕自己的口语表达内容及过程进行设置。

从站姿、表情到眼神、手势，都应有一定的考量，最终的目标是既能让口语表达得更加清晰，又能体现教师对自身职业的热爱。

【变式练习】 在规范的前提下，为自己讲稿（或教案）中的特殊情境设计相应的体态语。

■【练习提示】

如果讲稿（或教案）内容里存在特殊情境，教师就可以为这些特殊情境设置专门的体态语。特殊情境包括故事叙述、话剧表演示范等，教师可以用夸张的语音语调和神态动作的配合来进行表演，以辅助表达，引起学生的注意，或是表示对讲述中的重要部分予以强调。

大多数时候，教师在教室里采用的都是站姿。但在特殊情境下，教师也可以坐着，例如给学生放视频材料时，可以与学生坐下一起看；或是参与学生讨论时，坐在学生中间；等等。这时，教师要注意坐姿端庄大方，不能给学生以不良示范。

【拓展练习】 为任务二活动二【典型练习】中的讲稿（或教案）设计与学生互动交流时的匹配体态语。

■【练习提示】

首先，与学生进行互动交流时，需要营造相对安全、愉快的表达氛围。教师可以用微笑、鼓励的眼神等拉近自己与学生之间的距离，减少他们对交流表现的担忧。

其次，师生交流中的体态语也可以表示对学生回答的关注和回应，因此教师可以专门设计能够表现关注、倾听的表情和动作。

最后，学生答错之后的安抚和答对之后的鼓励，教师都应该有相应的体态动作匹配。同样需要注意的是，体态语要表现得自然，避免刻意。

【能力检测】 运用讲稿（或教案）进行教学实际操作，注意口语与体态语的配合。同伴间相互观摩，运用表 6-7 进行口语与体态语辅助配合能力的评析，并根据评析结果进一步提出优化改进策略。

表 6-7　口语与体态语辅助配合能力评析表

| 指标（分数） | 体语恰当（6分） | | | 口语协合（4分） | 总评（10分） |
|---|---|---|---|---|---|
| | 规范性（2分） | 自然性（2分） | 功能性（2分） | | |
| 口语与体态辅助配合能力练习 1 | | | | | |
| 口语与体态辅助配合能力练习 2 | | | | | |
| …… | | | | | |

【推荐资源】

1. 周静. 教师体态语的功能与运用［J］. 教育研究与评论，2022（3）：72-74.

2. 李沁璠. 体态语：口语表达不可或缺的伴随手段［J］. 思茅师范高等专科学校学报，2009，25（4）：81-82.

## 活动二　口语讲解与板书运行配合——“说写一致”

【能力解析】

板书是教师根据教学需要，在黑板上用文字、符号、图像、线条等展示和凸显教学内容、理清内容之间的架构关系，向学生传递信息、为学生提供学习指导的活动。今天，演示文稿（PPT）、电子白板等电子科技工具让一些教师认为板书是“多此一举”，有的教师甚至完全不再用黑板进行书写。但板书在课堂教学中的明确重点、搭建框架、引导思考、梳理思路等作用依然不可替代。

过去课堂中最常见的是纲目式线性板书，即教师列举知识点，纲举目张，条理清晰。还有一些是图像板书，例如地理教师在黑板上画的地图，数学教师讲解几何内容时在黑板上画的平面图、立体图。还有的是教师在讲解学科重难点时在黑板上写的解答板书，例如学生不会写的汉字、单词，忘记了的公式等。目前，越来越多的教师开始采用思维导图的方式，联系教学内容中的主题关键词，让复杂的逻辑思维可视化，使隐性思维显性化，板书也就越发起到了增加知识关联、建立记忆联结、梳理逻辑思路的作用。但是，教师一旦开始板书，就会面对一个问题：口语如何与板书更好地协作？

首先，板书的书写既要符合学科规律，也要符合学生的认知规律。所以，板书的内容要简略、准确，避免耗时太长。因此，在设计板书时，尤其要注意内容关键词的凝练。在书写板书时，要即写即说，口语表达的内容是对板书内容的扩充，板书内容是口语表达内容中的重点和难点。

其次，板书要随着讲解活动的深入一步步呈现，不可一次性呈现或提前呈现，这样会让学生失去思考的空间和认知的兴趣。同时，板书书写的顺序与口语表达的顺序应该同步。尤其是在画思维导图的过程中，从思维的一个点到另一个点，需要有明确的先后顺序。口语表达的内容与板书的内容一致，才能激发学生的思考，帮助学生明确重点、梳理思路。一旦顺序不一致，就会使得正在听课和动手、动脑的学生手足无措，思路受阻。

再次，在板书的过程中，尽量不要背过身去，应一边侧身板书，一边为学生讲解或与学生交流，保持一种持续的课堂交流感。同时，也要避免板书被教师的身体挡住、学生听不清教师的口语表达的情况发生。

最后，在板书完成之后，教师还可以再次围绕板书进行口头讲解；在讲解过程中，教师可以直接在板书上圈点、勾画，帮助学生加强记忆。

总之，板书呈现与口语表达在内容、时机、顺序上，乃至与教师体态配合等方面，都应配合起来，做到边说边写，说写一致。

**【典型练习】**

为自己的讲稿（或教案）设计一个板书，注意板书所需要的时间，注意口语表达和板书呈现过程之间的协同。

■【练习提示】

板书可以预先设计好，但在运行实施过程中，需要边说边写，确保板书的呈现过程与口语讲解相匹配。

板书不可以预先写好，每一步的呈现时间要略微晚于学生的认知进程，保护学生的认知期待。否则，就会使得学习进程与教学进程不一致。

**【变式练习】**

请思考并与同伴合作研讨，在教学情境中，哪些板书应该先写再讲？哪些板书适合边写边讲？

■【练习提示】

可以将板书进行简单的分类，再根据各类板书的呈现目的来安排其与口语表达之间的先后关系。

纲目型板书可以起到提纲挈领的作用，应该先写再讲，每一次的讲授都是对纲目的扩张。图示型板书也是如此，主要目的是给学生提供参考，所以先写或先画之后，再进行讲授，这样做是没问题的。

但是，与学生认知顺序紧密相关、可以启发学生思考的板书，应该边写边讲，且给出答案的速度应略晚于学生的思考进度。

## 【拓展练习】

请根据你的讲稿（或教案），将口语、体态语、板书三者结合，设计课堂教学实施方案。

■【练习提示】

首先，围绕讲稿（或教案）设置体态语。注意体态语的自然及其与口语表达的配合程度。

其次，比较衡量讲稿（或教案）中哪些部分的内容需要有板书配合运行，针对这些部分进行板书设计。

最后，为口语、体态语、板书如何更加协调做出预设，并写出预设的关键点。

## 【能力检测】

放下讲稿（或教案），根据板书的内容，用口语进行讲解，同时以体态语与之配合，进行实际操作。同伴间相互观摩，运用表 6-8 进行评析，并根据评析结果进一步提出优化改进策略。

表 6-8　口语讲解与板书运行配合能力评析表

| 指标（分数） | 板书运行（4 分） | | 体态协同（2 分） | 口语协合（4 分） | 总评（10 分） |
|---|---|---|---|---|---|
| | 时机恰当（2 分） | 顺序合理（2 分） | | | |
| 口语与板书运行配合能力练习 1 | | | | | |
| 口语与板书运行配合能力练习 2 | | | | | |
| …… | | | | | |

## 【推荐资源】

1. 王蕊，裴玉. 高中语文板书设计的基本原则及激发学习动机的理论依据［J］. 语文建设，2018（35）: 63-66.

2. 经志俊. 例谈基于教学内容结构化的板书设计策略［J］. 化学教学，2020（10）: 24-29.

## 活动三 口语与教具演示配合——“讲演一致”

【能力解析】

教具是对教师为实现讲解说明教学目的等而使用的实物、模型等直观教学用具以及实验训练器材等的总称。一般来说，教具包括实物教具、模型教具两种。教师可以通过制作教具和带领学生想象教具等方法，帮助学生深入学习学科知识。演示文稿（PPT）课件及其投屏设备等也可以看作教具的一种，为学生作知识点的演示之用。

教具是能为学生带来更直观体验的教学工具。一些教师不亲手演示实验，只用口头说实验，板书画实验，视频看实验，学生记实验要点、做实验题等方式，不利于培养学生的观察能力、动手能力、探究能力、应用能力等。还有一些教师在使用教具时，没有处理好二者之间的关系，出现“动手用教具，就忘了口语表达，开始口语表达，又忘了动手”的尴尬场面。

那么，如何能够使教具演示与教师口语表达协同一致呢？

无论是教师利用教具进行演示，还是学生使用教具进行操作，教师都应该伴随操作或演示的过程，讲清每一个步骤；在讲解每一个步骤时要保持教室安静，提示学生仔细观察。完成所有的步骤后，教师可邀请学生分享自己的操作感受和观察发现。教师可以请学生到讲台上为全班同学做演示，在学生的演示过程中，提醒一些关键点，并用问题启发学生对于自己感性认识的思考。教师可以让学生利用教具自行进行探究，待学生探究结束后，再一并解决学生的问题，也可以一边演示一边讲解，讲解结束后再请学生自行探究。

在使用教具进行演示时，还有两种情况需要注意。一种情况是“想象教具”，例如：把“拉袖子、动手指”想象为神经纤维结构等。同样，教师的口语表达非常重要，可以将学生带入想象的情境，超越现实的限制，使他们产生对教学内容的具象理解。

【典型练习】

根据任务二活动二【典型练习】中完成的讲稿（或教案）选择恰当的教具，并对教具进行说明。如果所讲内容不需要教具，可以进行演示文稿（PPT）的设计，着重设计演示过程与口语的协同。

■【练习提示】

教具的介绍应遵循学生认识外界事物的基本规律，一般采用由表及里，由整体到部分再到整体的顺序进行介绍说明。例如，生物老师用鱼缸里的鲫鱼作为实物道具，引导学生观察认识其体型、体表、体色等，分析鲫鱼能在水中生存的原因。学生通过此种观察，可以从感性认识上得出“纺锤形体型和体表覆盖鳞片可以减小游泳的阻力”这一推断。

演示文稿（PPT）的设计也同样应遵循学生的认知逻辑。例如，教师可以为学生呈现本节课的教学目标、主要内容，并让学生从中看出不同环节之间的联系。需要注意的是，演示文稿（PPT）不是讲稿，教师在演示文稿中要尽可能给学生整体的、关键的提示，而非整节课的所有内容。

【变式练习】

如果在上课时，你需要介绍某个物品，但一时没有教具可供使用，你将如何通过语言描述帮助学生想象教具？请进行虚拟演示。

■【练习提示】

想象教具等于教师用口语表达为学生虚拟一个教学场景或教学器具。教师通过描绘和叙述，营造一种宛在眼前的效果，这既可以训练学生的想象力，又可以帮助学生从具象走向抽象，脱离对实物的依赖。

运用想象教具的方式进行演示教学，对教师的口语表达要求比较高，需要反复锤炼，不断加强口语实践。

【拓展练习】

根据自己的讲稿（或教案），设计与口语表达协调的演示文稿（PPT）、教具及板书呈现教学内容。

■【练习提示】

此次设计是教师多方面能力的综合展现，需要将本章的所有训练融入其中，才能设计出清晰、流畅的演示过程和板书书写呈现过程，最终实现与口语表达的协同配合。

教育教学需要多种能力，教师的课堂教学效果取决于其所有能力的合力。所以对于教师来讲，要全面具备各个方面的口语表达能力，才能使课堂教学效果优质、高效、出彩。

## 【能力检测】

熟记多次修改后确定的讲稿（或教案），将其流畅地用口语表达出来，并以体态语、板书、教具演示等形式与之配合，运用表 6-9 进行口语表达与教具演示配合能力的评析，并根据评析结果进一步提出优化改进策略。

表 6-9 口语表达与教具演示配合能力评析表

| 指标（分数） | 教具演示（4 分） | | 板书配合（1 分） | 体态协同（1 分） | 口语协合（4 分） | 总评（10 分） |
|---|---|---|---|---|---|---|
| | 时机恰当（2 分） | 顺序合理（2 分） | | | | |
| 口语表达与教具演示配合能力练习 1 | | | | | | |
| 口语表达与教具演示配合能力练习 2 | | | | | | |
| …… | | | | | | |

## 【推荐资源】


1. 田海. 运用教具促进初中学生的深度学习［J］. 生物学教学，2020，45（10）: 29-30.

2. 詹先斌. 自制教具突破核心概念，创新实验培养科学思维：以力臂教学为例［J］. 中国现代教育装备，2021（24）: 26-28.

# 主要参考文献

1. 王希杰. 修辞学导论［M］. 长沙：湖南师范大学出版社，2011.
2. 刘焕辉. 言与意之谜：探索话语的语义迷宫［M］. 北京：中国社会科学出版社，2002.
3. 傅惠钧. 教师口语艺术［M］. 杭州：浙江教育出版社，1999.
4. 应天常，王婷. 主持人即兴口语训练［M］. 北京：中国传媒大学出版社，2009.
5. 孙海燕，刘伯奎. 口才训练十五讲［M］. 北京：北京大学出版社，2004.
6. 孙绍振，汤化. 幽默学全书［M］. 福州：海峡文艺出版社，1998.
7. 李衍华. 逻辑·语法·修辞［M］. 兰州：甘肃人民出版社，2002.
8. 李峰. 逻辑与语言表达［M］. 北京：中国传媒大学出版社，2013.
9. 陈秀玲. 现象与阐释：言语冲突下的课堂场域透视［M］. 武汉：华中师范大学出版社，2017.
10. 刘海龙. 解析中国新闻传播学 2019［M］. 北京：中国人民大学出版社，2019.
11. 赵伶俐，白智宏. 视点结构教学操作技术：通用教学行为理论·诊断·评价·培训系统：之三［M］. 上海：百家出版社，2002.
12. 李涛，周静，杨建伟. 课堂提问讲解技能及案例分析［M］. 北京：中国轻工业出版社，2017.
13. 皮连生. 教育心理学［M］. 3 版. 上海：上海教育出版社，2004.
14. 盛新华. 逻辑的语言表达研究［M］. 北京：中国社会科学出版社，2010.
15. 罗明东，邓瑶，非云华，等. 普通话与交流艺术：基础教育综合口语表达技能训练与测评［M］. 昆明：云南大学出版社，2011.
16. 史钟锋，张传洲. 演讲与口才实训［M］. 南京：东南大学出版社，2015.
17. 杨晖. 写作与交流［M］. 南京：南京大学出版社，2020.
18. 陈一. 语言及思维中的偏误［M］. 哈尔滨：北方文艺出版社，2019.
19. 刘志敏. 演讲与口才实用教程［M］. 北京：人民邮电出版社，2017.

20. 杨若东，李莉. 语言系统、交际模式与话语语用理解研究［M］. 北京：中国人民大学出版社，2010.
21. 申小龙. 语言学纲要［M］. 上海：复旦大学出版社，2003.
22. 王爱娣. 美国课堂教育［M］. 南京：东南大学出版社，2014.
23. 何永贤. 教师语言［M］. 北京：高等教育出版社，2020.
24. 宋欣桥. 普通话语音训练教程［M］. 3 版. 北京：商务印书馆，2017.
25. 王峥. 语音发声科学训练［M］. 3 版. 北京：中国传媒大学出版社，2020.
26. 王丕承. 汉语初级口语教材语篇结构研究［M］. 北京：知识产权出版社，2015.
27. 吴立刚，张庆华，钟雯. 教师口语训练教程［M］. 北京：人民邮电出版社，2019.
28. 朱陶，李艳艳，李鑫. 教师口语及教学路径［M］. 成都：西南交通大学出版社，2013.
29. 孙雁雁. 汉语口语问答句衔接语模式研究［M］. 北京：世界图书出版公司，2011.
30. 谭轶斌，王林. 教师语言修养的涵育［M］. 长春：东北师范大学出版社，2017.
31. 加洛. 像 TED 一样演讲——2：沟通升级［M］. 王晋，译. 北京：中信出版社，2019.
32. 杜威. 我们如何思维［M］. 伍中友，译. 北京：新华出版社，2010.
33. 维果茨基. 思维与语言：心理学的抽象、神奇和有趣［M］. 李维，译. 北京：北京大学出版社，2010.
34. 布朗，勒迪格三世，麦克丹尼尔. 认知天性：让学习轻而易举的心理学规律［M］. 邓峰，译. 北京：中信出版社，2018.
35. 平克. 语言本能：人类语言进化的奥秘［M］. 欧阳明亮，译. 杭州：浙江人民出版社，2015.
36. 布朗，基利. 学会提问［M］. 许蔚翰，吴礼敬，译. 北京：机械工业出版社，2021.
37. 埃里克森，墨菲，泽斯奇纳. 辩手指南：第 4 版［M］. 北京：中国广播影视出版社，2021.
38. 鲍莉，CHRISTIAN，朱渊，等. 从概念到模型：建筑学名师前沿设计课程［M］. 南京：东南大学出版社，2017.
39. 奥姆罗德，琼斯. 教育心理学：指导有效教学的主要理念：第 5 版［M］. 雷雳，伍亚娜，柳铭心，等译. 北京：中国人民大学出版社，2021.
40. 迈克尔，苏珊，兰德尔. 发现你的声音：美国大学生的口才课［M］. 重庆：重庆大学出版社，2017.

41. 程培元. 教师口语课程建设的回顾与问题分析［J］. 课程·教材·教法，2012，32（12）: 95–101.
42. 向以群. "教育教学语言要尽量减少逻辑错误"随谈［J］. 科学咨询（教育科研），2005（8）: 34.
43. 李裕德. 教学语言中的逻辑力量："教师教学语言艺术讲座"第六讲［J］. 语言文字应用，1996（1）: 46–49.
44. 白智宏. 通用教学技术构成论：视点结构技术系统建构研究［J］. 西南师范大学学报（人文社会科学版），2004（4）: 95–100.
45. 杜军，刘利民. 论事件的内涵、属性及多样化关系［J］. 南昌大学学报（人文社会科学版），2021，52（6）: 120–127.
46. 陈丹. 师范高校体育教学中讲解能力的训练与培养［J］. 课程教育研究，2014（4）: 202–203.
47. 朱水军. 准确、具体地说明事物［J］. 中学语文教学，2006（8）: 25–26.
48. 徐盛桓. 语言学研究的现象描述与理论概括［J］. 中国外语，2005（1）: 26–28.
49. 凌水工. 选择典型事例说明事物特征［J］. 南京师范大学文学院学报，1999（9）: 7.
50. 陈超武. 会谈技术在初中班主任谈话中的应用例谈［J］. 中小学德育，2020（12）: 66–67.
51. 马奔，杨丽丽. 高中班主任在班级管理中如何合理进行批评性谈话［J］. 基础教育论坛，2020（16）: 72–73.
52. 熊长臻，陈烨冰，杨振芸，等. 中学生演讲焦虑的现状及其与交往焦虑的关系研究［J］. 文教资料，2019（6）: 27–29.
53. 康晓霞. 七项构建任务视角下公众演讲的话语分析［J］. 海外英语，2021（23）: 143–144，167.
54. 姜晖. TED 演讲中受众元话语的元语用分析［J］. 外语与外语教学，2020（4）: 25–35，147.
55. 许卫国. 锻炼卓越口才，成就锦绣人生：下［J］. 江苏教育报，2021–10–29（7）.
56. 吕璞. 例谈工作总结写作的三重境界［J］. 秘书之友，2022（5）: 22–25.
57. 陈霞. 打造余音袅袅，言犹未尽语文课堂的策略：浅谈巧妙设计课堂结束语［J］. 才智，2020（10）: 148.
58. 武敏. 从 PCK 到 PCKg：教师知识发展研究［J］. 教育教学论坛，2020（53）: 29–31.
59. 胡陵. 中小学教师集会发言常见问题及对策［J］. 教学与管理，2012（18）: 40–42.

60. 周杰. 倾听教学研究［D］. 上海：华东师范大学，2012.
61. 刘艳. 建构主义视阈中的教师口语课程改革探析［J］. 宁德师范学院学报（哲学社会科学版），2016（3）：106–109.
62. 谢晓明. 发言、讲话和致辞［J］. 语文教学与研究，2016（36）：9.
63. 韩蒨. 掌握谈话艺术，提高管理实效［J］. 山东教育，2020（25）：19.
64. 陈国欢. 基于“00 后”大学生特点的谈心谈话技巧探索［J］. 陕西青年职业学院学报，2022（2）：21–24.

## 郑重声明



读者意见反馈

为收集对教材的意见建议，进一步完善教材编写并做好服务工作，读者可将对本教材的意见建议通过如下渠道反馈至我社。

咨询电话 400-810-0598

反馈邮箱 gjdzfwb@pub.hep.cn

通信地址 北京市朝阳区惠新东街4号富盛大厦1座

高等教育出版社总编辑办公室

邮政编码 100029